Heinrich Schipperges

Die Welt der Engel bei Hildegard von Bingen

HERDER / SPEKTRUM

Band 4188

Das Werk

„Die Stunde der Engel" ist neu angebrochen. Ihre Renaissance kam aus der Esoterik und hat zur regelrechten Wiederentdeckung geführt: Engel begegnen heute wieder und immer häufiger. Die Bilder von göttlichen Sendboten oder helfenden Schutzmächten rühren mit neuer Macht an die Vorstellungskraft auch säkularer Zeitgenossen. Die Welt der Engel, die dem Horizont des autonomen modernen Menschen lange so fern lag, daß sie selbst aus dem ernsthaften religiösen Raum verbannt und endgültig verloren schienen, fasziniert von neuem. Das Bild der Engel, das in nahezu allen Kulturen auftaucht und das Christentum seit seiner Frühzeit bis ins ausgehende Mittelalter prägte, stand bei der wohl bedeutendsten Frau und einer der schöpferischsten Persönlichkeiten des ganzen Mittelalters im Zentrum des Denkens: bei Hildegard von Bingen. Ihre Deutung von Welt und Mensch erwächst geradezu aus der Begegnung mit dem Engel. Engel stehen im Ursprung des Kosmos. Sie begleiten die Geschichte und repräsentieren das Schicksal der menschlichen Gesellschaft. Die wesentlichen Existenzbereiche werden im Phänomen des Engels durchleuchtet und dargestellt. Durch das Wissen der Engel wird der Mensch über sich hinaus orientiert. Diese faszinierende Welt einer großen Weisheit, die in den Visionen der Hildegard intuitiv auftaucht und weit in älteste Überlieferungen hineinreicht, wird hier durch einen der bedeutendsten Kenner des mittelalterlichen Weltbilds lebendig vorgestellt. Ein brillantes und fesselndes Sachbuch zu einer der aufregendsten spirituellen Wiederentdeckungen unserer Zeit.

Der Autor

Heinrich Schipperges, Dr. phil., Dr. med., Medizinhistoriker. Weltweit einer der bedeutendsten Kenner der geistigen Welt des Mittelalters, Herausgeber und Übersetzer der Werkausgabe Hildegards im Verlag Otto Müller, lebt in Heidelberg.

Heinrich Schipperges

Die Welt der Engel bei Hildegard von Bingen

Herder

Freiburg · Basel · Wien

INHALT

VORWORT ZUR TASCHENBUCHAUSGABE

Ist es schon die Stunde der Engel? Es wäre sicher verfrüht, heute von einer „Engel-Renaissance" zu sprechen; dazu liegen uns die Phänomene zu fern, zu sehr nach Innen verborgen. Ist die erneute Suche nach einem Engel-Bild – so müssen wir uns eher fragen – nur ein oberflächlicher Trend, nur eine Mode der Zeit? Oder zeigt sich darin doch ein tieferes Bedürfnis nach Orientierung?

Unsere Zeit scheint überinformiert, aber kaum noch orientiert. Sie ist in eine Sinnkrise geraten, übersättigt mit Idolen und Surrogaten, überstrapaziert auch durch eine wachsende Missionierung mit Ersatzreligionen. Bedroht von Werteverlusten und geängstigt im Werteverfall suchen viele Menschen nach Leitbildern und Leitfiguren, nach einem Wissen um letztgültige Orientierung. Bei der Suche nach Orientierungswissen aber begegnet uns Hildegard von Bingen als eine unerschöpfliche Quelle –: mit all ihrer so geistvollen Schau von Natur und Geschichte, mit ihrer umfassenden Heilkunde und einer ebenso geschlossenen Heilskunde. Darin eingeschlossen ist die so geheimnisvolle Welt der Engel.

Wenn wir freilich – die wir durch Aufklärung und Positivismus hindurchgegangen sind – heute noch einen Zugang zur Engelswelt suchen, dann könnten selbstverständlich mythologische, psychologische, religionswissensschaftliche Motive unser Interesse bewegen und halten. So wichtig diese Zugänge auch sein mögen –, wir haben uns in unserer Darstellung eher an die Sache selbst gehalten: An die so faszinierenden Texte, die wir freilich übersetzen mußten in mehreren Schritten, aus mehreren Schichten, um dabei zu erfahren, was sie uns in ihrer symbolisch verschlüsselten

Form zu sagen haben. Wer diesen Zeichencharakter der Schöpfung nicht aufnimmt, dem werden die Texte stumm bleiben, die Bilder niemals Farbe gewinnen, der wird diese Welt kaum in ihrem geschlossenen Zusammenhang verstehen.

Grundmotiv unserer Studie war weniger das historische Interesse als die Suche nach Orientierung, nach einer Lesbarkeit der Welt –, ein Orientierungs-Wissen, das wir nur noch aus der Symbolwelt des Mittelalters herauslösen und übersetzen müssen, um es in unsere Sprache zu tragen und für unsere Zeit verständlich zu machen. Romano Guardini (1937) war der Meinung, daß die mittelalterlichen Denker – und damit war neben Dante auch Hildegard gemeint – so tiefe Dinge über die Welt der Engel gesagt hätten, daß man daraus „eine ganze Theorie des ganzheitlichen Lebens" hätte herausholen können.

Angesichts einer solchen Theorie der Lebensordnung aber erscheinen uns die alten Bilder als aufregend modern. Wir lernen wieder verstehen – was die Alten noch eher wußten –, daß die ganze Natur vom Geiste gesteuert ist – und so auch die Geschichte. Als kosmische Potenzen und personale Wesen zugleich erscheinen Engel uns als Prototypen der Natur und der Geschichte, als Archetypen der Gemeinschaft, ausgerichtet auf die volle Lebenswelt des Menschen.

Engel offenbaren „die Schönheit des vernünftigen Geistes", sagt Hildegard (Scivias I, 6). Sie bergen Geheimes, das des Menschen Geist nicht begreift. Sie umkreisen in Liebe Gott und den Nächsten. Wir bleiben uns daher bewußt, daß wir nur sehr behutsam – nur leise – über Engel zu reden vermögen.

Diese Welt der Engel von den Texten selber her nachzuzeichnen, hatten wir vor mehr als dreißig Jahren versucht. Das Phänomen selbst sollte auch in dieser Neuauflage aus sich zur Sprache kommen, zur Schau gestellt werden. Die Texte wollen auch heute noch – und immer wieder von neuem – einfach gelesen werden.

Heidelberg, im Sommer 1995   Heinrich Schipperges

MENSCH UND ENGEL

O quam magnum gaudium est,
quod deus homo fieri dignatus est,
existens in angelis divinus,
in hominibus humanus! (946 A)

Wie überwältigend – o diese Freude:
daß Gott geruht Mensch zu werden –
Er, der göttlich in den Engeln west,
nun im Menschen menschlich ist!

Im Gleichnis vom verlorenen Sohn ist von zwei Kindern die Rede, die der Vater beide lieb hatte. Der eine von ihnen reißt sich von den heimatlichen Banden los, macht sich selbständig, geht in die Welt, genießt das Leben, nimmt sich, was er kriegt, gibt sich aus und verkommt, geht in sich und bekehrt sich, kehrt um und endlich heim, wird wieder aufgenommen und an das Vaterherz gedrückt –: ein unausschöpfliches Gleichnis für das Schicksal des Menschen in der Welt. Ein Schicksal, das uns deshalb so zu Herzen geht, weil wir alle dieser verlorene Sohn sind, uns in der Fremde fühlen und preisgegeben wissen, weil wir alle im Grund unserer Existenz fragwürdig und abenteuerlich leben. Der verlorene aber war der jüngere Sohn seines Vaters.

Wesentlich unvertrauter, fremdartiger, unheimlicher ist uns die Gestalt des Erstgeborenen geblieben; auch er Kind des Vaters, das aber vor seinem Angesicht blieb, treu, beständig, unangefochten, unversucht vom Abenteuer dieses Lebens, beharrlich in seiner gesicherten Existenz und behutsam in der Verwaltung seiner Vermögen –: auch er eine Figur, die aus dem Leben gegriffen ist und Gleichbild werden kann für menschliche Existenz.

Hildegard von Bingen, die Seherin vom Rupertsberg um die Mitte des 12. Jahrhunderts, deutet ihn in einer Erklärung der

Evangelien auf die erstgeschaffene Kreatur, auf den Engel. Damit gewinnt ihre Ausdeutung dieses Evangeliums eine exemplarische Bedeutung; nicht nur die Frage nach der Welt der Engel soll aufgeworfen, sondern auch das Wesen des Menschen erläutert werden –: und beides über dieses Gleichnis vom verlorenen Sohne:

„Gott hatte zwei Söhne: Engel und Mensch. Der Mensch als der jüngere aber sprach zum Vater: Gib mir die Erbschaft, gib mir die Möglichkeit, mein Werk an der Natur zu vollenden, wie es mir zusteht, und ich will dann schon fertig werden. Und Gott verteilte sein Vermögen, auf daß beide wirken könnten.

So kam der Mensch, bald schon aus dem Paradies vertrieben, selbständig in die Welt zu stehen und vergeudete dort durch einen üppigen Lebensstil sein Erbe und alles Wirkvermögen. Nachdem er nun alles verwirkt hatte und doch bei all seinem Lebensstandard keine Sättigung fand, geriet er in jener Gegend, wo man keine Ehrfurcht vor dem wahren Gott empfand, in einen Notstand. Er verfiel der Regellosigkeit und allen teuflischen Lastern, indem er sich an einen Bürger dieses Landes hängte, an den Teufel dieser Welt nämlich.

Der Herr dieser Welt schickte ihn auf seinen Acker, das heißt in seine Botmäßigkeit, damit er dort die Schweine hüte, damit er in seiner Verwirrung und Schändlichkeit seinen Leidenschaften fröhne. Und er begehrte seinen Bauch zu füllen, und damit die Fassungskraft seines ganzen geistigen Vermögens, mit jenen Trebern nämlich, die die Säue fressen, mit Lastern und in lasterhafter Leidenschaft. Und niemand gab sie ihm; denn Gott verbindet sich nicht mit dem Bösen, und auch der Teufel kann bei solchem Tun keinerlei Sättigung geben."

Da ging der verlorene Sohn in sich: Er besann sich auf seine Kreatürlichkeit und begann zu klagen, wie wenig doch die Welt mit ihrer Langeweile ihn zu sättigen vermöchte. Er begann sich zu besinnen, wie viele Taglöhner seines Vaters doch das Brot, die Gerechtigkeit als tägliche Nahrung, in Überfülle hätten. Er ließ alle die Gerechten an seinem Auge vorüberziehen: Noë, Enoch, Abel und alle anderen, während er im Hunger nach der Gerechtigkeit darbte. Er entsagte dem Kult der Götzenbilder und machte sich los von seinem Dämonendienst und kam über das Gesetz des Moses heim zu seinem Vater. Mit dem Gesetz allein aber konnte er noch nicht heimfinden, mit ihm konnte er nur von ferne, auf dem Wege, wartend und unterwegs hoffend, stehen, da das Gesetz allein den Menschen nicht zum Leben zurückführen kann.

„Aber der Vater sah ihn schon von weitem, über die Propheten als Seine Boten und Zeugen, die da gekündet hatten von der Menschwerdung des Sohnes Gottes. Und Er ward von Mitleid gerührt, in dem Augenblick nämlich, da der Engel Gabriel der Jungfrau Maria Christus verkündigte. In diesem Gruß an Maria eilte Er ihm entgegen und fiel ihm um den Hals, da nämlich der himmlische Vater Sein Wort an Jakob gesandt hat und es gefallen war an Israel, an den Hals der Fruchtbarkeit in Judäa, wo der Heilige Geist über Maria kam und sie empfangen hat. Und Er küßte ihn mit dem Kusse Seines Mundes in der Geburt Seines Sohnes.

Der Sohn aber sprach zu Ihm: Vater ich habe gesündigt in den Himmel und vor Dir, gesündigt gegen die höhere Kreatur über den Sternen, durch meinen Kult der Götzenbilder wie auch durch meine Gottesleugnung. Ich bin ein Übertreter der Gebote und hinfort nicht wert, daß ich Dein Sohn heiße. – Von den Taglöhnern aber schweigt er, weil er nach allem, was er getan, sich keinen Lohn mehr erhoffen kann, vielmehr sich ganz der Gnade Gottes anheimstellt. Da rief der Vater Seine Knechte zusammen, die von Christus berufenen Apostel nämlich, auf daß sie rasch das Kleid bereitlegen, das Adam im Paradiese verloren, und damit einen neuen Menschen umwandeten, daß sie ihm den Ring des Glaubens an die Hand steckten, damit er im Werk den Glauben erfülle, und daß sie ihm die Schuhe der Ertötung des Fleisches an die Füße zögen. So vorbereitet auf das Evangelium sollte das gemästete Kalb als Symbol der Kreuzigung geschlachtet und ein Festmal der Auferstehung gehalten werden.

Denn dieser Mein Sohn war tot (der Mensch hatte seine Unschuld in höheren Dingen verloren), und er ist (in der Erkenntnis Gottes) wieder lebendig geworden; er war verloren gegangen (da er die Speise des Lebens nicht besaß) und ist wiedergefunden worden (in der reumütigen Zerknirschung). Er ist heimgekehrt zum Gastmahl, über dem der Heilige Geist mit Feuerzungen schwebt."

„Der ältere Sohn nun (das sind die vor dem Menschen erschaffenen Engel) weilte auf dem Ackerfeld seiner himmlischen Kultur (cultura coelestis). Er kam nach seiner Botengewohnheit heran und näherte sich dem Hause, wie ja die Engel in immer größer werdender Liebe zu den Menschen herabstiegen. Und er hörte Singen, er hörte das Echo des Lobpreises, da die Apostel Wunder und große Zeichen unter dem Volke wirkten; und er sah das Reigenspiel, da die Gerechtigkeit vollendet worden war.

Und er rief einen seiner Knechte zu sich und fragte (über das geheime Wissen aller Propheten), was da für wunderbare Dinge sich ereignet hätten. Über die weissagenden Propheten antwortet ihm jener: Dein Bruder, der Mensch, ist gekommen, um Buße zu tun, und dein Vater hat ihm ein gemästet Kalb geschlachtet, was bedeuten will: daß Gott für ihn Seinen Sohn dahingab, um ihn erlöst wieder anzunehmen, entrissen der Macht des Teufels."

Darob ward der ältere Sohn unwillig und verwundert und kam aus dem Staunen nicht mehr heraus, wie solches geschehen könne. Und er wollte nicht hineingehen. Er und alle Engel konnten nicht fassen, daß Christus leiden mußte und daß über einen Sünder, der Buße tut, solche Freude herrschen könne.

„Da ging der Vater zu ihm hinaus, indem Er ihm das Antlitz Seiner Barmherzigkeit zuwandte, und begann ihn zu bitten, wie in all den Zeiträumen, da Er Seine Engel durch die Ermahnung des Heiligen Geistes zur Erbauung der Kirche zum Heil des Volkes entsandt hatte, da Engel ausgeschickt wurden, um den Menschen zu helfen.

Jener aber antwortete und sprach zum Vater: Siehe, so viele Jahre, in der ganzen Zeit, seit ich erschaffen wurde, habe ich Dir gedient und mich Dir in Diensttreue verbunden und nie hast Du mir auch nur einen Bock gegeben, keinerlei Anteil an jener Umkehr und Gnade, in der Du meinen sündigen Bruder erlöst hast; nie konnte ich mit meinen Freunden – in Wundertaten und Zeichen und Tugendkräften – fröhlich sein und diese neue Freude unter neuen Preisgesängen genießen. Nun aber dieser Dein Sohn gekommen ist, und mit ihm Deine Schöpfung, der sein Gut mit Dirnen vergeudet und verzehrt hat, indem er sein Werk in geiler Lasterhaftigkeit vertat; da er nun voll Reue heimkehrte, hast Du ihm ein gemästet Kalb geschlachtet, Du hast ihm das Vergießen des Blutes Deines Sohnes offenkundig gemacht, Deines eigenen Sohnes, der da allen Gläubigen diese Fruchtbarkeit des Lebens schenkt.

Aber Gott der Vater spricht ihm zu und ermahnt ihn: Mein Sohn, du bist allezeit bei Mir in Lauterkeit und Heiligkeit, da du beständig Mein Angesicht anschauest, indes der Mensch in seiner körperlichen Hinfälligkeit Mein Antlitz nicht zu erschauen vermag. Überdies ist alles, was Mein ist, auch dein, all die Wunderwerke nämlich, die Ich in deinem Bruder zur Vollendung geführt habe, indes du zwischen Mir und dem Menschen immerfort als Botschafter (internuntius) bleiben wirst.

Sei also fröhlich und guten Mutes, da der Mensch im Blut Meines Sohnes erlöst und in der Ausgießung des Heiligen Geistes gekräftigt ist, freuen sollst du dich über die Auferstehung des verlorenen Sohnes; denn dein Bruder Mensch war tot in himmlischen Dingen und in seinem guten Gewissen, und er ist wieder lebendig geworden in der Anerkennung Gottes und in der Verwurzelung der Gerechtigkeit.

13

Er war verloren, da er vor Gottes Auge der Speise des Lebens entbehren mußte und nicht mehr leuchtend war, und er ist wieder gefunden in Christus, herrlich erglänzend in der Erschütterung der Reue und erlöst durch Sein Blut" (P. 280–282).

EINFÜHRUNG

ENGEL ERSCHEINEN und begegnen dem Menschen nicht mehr in einer Welt, die vom Fernsehen besetzt, vom Raumfahren besessen, vom Wettlauf nach dem Lebensstandard gehetzt ist; sie schweigen in einer vorlauten Welt, deren Probleme letztlich auf Planwirtschaft oder Verkehrsregelung hinauslaufen. Was uns noch an Engeln in tausend Gestalten und hundertfältigen Allegorien vorgestellt wird, das sind kümmerliche Erscheinungen unseres Innenlebens, die nicht weiter ernst zu nehmen sind und die uns im Ernst nicht begegnen können.

Und wie wollten wir gar von einer „Welt" der Engel sprechen, einer Welt höherer Wesen, zu der wir offensichtlich weder einen Zugang haben noch ein Organ direkter Verbindung. Welt der Engel? Aber haben wir Zugang zur Welt des Kindes? Kind, das wir doch selbst gewesen sind und wohl auch geblieben? Ist es verwunderlich, daß wir diese Verbindung zur höheren Welt um so mehr aufgegeben haben, je strenger und bescheidener und ärmer auch unsere geistigen Ansprüche geworden sind.

Was ist uns denn noch geblieben von Engeln, von denen jeder eine ganze Welt und eine ganze Hierarchie sein soll?

Da sind die Engelbilder, wie sie uns die Kunst in den letzten Jahrhunderten vor Augen gestellt hat: verweiblichte und verkindischte Engel, halbe und flache Zutat, oft nur zum Rahmen, verputtet und pausbackig, schelmisch und niedlich und verblödet, fade und langweilig. Schauen wir uns darauf die Kirchen und Altäre einmal an!

Oder Engelbilder sind noch da, wie sie als Symbol unserer Zeit aufgeprägt wurden, als „die eisernen Engel" in einer modernen Welt aufstürmender Technik. Tatsächlich ist das Auftauchen der Maschine als „etwas Engelhaftes" empfunden worden.[1] Eine Welt der Maschinen, die bald ein Eigenleben bekommen hat und viel müheloser wachsen konnte „als die organischen Wesen, indem sie sich den verschiedensten Bedürfnissen des menschlichen Lebens fügte und zum dienstbaren Engel des neuen irdischen Paradieses wurde".[2]

Da sind ferner die Engelbilder, wie sie durch die Literatur der jüngsten Zeit geistern, ausgehöhlte Gespenster ohne Saft und Kraft. Über sie mokiert sich ein Günter Grass, wenn er in seiner „Blechtrommel" von jenem „feingestreiften, bizarren Hochmut, der nur noch Engeln im Himmel geläufig sein mag", erzählt. Das ist freilich ein Himmel, den wir – nach dem berüchtigten Wort von Heinrich Heine – den Engeln und den Spatzen überlassen sollten.

Die Welt der Engel gibt heute wahrlich nur noch ein „mattes Geräusch" ab, wie Karl Barth[3] einmal gesagt hat; und selbst die modernen Dogmatiker sind darauf aus gewesen, die Aufmerksamkeit tunlichst von dieser Welt der Engel abzulenken. So konnte Barth von einer „Angelologie des Achselzuckens" sprechen.

Für die protestantische Theologie der letzten hundert Jahre ist der Engel nicht nur Anlaß des Achselzuckens, sondern oft genug auch ein Skandalon geworden. Die Theologen konnten einfach nicht verstehen, daß Gott sich eine Ewigkeit lang vom Lobgesang der lieben Engelein langweilen lassen sollte. Sie spotteten über diese „metaphysischen Fledermäuse" und ließen allenfalls noch die fromme Legende über die Welt der Engel gelten: einen heiligen Sagenkreis mythischer Geschichte und darin als Edelkitsch die Engel, künstlichen Himmelsblumen vergleichbar.

Eine philosophische Richtung raffte sich allenfalls noch zu einem idealistischen Standpunkt auf: Sie wollte den Schutzengel als Personifikation des Individuums und als Idee eines besseren Ich und als stilisierten Doppelgänger im Himmel gelten lassen.

Der antike Genius scheint kräftig bei der Engelvorstellung dieser christlichen Aufklärer Pate gestanden zu haben. Unser guter Schutzgeist ist der Engel, so bei Herder: „die reine Idee von unserem ganzen Selbst, die mit uns geht und gleichsam zu unserem Schutze uns begleitet". Das ist der Engel als ein „glänzender Traum von uns selbst", das sind die Engel, die in süßlich religiöser Poetik die schweigende Welt um uns her beleben, und „wer ein Herz hat für das Schöne und an Ideale glaubt, mag gern an Engel denken".[4]

In der modernen Tiefenpsychologie, die mit ihren Archetypen und Symbolwerten viel Kulturgut uralter Überlieferung gehoben hat, spielen die Engel und ihre Welt nur eine untergeordnete Rolle. Ein Zugang zu dieser Welt ist von hier aus kaum zu erwarten, obwohl selbst ein Naturalist wie Sigmund Freud das Numinose aus der Engelwelt erahnt haben mag, wenn er ausgerechnet über seine „Traumdeutung" als Motto schrieb: „Und kann ich die Götter mir nicht geneigt machen, so will ich die Unterweltlichen bewegen."

In der Tat sind die Unterweltlichen in den großen Bewegungen dieses 20. Jahrhunderts, in der Entdeckung des Unbewußten und in der Entfaltung der Technik, übermäßig bewegt worden. Es konnt gar nicht ausbleiben, daß bald schon über eine Dämonisierung der technischen Welt wie auch des Getriebes im menschlichen Seelengrunde disputiert wurde. Man hat von einer Epoche des Teufels gesprochen und in den Entartungen des abendländischen Denkens genau das besorgt gesehen, was der verdammte Engel mit der Menschheit vorhat.[5] Hierzu gehört als eine Variante des dämonisierten Fortschrittsgedankens auch der Kult des Plans, „der lückenlosen Daseinsregulierung durch einen Gehirntrust, dem übermenschliche Vernunftkräfte zugetraut werden".[6] Auch in diesen totalen Planungsversuchen, die sich von der Wirtschaft immer mehr auch auf die Politik, auf das Gesundheitswesen, auf alle Kulturbereiche ausstrecken, soll so etwas wie Trotz verborgen sein, das bewußte Verharren in der Hybris!

Es kann kein Zweifel darüber bestehen, daß wir von einer dämonologischen Seite aus keinen Zugang zur Welt der Engel bekommen, zumal von einer gegenständigen Welt des Satans nicht gesprochen werden sollte. Zwar sehen wir eine unheimliche Dämonisierung auf allen Gebieten dieser modernen Bewegung innerhalb der Technik, der Seelenkunde, der Planungen ablaufen, aber sie betreffen immer nur die Werkstücke und damit wirklich nur das „instrumentum"; sie stellen nicht den Dämon selber, der sich in den moralischen Absichten und in den geistigen Zugriffen zu diesen Bewegungen versteckt hält.

Wie der Engel, so ist auch der Teufel immer mehr zu einem kitschigen Requisit moderner religiöser wie profaner Vorstellungen geworden.[7] Was für eine Welt versteckt sich hinter all diesen Friedensengeln und Engelstauben![8] Was sollen all diese niedlichen Engelein als puppenhafte Leuchterträger und hornblasende Puppen! Was all diese Marzipanengel an unseren Weihnachtsbäumen! Warum müssen es ausgerechnet Engelein sein, die mit rotlackierten Fingernägeln in adventlichen Großstädten und weihnachtlichen Kaufhäusern Pralinen oder Damenwäsche offerieren!

Die Welt der Engel, die erschüttert wird und entzückt ist vom Mysterium der Menschwerdung Gottes, diese Welt ist uns heute ins Wolkenhafte und Koboldhafte entschwunden. Diese Landschaft der Ewigkeit liegt für uns in einem tiefen Nebel. Wir finden keinen Zugang mehr zu diesem Reich.

Es ist uns nicht mehr gegeben, davon zu reden, wie noch der große Mediziner des 13. Jahrhunderts und spätere Papst Petrus Hispanus davon reden wollte: „per stilum altissimum", in einer äußerst gehobenen Sprache, einem edlen Stil, in angemessen angelischer Existenzweise, eingeweiht durch einen strengeren Lebensmodus, inspiriert vom Gegenstand selber, den es erst auseinanderzusetzen gilt.

Was aber könnte Beweggrund sein, daß wir uns dennoch – obwohl in keiner Weise von Amts wegen dazu angehalten – an diese Welt der Engel wagen, dennoch in dieser Breite und Tiefe auf mittelalterliche Texte zurückgreifen, um aus dieser Quelle ein vertrauenswürdiges Zeugnis über die Welt der Engel zu schöpfen?

Für eine alte und ehrwürdige Engellehre ist selbstverständlich ein rein *historisches* Interesse gegeben. Dem Historiker ist alles rein und edel, und jedes Gebiet wird sein Gegenstand, auf das er nur energisch genug den Blick richtet. Den Historiker mußte es anziehen, wenn er unter den zahllosen Engellehren der christlichen Jahrhunderte auf ein Bild gestoßen ist, das über die Überlieferung hinausragt, eine reiche und farbige und liebenswerte Welt, wie sie uns hier mit den vorgelegten Texten einer mittelalterlichen Frau geschenkt wird.

Aber dieses historische Interesse liegt auf einem Seitenwege und ist nicht das Grundmotiv unserer Erfahrung. Selbstverständlich werden wir uns auch in der Lehre Hildegards von Bingen mit der religionsgeschichtlichen Wurzel dieses Weltbildes, mit kunsthistorischen Aspekten und dem ganzen kulturgeschichtlichen Geflecht auseinandersetzen müssen; was aber zur Darstellung treibt, liegt in anderen Schichten verborgen.

Dann wäre diese Schicht wohl der *theologische* Ernst eines so alten und frühen Engelbildes? Auch darüber kann gar nicht zu streiten sein, obwohl gerade dieser Bereich nicht unsere Sache ist. Wir können in unserer Deutung der Engellehre bei Hildegard von Bingen keine biblisch-exegetische Betrachtung bieten, wie sie neuerdings in den dogmatischen Untersuchungen von Schmaus, Rahner, Brinktrine oder auch in der Dogmatik von Karl Barth gegeben ist. Wir haben auf diesem Gebiete nur zu horchen und zu empfangen, Anregungen aufzugreifen und zu verstehen. Um so befremdlicher und betrüblicher ist uns die Erfahrung geworden, daß wir auf diesem Felde keine Hilfe zu erwarten haben. Auch die Theologie hat

19

die „terra incognita" der Welt der Engel noch nicht begangen, sie ist nicht über die scholastische Systematik eines Thomas von Aquin hinausgekommen, sie hat nur diesen einzigen Traditionsfaden in dem reichen Geflecht abendländischer Überlieferung aufgegriffen. Und was sie dabei zur eigenen Aussage gemacht hat, das ist alles so zart, so blaß, so schief und halb, so kalt geblieben.

Bliebe nicht noch das *psychologische* Motiv? Daß wir uns alle aus der Welt der Engel in unserer eigenen Erfahrung angesprochen fühlen, auch wenn wir keine persönlichen Begegnungen zu melden haben? Daß im Grunde der menschlichen Seele Archetypen eingelagert sein mögen, die uns diese himmlischen Botengänger und göttlichen Dienstleute, diese Seelenführer und Seelenwäger geradezu aufdrängen? In der Tat sind die Mythen aller Kulturvölker wie auch die Träume so vieler Patienten übervoll von diesen Vorstellungen, überreich an Belegen für einen psychologischen Zugang zur Welt der Engel.

So interessant dieser Zugang werden könnte, wir gehen ihn nicht, da wir schon auf andere Fährte gesetzt sind. Wir wollen mit solcher psychologischen Bereicherung auch nicht die alte Frage ersetzen, ob es überhaupt Engel gibt und was ihres Amtes sei. All das fragen wir nicht, da wir vielmehr befragt sind, beunruhigt, aufgerufen von den Phänomenen selber, gestellt von der Sache und erlebter Wirklichkeit, und wir suchen nun nach einer Antwort.

Wir sind im Weltbild Hildegards von Bingen auf eine Engellehre gestoßen, die so anders sich ankündet, zunächst recht fremd, archaisch in ihrem Aufbau, sakramentalisch durchlichtet und mit erregenden Bildern geschaut. Aber nicht das allein ist es, was uns ermutigt hat, die Texte über die Engel aus dem umfangreichen Schrifttum Hildegards zusammenzustellen und zu übersetzen; es ist vielmehr der besondere Ausweis ihrer Verkündigungen, der uns fasziniert: Schau der Engel, die man nicht sehen kann, wenn man auf den Wortlaut der Texte hinstarrt, die man erst übersetzen muß aus dem Vollzug ihrer Visionen, um sie in ihrer unsäglichen Weise sagbar zu machen. Eine erregende Unruhe geht durch diese Texte und bildet dieses wahrhaft aufregende Thema. Und doch liegt wieder eine beglückende Ruhe in diesen schlichten Aussagen über jene lichten Wesen, an die wir grenzen wie an jede andere Realität.

Und damit stehen wir an einem letzten Motiv, das uns zur Darstellung bewogen hat: an dem neuen *aktuellen* Interesse, das die Welt von heute nach dem Wesen des Engels fragen läßt, wie es auch uns beunruhigt und immer wieder zum Fragen bringt. Ein neues Bild vom Engel scheint sich anzukündigen. Wir werden in einem abschließenden Überblick zu zeigen versuchen, ob und wieweit von einer „Stunde der Engel" die Rede sein kann.

Wie aber soll man in dieser Ratlosigkeit zugreifen und zurechtkommen? Wie soll man zwischen der Skylla der alten Engelsmythologie und der Charybdis der modernen Entmythologisierung hindurchfinden? „Wie will man hier zugreifen, ohne täppisch zu werden, Zurückhaltung üben und nun doch nicht übersehen, was zu sehen ist, nicht zu viel sagen und doch nicht verschweigen, was zu sagen ist? Wie soll man hier zugleich offen und vorsichtig, zugleich kritisch und naiv, zugleich klar und bescheiden sein?"[9]

Wir werden uns an eine bescheidenere Methode halten und uns klarmachen müssen, daß eine Welt der Engel den Menschen von heute nicht mehr belehren will, eher noch bilden kann, mehr aber erbauen muß. Sie will uns trösten in unserer eigenen Welt, die immer stärker an geistigen Werten verliert, sie will uns hoffen heißen auf einem Wege, der von der Sorge zerklüftet und von Angst umlauert ist; sie will uns zeigen, daß auch wir im dunkelsten Materialismus aus lichtesten Keimgründen leben.

Wir werden einen sicheren Weg gehen, wenn wir uns nur an den Gegenstand halten. Der württembergische Prälat Johann Albrecht Bengel (1687–1752), der in seinem „Gnomon Novi Testamenti" (1742) die Geisterwelt und das Engelwesen besonders gründlich behandelte, hatte seiner Handausgabe der Bibel ein kluges Wort vorausgestellt:

„Te totum applica ad textum, rem totam apllica ad te". Trage nichts in die Schrift hinein, aber schöpfe alles aus ihr und laß nichts von dem zurück, was in ihr liegt!

Dies ist das grundphilosophische, das hermeneutische Prinzip, das immer aufs Ganze des Verstehens gehen muß, das nichts übersehen will und nichts halb liegen lassen kann, das nichts übertreiben möchte und nichts unterschätzen darf, das den Blick aufs Ganze legen sollte und bis zum Ende gehen muß, um mit etwas zu Rand zu kommen.

Das meinte Hildegard von Bingen, wenn sie am Schluß ihrer Visionen „Vom Wirken Gottes" schreibt: „Daher soll kein Mensch so verwegen sein, den Worten dieser Schrift etwas hinzuzufügen oder etwas wegzunehmen, auf daß er nicht aus dem Buch des Lebens getilgt werde und alles Glück unter der Sonne verliere".[10] Hildegard kann diese Autorität beanspruchen, da sie in ihrer Schau den „stilus altissimus" gehalten hat. Dem übersteigenden Gegenstand entspricht in ihrer Engellehre die durchdringende Methode: Nicht mit tautologischen Wendungen und dialektischen Argumenten wird der Engel traktiert, sondern im Bild wird er zur Schau gestellt und im Anschauen einer alles übersteigenden Einbildung überlassen.

Bei unserer Darstellung ist es uns weder auf einen chronologischen Aufriß der mittelalterlichen Angelologie angekommen, in der Hildegard wohl ihren festen Ort hätte, noch auf eine Analyse der Quellen Hildegards, die ebenfalls Fundamente und wesentliche Elemente der alten Engellehre freilegen könnte, noch auf einen Vergleich mit den zeitgenössischen Engelsauffassungen im 12. Jahrhundert. Wir werden lediglich die Struktur der Welt der Engel bei Hildegard vom

Text her nachzeichnen und damit ihren Beitrag zum Engelbild des Mittelalters dokumentieren.

Zunächst möchten wir den offensichtlichen Verlust des
Engelbildes in der neueren Zeit untersuchen. Es empfiehlt
sich, der Zeugenkette nach rückwärts zu folgen und sich so
über die Jahrhunderte hinweg an das Weltbild Hildegards von
Bingen heranzutasten, das unserer Untersuchung Form und
Farbe geben soll. Erst danach werden wir Hildegards Quellen
berücksichtigen können, wobei wir diesmal chronologisch
verfahren müssen, um von den urtümlichen Quellen her auf-
steigend abermals Hildegards Welt zu treffen, die Verwurzelung ihrer Weltanschauung, aber auch ihre alle Quellen über-
strahlende Originalität. Diese originale Aussage zu treffen, ist
unsere schwierigste Aufgabe.

Wo immer über Engel geschrieben wurde, ist man sich der
großen methodischen Schwierigkeiten bewußt geworden, die
darin bestehen, daß über geistige Wesen in konkreter Sprache
und mit leibhaftigen Bildern gesprochen werden muß. Wie
gut verstehen wir jetzt den Kirchenvater Gregor von Nazianz,
der über seine kleinste, bescheidene Einsicht nicht hinausge-
hen wollte, daß es nämlich schwer sei, hinsichtlich der Natur
der Engel das rechte Wort zu finden.[11] Selbst Thomas von
Aquin, den die Welt als den „doctor angelicus", als Lehrmei-
ster über die Engel und engelgleichen Lehrer, bewundert hat,
muß bekennen: Nur unvollkommen erkennen wir die Engel
und ihre Funktion[12]. Man kann von ihnen nur „leise" richtig
reden, wie Karl Barth einmal gemeint hat.

Wir werden bei einer nüchternen Abgrenzung bleiben müssen und über jene bescheidene Zielsetzung nicht hinauskommen, wie sie uns Augustinus gesetzt hat: „Alle diese Fragen
mögen diejenigen beantworten, die es können, vorausgesetzt,
daß sie auch imstande sind, für ihre Behauptungen einen Beweis zu bringen. Ich für meine Person muß schon gestehen,
daß ich darüber nichts weiß. An solcherlei Fragen, wo ein jeder nach Kräften seinen Scharfsinn spielen läßt, bildet sich

freilich der Geist nicht ohne Nutzen, nur darf der Streit die Grenzen der Mäßigung nicht überschreiten und muß der falsche Glaube ferngehalten werden, man wisse etwas, wovon man in Wirklichkeit nichts weiß. Denn was hat es schließlich für einen Wert, dieses oder jenes zu behaupten oder zu verneinen oder mit einem Aufwand von Scharfsinn auseinanderzusetzen, wenn es keinen Schaden bereitet, davon nichts zu wissen".[13]

Und noch einmal: Es wird uns nicht darauf ankommen, auf einem solch schwierigen Gebiete möglichst einleuchtende Aussagen zu vertreten oder gefällige Antworten zu erhalten, es kommt mehr auf das Fragen selber an, auf die möglichen Probleme, die in der Welt der Engel lebendig werden. „Denn" – wie Hildegard von Bingen belehrt worden ist – „wo im Menschen die Frage nicht ist, da ist auch nicht die Antwort des Heiligen Geistes".

DER VERLUST DES ENGELBILDES IN DER NEUZEIT

Vor rund hundert Jahren hat in der Geschichte der Menschheit ein Ereignis stattgefunden, das auf vielen Gebieten zu den einschneidendsten in der Kulturgeschichte überhaupt gerechnet werden muß: der Abbruch der Tradition. Er hat auch in die Überlieferung von den Engeln eine folgenreiche Zäsur gebracht.

Hatte bereits der große Theologe der Aufklärung, Friedrich Schleiermacher, davon gesprochen, daß Offenbarungen eines angelischen Daseins nicht mehr zu erwarten seien, so zog angesichts der heraufkommenden Naturwissenschaften und des damit verbundenen Weltbildes David Friedrich Strauß die endgültigen Konsequenzen. In seiner christlichen Glaubenslehre sieht er die Menschheit sich aus dem Mittelalter herausarbeiten und sich des Prinzips der modernen Welt in seinen verschiedenen Beziehungen bemächtigen. In diesem fremden Boden aber mußte die Engelvorstellung allmählich absterben, da sie auf einem ganz andersartigen Keimgrund gewachsen war.[14]

Für R. A. Lipsius (1879) sind diese alten Engel nur noch Symbole einer religiösen Bildersprache, aber in keiner Weise mehr eine metaphysische Wirklichkeit. Das ist schon ganz die Stimmung der modernen Welt, eine nüchterne und auch eine ehrliche Haltung, die Stimmung aber auch einer verarmten und entmythologisierten Welt. Rudolf Bultmann hat diese Haltung auf die offizielle und weithin anerkannte Formel gebracht: „Man kann nicht elektrisches Licht und Radioapparat benutzen, in Krankheitsfällen moderne medizinische und klinische Mittel in Anspruch nehmen und gleichzeitig an die Geister- und Wunderwelt des Neuen Testaments glauben"[15]. Rationales und mythisches Weltbild ließen sich nun einmal nicht vereinigen. Der Mythos vom Engel sei eine Zumutung für den heutigen Menschen, und wie sehr erst für einen naturwissenschaftlich geschulten Gebildeten! „Erledigt ist durch die Kenntnis der Kräfte und Gesetze der Natur der Geister- und Dämonenglaube".[16]

Damit hat Bultmann eine noch weitaus schärfere und folgenreichere Konsequenz aus dem Abbruch der Tradition gezogen, als dies bei David Friedrich Strauß der Fall war. Strauß hatte geglaubt, daß die Lehren vom Teufel und Engel durch die Weltanschauung der Naturwissenschaft entwurzelt seien und mithin absterben müßten. Dennoch sieht er, wie zu der persönlichen Mission des Christus auch der persönliche Teufel dazugehören müsse. „Ist Christus gekommen, um die Werke des Teufels zu zerstören, so brauchte er nicht zu kommen, wenn es keinen Teufel gab, gibt es einen Teufel, aber nur als Personifikation des bösen Prinzips, gut, so genügt auch Christus als unpersönliche Idee".[17]

Ein protestantischer Theologe um die Mitte des 19. Jahrhunderts, Vilmar, forderte darüber hinaus von seinen Amtsbrüdern eine genaue Bekanntschaft mit dem Satan: „Dazu gehört etwas mehr als in die, allerdings vom Teufel gehetzten Demokratengesichter von 1848 gesehen zu haben. Es kommt hier darauf an, wenn man recht lehren und die Seelen recht behüten will, des Teufels Zähnefletschen aus der Tiefe gesehen (mit leiblichen Augen gesehen; ich meine das ganz unfigürlich) und seine Kraft an einer armen Seele empfunden, sein Lästern, insbesondere sein Hohnlachen aus dem Abgrund gehört zu haben".[18]

Neben diesen mythologisierenden und entmythologisierenden Versuchen des letzten Jahrhunderts macht sich eine Literaturgattung breit, die das ganze Problem von einer religionswissenschaftlichen und schließlich bloß noch philologischen Seite aus zu lösen versucht. So hat Otto Everling (1888) mit scharfsinnigen Argumenten den phantastischen, spätjüdischen Hintergrund der paulinischen Theologie und Engellehre herausgearbeitet. Aber diese feinsinnige philologische Akribie konnte nicht genügen, das Wesen der Engel zu erfassen; sie konnte kein Instrument sein, um einem Menschen die Welt der Engel näher zu bringen. So hat sich auch Everling die harte Kritik eines Albert Schweitzer gefallen lassen müssen. Schweitzer kommt in seiner „Geschichte der Paulinischen Forschung von der Reformation bis zur Gegenwart" (1911) zu der Überzeugung, daß Engel und Dämonen gewiß auf dem Hintergrund der Zeit beschrieben werden müßten, daß sie aber doch wesentlich auf das Erlösungswerk Christi hingeordnet seien, und dies allein dürfte Kriterium einer jeden Engellehre sein: daß die Erlösung in einer Befreiung der Welt von den Mächten zwischen Himmel und Erde besteht!

Mehr als diese vereinzelten Stimmen setzt sich der Chor liberaler Denker durch, der die Engellehre auf dem Hintergrund der mächtig aufstrebenden naturwissenschaftlichen Weltanschauung betrachten möchte, der die Engel lediglich als mehr oder weniger poetische Zutat zum Glauben oder als abgesunkene Bilderwelt, als abgesunkenes Kulturgut noch duldet. Im „Handwörterbuch des deutschen Aberglaubens" werden die Engel etwas spöttisch als eine herumstehende Dienerschaft oder als Sängerchor in der Umgebung Gottes angesehen. Hase spricht in seiner Dogmatik (1869) ganz ähnlich von „Überresten einer verschwindenden Götterdynastie", von christlichen Engeln als den „bleichen Erben der olympischen Götter". Er kennt da noch Engel als die wackeren Kampf- und rüstigen Wandergenossen durchs Alte Testament, wobei ihm einzelne Engel als „Hieroglyphen der Naturkraft" vorgekommen sind oder die Cherubin wie Sphinx und Greif als Wächter heiliger Stätten. Der Schutzengel wird gekennzeichnet als „die bildlich supernaturale Bezeichnung für den eigenen Genius und für die Stimme, die zuweilen in der eigenen Brust wie etwas über uns aufklingt"[19]. Dieser Engel würde also ebensogut das moralische Gesetz in mir wie den gestirnten Himmel über mir vertreten haben.

Die Engellehre als eine Geisterlehre sei erst von den Scholastikern systematisch ausgebildet worden. „Die Subtilitäten der Scholastik sind daher an einen ganz fremdartigen Stoff geraten und die Engel dadurch zu metaphysischen Fledermäusen geworden." In Sonderheit werden die Engel des Thomas von Aquin aufs Korn genommen, die als Engel gar ruppige Wesen gewesen sein sollen „gegen die beiden Himmelskinder, die auf ihre Ärmchen gestützt zu Raffaels jungfräulicher Gottesmutter sinnend aufschauen, das Schönste, was die Welt sah, abspiegelnd in ihren Kinderaugen. Die Kunst kann so wenig die Himmel darstellen ohne Engel als einen Frühling ohne Blumen".[20]

Außer solch kitschigem Requisit, außer diesen Gartenzwergen im himmlischen Hofgarten, bleibt für diesen aufgeklärten Theologen der Neuzeit nicht viel mehr übrig. Eine Glaubensbestimmung über Engel sei nicht zu erwarten, so wenig wie über den Mann im Mond.[21] Gott habe nämlich zu Seiner Vorsehung eher den Menschen als die Engel nötig. „Einer wie Luther hat eine weit größere Wirkung im Dienste der Vorsehung geübt, als von irgendeinem Engel der Heiligen Schrift erzählt wird".[22] Was sich uns in den Engeln noch darstelle, das sei die „Größe und Schönheit des Genies", das sei der Engel als ein Wesen erhöhter Humanität, erhöht teils durch sittliche Würde, teils auch als Genius von Gottes Gnaden, das sei im letzten also der „heilige Sagenkreis", den die Engel in unserer Welt noch zu bilden vermögen.[23]

In diesem heiligen Sagenkreis halten sich die Engel noch eine Weile, wie sie sich auch, gleich ihren Vettern, den Teufeln, eine Zeitlang in Flur und Feld gehalten haben als „Stammbuchsblätter von dämonischer Hand", wie die schönen und schaurlichen Namen der Teufelsfelsen, Teufelsbrücken, Teufelslöcher, Teufelsmauern bezeugen. Selbst das gehört bald der Vergangenheit an; denn „durch die moderne Weltschauung, wie seit Columbus und Copernicus sie sich bildete, verloren Engel und Teufel ihre alten Sitze in Himmelshöhen und in den Tiefen der Erde".[24]

Bereits in der wissenschaftlichen Aufklärung gehörte der Engel nur noch zur theatralischen Drapierung irgendeines Sachverhaltes und das bis in die Mechanismen psychischer Heiltechnik hinein. So berichtet Pinel, wie man mit großer List Melancholische durch einen Engel zu kurieren versuchte. „Ein Freund des Kranken trat in der Nacht als Engel verkleidet mit einer brennenden Fackel in der einen und einem Schwert in der anderen Hand ins Zimmer. Der falsche Engel schlug den Vorhang des Bettes auseinander, weckte den Kranken und eröffnete ihm, Gott habe ihm Nachlaß aller begangenen Sünden gewährt. Auch diese List war von Erfolg gekrönt; die verängstigte Seele gewann ihre Ruhe und damit auch die Gesundheit zurück."[25]

Neben diesem merkwürdigen Heilschlaf im Asklepios-Tempel der Französischen Revolution stehen in dieser Zeit der Aufklärung und Romantik noch weitschweifige Abhandlungen für oder wider die Engel. In seinem „Wörterbuch des Neuen Testaments" (1772) empört sich Wilhelm Abraham Teller (1734–1804) über den Mißbrauch, der mit allem Teufelsglauben und Engelskult getrieben werde. Weit richtiger sei es, die Menschen einzig auf Gott, als die Quelle alles Guten, zu verweisen; viel wichtiger sei es, jeden Menschen sich auf sich selbst als auf seinen eigentlichen Feind und Dämon besinnen zu lassen. Die Entmythologisierungstendenz hat in dieser Schrift zuweilen groteske naturalistische Formen angenommen. So wird an einer Stelle der „Engel des Satans" (2 Kor 12, 7) als eine „figürliche Beschreibung der reißenden Gicht, besonders der Kopfgicht, Migräne" interpretiert. Und so müßten – das ist das Fazit dieser Aufklärung – alle Engelserzäh-

lungen des Neuen Testaments mehr aus den Volksanschau-
ungen der Zeit aufgefaßt und weniger zum Wesen der Religion selber gerechnet werden.

Gegen diesen rationalistischen Aufklärer wendet sich in
einer eigenen Schrift der mystische Aufklärer Friedrich Chri-
stoph Oetinger (1702–1782); er schreibt 1776 ein „Biblisches
Wörterbuch, dem Tellerschen Wörterbuch und Anderer
falschen Schrifterklärungen entgegengesetzt". Oetinger
nimmt den Satan sehr ernst, er erkennt ihn als eine „persönlich böse Intelligenz", als ein ganzes Reich, „als eine Sphäre
von widerwärtigen zusammenhängenden Kräften, die wider
Gott streiten". Er glaubt an die Geister in Menschenformen,
„daß sie in alle Welt agieren, daß ihre Atmosphäre groß und
verschieden seie, daß sie eben solche Objekte wie wir vor sich
haben, nur in reinerem Stand, daß sie Farben, Lichter, Para-
diesesfrüchte, Schall, Geruch und Figuren um sich haben, ist
wohl zu beachten".[26]

Ähnlich ist Johann Albrecht Bengel (1687–1752) der Auffassung, daß die Geisterwelt gegenständlich in unsere Menschenwelt eingreife, obwohl der Gläubige die Dämonen nicht
zu fürchten habe.

Wir sollten nicht vergessen, daß auch für den alternden
Goethe diese Anschauungen noch geläufig waren. In seinen
Gesprächen mit Eckermann hat Goethe die Meinung vertre-
ten, daß es schlechtweg zu unserer Natur gehöre, daß der
Mensch „von höheren Wesen nicht ganz verlassen sei, daß sie
ihn vielmehr im Auge haben, an ihm teilnehmen und in der
Not ihm helfend zur Seite sind". Dieser Glaube „ist etwas so
Natürliches, daß er zum Menschen gehört, daß er einen Be-
standteil seines Wesens ausmacht und, als Fundament aller
Religionen, allen Völkern angeboren ist"[27] Daneben nimmt
sich die Bemerkung des jungen Goethe zum Theologen Lava-
ter „Laß mich Nervenbehagen nennen, was du Engel nennst"
eher ärmlich und beschränkt aus, mag sie auch noch so sehr
zu tiefenpsychologischen Reflexionen reizen. Ärmlich und

komödiantenhaft wirken auch die Engel im „Faust", trotz aller himmlischen und mystischen Dekoration.

Zweifellos hat die protestantische Aufklärung dem frommen Umgang mit Engeln ein Ende gesetzt. Vieles darin war eine verständliche Reaktion gegen den überlauten Schwulst des Barock, gegen die pietistische Schwärmerei eines Klopstock, gegen die zu verfeinerte Engelpoesie. Bei Schleiermacher jedenfalls sind die Engel bereits in den Anhang seiner Christlichen Glaubenslehre verwiesen. Die Vorstellung von Engeln kann zwar „auch ferner in der christlichen Sprache vorkommen, ohne daß wir verpflichtet wären, etwas über ihre Realität festzustellen"[28]. Nicht nur haben wir keine Offenbarungen ihres Daseins mehr zu erwarten, auch ein Einfluß dieser geistigen Wesen auf unsere sittliche Handlungsweise kann schlechterdings ausgeschlossen werden. Desgleichen könne man auch den völlig haltlosen Glauben an den Teufel niemandem mehr zumuten. Immerhin preist noch eine evangelische Kirchenzeitung um die Mitte des vorigen Jahrhunderts die Lehre vom Satan „als das Salz, das allein die süße Lehre des Heils vor Süßlichkeit bewahre".[29]

Für die zunehmende Säkularisierung des Engelbildes, wie sie bereits im Herbst des Mittelalters eingesetzt hat und wie sie in der Aufklärung abgeschlossen wurde, gibt es kein eindrucksvolleres Symptom als den Verfall des Engelbildes in der bildenden Kunst. Eine kurze ikonographische Skizze wird uns am ehesten einen Einblick in die Entwicklung der letzten Jahrhunderte geben, eine Entwicklung, über deren Fortschritte man bescheidener denken lernt, wenn man die fast unausweichlich damit verbunden scheinenden Verkümmerungen einmal mit in Betracht gezogen hat.

Wir wissen, wie sich aus der Überfülle an Darstellungen altchristlicher und frühmittelalterlicher Kunst einige Themen herausgegliedert haben, die mit besonderer Vorliebe gewählt wurden. Darunter fällt die frühe Verkündigungsszene der Priscilla-Katakombe in Rom, die noch aus der ersten

Hälfte des 2. Jahrhunderts stammt. Weitere Katakombenbilder bevorzugten das Abrahamopfer, die Geburt Christi und seine Taufe im Jordan sowie die Engel bei der Himmelfahrt des Herrn; Engel zu Seiten von Christus und Maria sind in zahlreichen Mosaiken des 5. und 6. Jahrhunderts abgebildet. Geflügelte Jünglinge treten, wohl unter byzantinischem Einfluß, im 5. Jahrhundert auf, während in früherer Zeit wie auch teilweise wieder im 9. und 10. Jahrhundert die Engel ohne Nimbus und Flügel zur Darstellung kommen.

Nähere Verwandtschaft mit den Engeln bei Hildegard von Bingen haben die Darstellungen des frühen Mittelalters selbst, so vor allem die wuchtigen Zeichnungen und kraftvollen Farbgebungen der Beatus-Apokalypsen des 10. und 12. Jahrhunderts. Der Text dieser Kodizes geht auf Beatus von Liebana (8. Jahrhundert) zurück, der wieder aus älteren Kommentaren schöpft und auch nordafrikanische Vorlagen verwertet hat.[30] In beiden Bildungen herrscht das erfüllte Schweigen lichtvoller Gestalten vor, das spiegelnde Wesen absoluter Hoheit, das hohe Leuchten von innen heraus, das innere und unaufhörliche Bilden in den geschauten Abbildungen selber: und von daher wohl auch das spontane Entzücken und die unsägliche Freude an diesen Bildern.

Seit dem 13. Jahrhundert finden sich in den abendländischen Kunstwerken mehr und mehr die musizierenden Engel ein; damit ist auch in der Musikanschauung des Mittelalters wie in der Engelikonographie ein bedeutsamer Wandel eingetreten. Besonders ausgeprägt zeigen sich diese musizierenden Engel in gewissen Szenen der Heilsgeschichte, bevorzugt im Marienleben; zumal in der Geburt Christi und Krönung Mariä steigern sich Engelreigen und Engelprozessionen, ertönt endenlos der Instrumentalklang. Unter dem Einfluß der niederländischen Meister wird die Betonung der musizierenden Engel besonders bei der thronenden Madonna bemerkenswert; seit dem 15. Jahrhundert gehört allgemein diese Musik der Engel zum Kunstwerk.

Damit ist eine künstlerische Revolution zum Durchbruch gekommen, die sich schon im späten Mittelalter abgezeichnet hat. Giotto malt weinende Engel um den Schmerzensmann und zeigt die Engel klagend neben dem Gekreuzigten. Bilder vom Weltgericht symbolisieren des Menschen Kämpfe mit den bösen Geistern und seinem bösen Gewissen. Musizierende Engel weisen mehr auf menschliche Haltung und instrumentale Szenerien hin als auf den himmlischen Lobgesang selber, so schon bei Filippo Lippi, Hans Memling und Matthias Grünewald. Putzige Kinderengel treten in das Andachtsbild ein und werden in der Renaissance bedenkenlos durch antikisierte Putten ersetzt. Die Mädchenengel eines Fra Angelico setzen sich durch und bestimmen auf Jahrhunderte das Engelbild, ähnlich wie die geflügelten Engel, die seit dem 15. und 16. Jahrhundert und bis in die neueste Zeit verbindlich geblieben sind. Hegemann (1950) hat diese Metamorphose des Engelbildes für die deutsche Kunst aufgewiesen: Der liturgische Weisbote von unerhörter Wucht und Weihe wird durch gefiederte und musizierende Engelchöre abgelöst; wie Vogelschwärme lassen sie sich auf Altären, Chorgestühlen und Orgeln nieder. Mehr als zweihundert Engel allein zählt eine Wallfahrtskirche wie die Wies.

Um diese Zeit ist der mittelalterliche Zusammenhang von einer himmlischen und irdischen Liturgie längst gerissen. Die Engel bei Luca della Robbia erinnern mehr an den antiken Orpheus, an Mänaden, an römische Sarkophagallegorien. Die Engel werden rasch zu Putten und Kindern (etwa bei Giovanni Bellini); sie treten als Knabenchöre auf oder als musizierende Höflinge (so bei Vittore Carpaccio) oder sogar (wie bei Girolamo dai Libri) als höfische oder patrizische Damen.

Was an diesen Bildern interessiert, sind humanistische oder rein künstlerische Gesichtspunkte, Aspekte einer Psychologie oder Soziologie, an sich hochinteressante Themen über Weiterleben der Antike, Stilwandel in der Kunst, Wir-

kungsweisen der Musik, immer aber auch eine rein inner-
weltliche Bewegungsthematik – und niemals der Engel!

Daß wir in dieser vielschichtigen Renaissance außer den
Dokumenten der Kunst auch andere Zeugnisse berücksichtigen sollten, zeigen zwei ihrer größten Gestaltungen: für die
Theologie die Engellehre eines Martin Luther und für die pro-
fanen Wissenschaften die Welt der Engel bei Paracelsus.

Martin Luther hatte in den Jahren 1531 und 1533 seine
berühmten Engelpredigten gehalten, in denen er besonders
die übertriebene Verehrung des Erzengels Michael als Verir-
rung zur Abgötterei gebrandmarkt hatte. Man habe die Engel
zu leichtsinnig an Gottes Stelle gesetzt und gerade dadurch
ihnen ein „Selbst Gott sein" suggerieren wollen. Bereits in
seiner Wunderpostille aus dem Jahre 1528 schreibt Luther
klar und deutlich: „Also beten wir die Engel nicht an, trauen
auch nicht in sie ..., wie wir auch in der Schrift finden, daß
sie sich nirgends haben anbeten lassen, sondern danken und
loben Gott, daß er sie uns geschaffen hat. Denn sie sind ja geschaffene Geister, von Gott zu uns geordnet. Wie wir nun
Gott danken und loben, daß er uns die liebe Sonne, Mond,
Wein und Korn geschaffen hat, so sollen wir ihm auch für die
lieben Engel danken: Lieber Herr Gott, ich danke dir, daß du
uns also mit deinen Engeln versorgt und geschützt hast, daß
du solche Fürsten über uns gesetzt hast. Das heißt denn die
Engel recht gelobt und geehret."[31]

Für Luther sind bei aller Kritik die Engel eine geistige Realität. In seinem „Kleinen Katechismus" findet sich das tiefsinnige Morgengebet: „Ich befehle mich, meinen Leib und
Seele und alles in deine Hände; dein heiliger Engel sei mit
mir, daß der böse Feind keine Macht an mir finde." Für Martin Luther ist es gewiß, „daß allenthalben, wo wir seien, ein
großer Haufe Teufel ist, die uns schrecken und auf uns schlagen mit Schwertern und langen Spießen. Da stehen die lieben
Engel entgegen und fahen alle Streiche auf und schlagen sie
aus, daß sie uns nicht schaden mögen"[32].

Wir haben uns nach Luther sorgsam zu hüten, daß wir die mahnende Stimme der Geisterwesen nicht vorüber lassen, vielmehr bald umkehren und dem Hirten nachlaufen. „So bist du genesen und hast den lieben Engeln im Himmel eine sonderlich große Freude gemacht." Das alles liegt im Wesen des Engels begründet. „Darum haben sie auch einen feinen Namen, daß sie heißen Angeli, Boten oder Botschaft, daß sie von Gott gesandt sind. Die Schrift nennet sie nicht nach ihrem natürlichen Wesen, sondern nach ihrem Amt. Darum bin ich dem Namen Engel sehr hold ... Sie regieren, schützen und behüten uns vor allem Übel; das tun sie fleißig und mit Freuden."[33]

Die gleiche Frömmigkeit und Ehrfurcht geht auch durch die Hymnen und Gebete eines Philipp Melanchthon, während Calvin die rigorose Meinung verfocht, Gott habe bei der Weltregierung die Mithilfe der Engel nicht nötig, da Er selbst allein alles tun könne! Was die frühen Reformatoren im Grunde unterbinden wollten, war nicht der Glaube an die Engel, vielmehr der zu stark in den Vordergrund getretene Kult, die üppige Verehrung, das Anbeten der Engel anstelle Gottes, Ausschreitungen, mit denen sich auch das Urchristentum und die Kirchenväter auseinandergesetzt haben. „Der Engel Schar" wie auch die „Welt voll Teufel" sind jedenfalls aus dem Weltbild Martin Luthers nicht wegzudenken; beide sind lebendig geblieben unter den Dichtern des 17. und 18. Jahrhunderts: bei einem Paul Fleming und Paul Gerhardt, bei Kaspar Neumann, Gerhard Tersteegen, Benjamin Schmolck. Darüber hinaus ist bei Luther noch viel von jenem hierarchischen Denken zu finden, das die himmlische Welt zum Vorbild irdischer Weltordnung werden ließ. Eine Kreatur sollte der anderen dienen; uns tut not, zu wissen, was Vaterstand, Mutterstand, Knechtstand, Magdstand ist, was der Engel Amt und Tun sei –: „sonst geht alles durcheinander".

Im Gegensatz zu Martin Luther steht bei seinem Zeitgenossen Paracelsus das anthropologische und nicht das angelologische Interesse im Vordergrund. Paracelsus ist der Auffassung, daß seine Philosophie erst die Engellehre herausarbeiten müsse, damit auf diese Weise der Unterschied zwischen einer Angelologie und einer Anthropologie geklärt werde. Engel und Teufel sind ihm so sehr reale Wesen, daß sie nicht allein Gegenstand der Theologie, sondern auch einer natürlichen Philosophie sein sollten; sie ihrerseits sind dann wieder abzugrenzen gegen das „ens spirituale", das bereits in den Bereich der Medizin hineingehört.

„Die im Licht der Natur suchen – schreibt Paracelsus in seinem Buch über die Nymphen –, die reden von der Natur, die im Licht des Menschen suchen, die reden über die Natur. Denn der Mensch ist mehr dann die Natur, er ist die Natur, er ist auch ein Geist; er ist auch ein Engel: deren aller dreien Eigenschaften hat er. Wandelt er in der Natur, so dient er der Natur, wandelt er im Geist, er dient dem Geist, wandelt er im Engel, er dient als ein Engel. Das erste ist dem Leib gegeben, die andern seind der Seele geben und sind ihr Kleinod." Aus diesem Grunde kann der Mensch kraft seiner natürlichen Verfassung Himmel und Erde ergründen. Es ist geradezu des Menschen Amt, daß er diese Dinge erfahre und nicht blind darin sei. Ist er doch geschaffen, von den Wunderwerken Gottes zu reden und sie zu preisen. Denn das ist des Menschen Auftrag: „seinen Geist, sein Licht, seine englische Art anzulegen in den Dingen, die göttlich sind zu betrachten."[34]

Dieser eigentlich menschlichen Aufgabe nachzugehen, das ist viel seliger als in der irdischen Gesinnung herumzukramen oder in natürlicher Gelehrsamkeit oder bloß in der politischen Weltgeschichte. Zumal das Urteil, das der Arzt in den natürlichen Dingen als seine äußere Erfahrung bekommt, dieses Urteil ist uns durch die Engel als innere Erfahrung eröffnet worden.[35]

Seine englische Art anlegen kann der Mensch aber nur, weil über seiner Organisation als Mikrokosmos bereits das Universum als ein großes System höherer Vermittlung konstruiert ist, in dem alles seinen Herrschaftsbereich und seine Stufe zugewiesen bekam. Dem Menschen soll es in diesem kosmischen System gelingen, über seinen Leib Herr zu werden, um mit seinem Leib Herr zu sein über die Welt. „So ist der Mensch Herr der Arzenei, Herr der Äcker, Wiesen und Weingärten; nicht weil Erde und Sonne uns das geben; Gott gibt es durch die Anordnung dieser Vermittlung. So hat es ihm gefallen." So haben wir auch in der Wissenschaft ein großes Mittel: „Dies Mittel sind die unsichtbaren Geister, die gleichwie ein Acker, der uns Früchte gibt, so die Kunde von sich ausgehen lassen. Von diesen Mittlern ist zu reden."

Paracelsus nennt sie Engel: „Sie kommen zu uns in derselben Art wie der Engel zu Maria kam und sagte: Du bist voller Gnaden." So hat auch jeder Mensch seinen „Englischen Gruß" tief in sich selbst verankert, seine Gabe, die himmlische Mitteilung solcher Gnaden, die Gott ihm durch den Engel zugesandt hat. „Hieraus folgt, daß wir berufen sind und zur Neigung gezwungen, der hierin, der andere darin. Dorthin wird nun auch der Befehl durch den Engel oder Geist ausgerichtet; daraufhin haben wir Gewalt, des was wir begehren zu lernen; und befinden wir uns nicht auf diesem Wege, so dürften wir in unserer Phantasie noch so schwärmen, wir könnten nicht Blei schmelzen lernen."[36]

Der Mensch hat weiter in sich zweierlei Vernunft, die eine ist viehisch oder natürlich, die andere ist englischer Art. In beiden Dingen hat ein jeder Erfahrung zu erwerben. „Das ist englisch in den Dingen: der Mensch soll den Leib in seiner Vernunft nicht brauchen, dann allein was ihn antrifft zu wissen sein Not. Weiter ist die Seele in ihm, die bleibet ewig, die hat das Vieh nicht; dieselbige soll der Mensch für sich nehmen und dieselbige wird nicht krank, die viehische wird allein krank und die englische nit. Denn zwo Weisheit hat ein jeglicher Mensch, englisch und viehisch; sein Wille stat wohin er will."[37]

Diese engelhafte Vernunft ist in Adam eingegossen worden; sie gelangt mit der Geburt an uns. Unbewußt wächst sie im Menschen auf bis zur Erweckung. All unser Lernen und jeglicher Weg der Erfahrung ist ein solches Wecken. Paracelsus stellt in diesem Zusammenhang die merkwürdige Frage, warum wohl der Hiltgarden dieses geträumt habe und einem anderen ein anderes? „Ist die Urach: worin der Geist der Hiltgarten Liebe hat, darinnen wird er erleuchtet; also hat die ein Lust gehabt, zu dienen ohn Abgötterei."[38] Eine großartige Aussage des Paracelsus, nicht nur über die ihm wohlbekannte und verehrte Hildegard von Bingen, sondern auch über die Möglichkeit, wie man zu einer psychologischen Einsicht in das Engelwesen kommen kann.

In diesem Zusammenhang müßte eine Schrift des Paracelsus genauer untersucht und auf ihre Quellen eingesehen werden, die vom Manna, vom Engelbrot, handelt. „Das war das Gebot Gottes" – schreibt Paracelsus – „das Essen wollte Gott auf englische Weise haben; so hätten sie allein durch ein jedes Wort gelebt, so durch den Mund Gottes wär ausgegangen."[39] Daß der Mensch auf englische Weise essen sollte, beweist ferner Johannes der Täufer, der auf engelhafte Weise gegessen hat, und zwar mit seinem Mund, nicht aber im Magen. Das Amt des Physikers, des Arztes, soll es sein, diesen Unterschied zwischen der menschlichen und englischen Speise zu fassen.[40]

„Nun essen die Engel Himmelbrot und ist ihr Essen nichts anders, denn ein Anschauen der großen Herrlichkeit Gottes. Denn sie tuen die Augen nimmermehr zu, sondern immer sehen sie auf Gott, ihren Schöpfer mit großer Vorsichtigkeit. Darum wir denn auch im Vaterunser beten, Herr dein Wille geschehe, wie von den Engeln im Himmel, also auch von uns Menschen auf Erden."

Diese wenigen Stellen aus dem verwilderten Schrifttum des Paracelsus lassen uns aufhorchen; sie werden wieder in lebhafte Erinnerung treten, wenn wir die Visionen Hildegards von Bingen hören: so viel Verwandtes – und doch zwei Welten zwischen den beiden mittelalterlichen Köpfen! Aber hören wir einmal die Stimme des Paracelsus, in seiner eigenen, markigen, urwüchsigen und leidenschaftlichen Sprache:

„Nun ferner von der zeitlichen speise ist das zu wissen, das sie dem menschen ein schlaf erwecket und ursachet, das ist nit umbsonst; dan ursach es bedeutet den tot, wan ein mensch schleft. dan obwol die zeitliche speise den zergenglichen leib eine zeit erhelt, so ists doch nur ein geflickt ding und ist nichts vollkommens darinnen zu suchen. dan es ist nur ein teglich flicken, da der hunger nimer gestillet wird, das nicht auf den andern oder dritten tag notwendig sei wiederumb daran zu flicken. aber die himlische und englische speise speiset also, das den neuen menschen nit mer hungert. derwegen auch Christus saget, der von meinem brode (das ist Christus heißt sich selbst sein brot) ein mal isset, den wird nit mehr hungern und wird den tot nit mer sehen ewiglich. do spricht Christus, der mensch werde den ewigen tot nit mer sehen oder empfinden. daraus ja folget, das Christus haben wil das wir das engelbrot essen müssen, welches sein leib ist. das aber die engel den leib Christi essen, das ist nicht von nöten; dan Christus ist nicht für die engel gestorben, dan sie haben nicht gesündigt und haben auch keinen leib zu sündigen. dan sie haben kein fleisch und blut wie der mensch und sind doch nit geister, dan sie haben einen leib, aber nicht einen leib aus dem himlischen wesen eines besonderen limbi … Der mensch Adam und Eva seind wol englich erschaffen gewesen mit der necrocomischen sêle. aber sie haben auch einen besonderen limbum, der abgesöndert und einen unterscheit hat mit dem limbo des irdischen Adams. und ist auch zu wissen, das wir noch macht haben, kinder gottes, engel und brüder Christi zu werden, darumb auch die englische speise erleubet ist. darumb weil Chistus gesaget, der gesunde bedarf des arztes nit nur aleine die kranken, darumb meinet er die gesunden und meinet die engel damit. dan sie haben nichts gesündigt. und ob wol des Lucifers sündigen geschehen, noch aber ist er auch aus dem himel gestoßen und verdampt; dan got hat deren nit verschonet, was sol er dan mit uns tun, die wir tag und zeit haben die arznei zu gebrauchen so wie die englische speise verachten."[41]

Und noch eine Stelle, die uns weiter über Wesen und Wirkung des Brotes der Engel unterweisen will:

„Also ferner vom engelbrot ist das zu wissen: kein engel isset mit dem munde, alein isset ein jeder engel mit der scientia in der imagination. und darumb stehen ime auch seine augen immer offen, aus ursachen er hat keinen schlaf, er darf sein auch nicht, dan er ist zum wachen geschaffen. und wan es müglich were, das dan wol müglich ist, das iezt ein engel zu einem menschen keme sichtbarer weise und ein sterblicher mensch wolte im ere tun, es were mit kniebiegen oder ander reverenz, so nimbt es doch kein engel nicht an. dan balt würde er sagen, tue got die ere, dem sie gebüret. dan die engel sagen und denken immer in irem geist der imagination an die herrlikeit. derwegen ir gesang ist, sanctus, sanctus dominus. darum sagen auch die engel als wie der Raphael, der den jungen Tobias gefüret hat, sie seind nur diener und nicht herren. dan sie demütigen sich vor dem gewalt, kraft und herlikeit und almetigkeit gottes und solche demut ist ire speise, das sie volnbringen den willen gottes. Darumb ist demut und volnziehung der gebot gottes der engel ewiges himelbrot. darumb sie auch keinen hunger haben nach elementischem brote.

Der wegen weil wir im vater unser auch bitten, herr dein wille geschehe, dein reich zukome, da bekennen wir das wir auch sollen mit unser imagination immer auf Christus sehen und inen uns für bilden; denn es sol auch stets unser speise sein und wir sollen das verbum domini nimermehr vergessen, so fleisch ist geworden, und uns nimermehr für herren achten der zeitlichen speise, sonder für demütige arme diener, die wir schuldig sein den willen gotes zu volbringen. dan wie die engel in der demut bleiben, in dem das sie dem willen gottes stets betrachten, und mit iren augen sehen sie imer auf die herrlikeit gottes, und die scientia ist der engel gesichte, darumb auch ire augen nicht hin und her wanken, auf die rechte oder linke seite, uber sich oder under sich; dan wie die scientia ist also stehen auch die augen. das kan man bei einem ieden menschen merken an einem tische da man isset, was er liebet und gerne hat zu essen, da wendet er seine augen hin. also auch geschichts wan er ein hübsch frauenbilt siehet oder eine frau einen feinen man, da stehet im sein gesichte darnach. aber der engel augen sehen einfeltig auf ire speise, das ist auf got den herren, und gedenken in großem gehorsam alein den willen gottes zu vollbringen. das ist engelbrot und manna coelestis; dan also wird ir leib in der englischen form unzerbrechlich erhalten.

Nun das ist vom engelbrot der engel gesaget, so in einem irdischen leib geschaffen sind. das ist aber mit Adam und Eva gar vil anders, dan sie haben einen irdischen leib gehabt aus aller 4 elementen kreften, als sich demnach wol beweist, der wegen weil zwischen einem engel und menschen ein unterschit ist, so wil es auch einer sondern philosophia bedörfen."[42]

Eine besondere Philosophie muß – so meint Paracelsus – erst die Angelologie herausarbeiten, und diese erst würde den Unterschied klarstellen zur Anthropologie. Was erkenntnistheoretisch von einer Engellehre ausgeht, ist eine tiefe und fruchtbare Einsicht in das Wesen des Menschen, in seine Grenze, seine innere Ordnung, sein eigentliches Verhältnis, sein Maß.

In der Sprache des Paracelsus klingt ein deutlicher Ton nach, der an die Welt des frühen Mittelalters gemahnt, der vor allem in der Bildsprache der Hildegard von Bingen wiederkehren wird. Daneben ist die Welt des Paracelsus offensichtlich von Quellen beeinflußt, die das Mittelalter Hildegards nicht gekannt hat. Hier wirken sich in erster Linie die Texte orientalischer Gnostik aus, die dem Paracelsus über den Arabismus des 13. und 14. Jahrhunderts zugeflossen sind und die im 15. und 16. Jahrhundert von hellenistischer Seite, aus scheinbar echt antiker Sicht, eine Bestätigung und weite Förderung fanden. Damit steht Paracelsus unter dem Einfluß der arabischen Mystik und Theologie, die weitgehend den dualistischen Neuplatonismus der Spätantike variiert und modifiziert hat.

Dies ist nun der Punkt, der den schroffsten Gegensatz zur Welt des Mittelalters konstatiert. Nirgendwo besser als an der Engellehre Hildegards läßt sich der Bruch in der scholastischen Tradition herausstellen. Die Angelologie des Thomas von Aquin benutzt in Form wie Sache weitgehend die griechisch-arabische Überlieferung und hat sich mit dem darin wuchernden gnostischen Gedankengut schärfstens auseinanderzusetzen. Auch von dieser Sicht her ist die Welt der Engel ein ausgezeichnetes Kriterium für die geistige Haltung und Einstellung des Mittelalters insgesamt.

Wir versuchten aufzuzeigen, wie seit der Reformation und der Renaissance der Verlust des Engelbildes bis in die Neuzeit stetig weiterschritt. Es wird gut sein, nunmehr die Tradition von einem anderen Ende aus zu betrachten, um danach die Welt der heiligen Hildegard zu befragen und nach den Quellen ihrer Auffassung vom Engel zu suchen.

QUELLEN ZU HILDEGARDS ENGELBILD

Hildegard von Bingen schöpft in ihrem Weltbild und darin auch ihrer Engellehre aus dem Bildungsraum des frühen Mittelalters, ohne daß sich bestimmte Abhängigkeiten oder durchgehende Verwandtschaften mit Vorläufern oder Zeitgenossen nachweisen ließen. Man wird gut daran tun, diesen Bildungsraum als Ganzes zu betrachten und nicht spitzfindig genetische Züge oder analoge Verbindungen herauszukonstruieren. Liebeschütz hat in seiner Habilitationsschrift versucht, großangelegte Komplexe aus dem Quellengebiet dieses Weltbildes freizulegen. Er glaubte, neben der jüdischen Überlieferung auch konkrete Bezüge aus dem alten Orient herausstellen zu können; überdies war er der Anschauung, daß Hildegard bereits von der Zufuhr neuer Lehrstoffe über Palermo und Toledo, der Rezeption der arabischen Bildungsmassen durch die lateinische Scholastik, Kenntnis genommen habe.

Wir stehen hier auf einem anderen Standpunkt. Wir haben solche konkreten Entlehnungen nirgends feststellen können. Wie in ihrer Natur- und Heilkunde, so greift Hildegard auch in ihrer Engellehre zweifellos auf das Wissen ihrer Zeit zurück, das selbstverständlich auch feste Überlieferung voraussetzt. Der Umgang mit dieser Tradition aber und die gesamte Konzeption eines Weltbildes ist bei Hildegard so neuartig und originell, daß Einzelelemente nicht zur Erklärung eines so gewaltigen und dynamischen Weltentwurfes ausreichen.

Versuchen wir also, die Quellen im gesamten Bildungsbereich dieses frühen Mittelalters stehen zu lassen, und sehen wir uns lediglich einmal in diesem Bildungsraum um.

Die Lehre von den Engeln ist in der frühen Scholastik durchgreifend von der jüdisch-christlichen Überlieferung bestimmt. Das Alte Testament, das Hildegard gründlich gekannt hat und das in ungewöhnlichem Maße Eingang in ihr Schrifttum fand, spricht an zahlreichen Stellen und in bestimmter Form von den Engeln. Die Genesis kennt Boten und Wächter, dienende Geister und Söhne Gottes, Heerscharen und Gesandte in Gottes Hofstaat; im Exodus ist von Gerichtsengeln und Würgeengeln die Rede. In den Psalmen werden Schutzengel wie Unglücksengel angesprochen, auch wieder die Engel als Söhne Gottes genannt. Dienstengel und Strafengel sind häufig mit der Botschaft des göttlichen Willens zur Repräsentation und Interpretation des Göttlichen aufgetreten, so vor allem bei Ezechiel und Isaias.

Während des Exils dürfen die eigenen Vorstellungen des Judenvolkes weitgehend mit babylonischen, assyrischen und altpersischen Vorstellungen verquickt worden sein. Wenn man auch die Einflüsse, vor allem durch den Parsismus, nicht übersehen kann, so geht es doch zu weit, wenn man in dieser Vermischung und auch Bereicherung der Vorstellungen lediglich einen „Kompromiß mit dem Polytheismus" annehmen wollte.[43] Es würde auch vom religionspsychologischen Aspekt aus nicht sehr weit führen, wenn man in diesen Engeln nur Personifizierungen der göttlichen Kräfte sehen wollte, „etwa auch der helfenden und heilenden Naturkräfte oder der Erfahrung von Gottes providentia specialissima oder von Erlebnissen der Inspiration".[44] Wir haben die Aussagen der Heiligen Schrift viel realer und zunächst einmal ernst zu nehmen. Danach ist die ganze Schöpfung, die geistige Welt wie der irdische Kosmos, als ein großer Stufenbau zu denken, in dem Engel wie Mensch seinen festen Platz hat, in dem aber der höhere Engel dem Menschen zu Botschaft und Diensten steht, um ihm auf dem Weg zu seinem Heile Führung, Geleit und Trost zu geben. Daher auch die charakteristischen Begegnungen noch in den Evangelien: Engel des Herrn und Huld Gottes, Gottes Vorsehung und der Engel Schutz, Himmelsbürger und der Himmel Tugendkräfte, Ermahnung des Heiligen Geistes und selbst Geistigkeit.

Viel schwieriger wird es sein, die Engellehre im Neuen Testament auf ihren zeitgeschichtlichen Hintergrund hin zu untersuchen und zu deuten. Hier ist vor allem Paulus der große Zeuge von den Engeln, Paulus, der selber in seiner Entrückung bis in den dritten Himmel die unaussprechlichen Reden vernommen hatte, Paulus, der von Engelszungen sprach und mit ihnen reden wollte, und der einen besonders vertrauten Umgang mit den Engeln gehabt haben muß. Alle Mitteilung der Engel aber und selbst das Reden in Engelszungen soll nach Paulus nur ein Raspeln auf tönenden Instrumenten sein angesichts der Liebe, die uns bewegt. So hoch steht die Liebe über Engelszungen!

Paulus, durchaus vertraut mit der rabbinischen Gelehrsamkeit seiner Zeit wie auch den dämonologischen Vorstellungen des jüdisch Alexandrinismus, sieht in den Engeln die Wahrer göttlicher Ordnung und die Botschafter, die solche Weltordnung auch auf die persönlichen und gesellschaftlichen Verhältnisse des Menschen übertragen wollen. Dabei ist nicht immer entschieden, ob die paulinischen Engel als gute oder böse Geister fungieren und in welchem Maß sie im Widerspruch zur göttlichen Ordnung stehen können. Paulus spricht nämlich von einem Engel des Lichts (2 Kor 11, 14: angelos photos) wie von einem Satansengel (2 Kor 12, 7; angelos satanas).

Die großen Schwierigkeiten und Widersprüche hat Everling (1888) herauszustellen versucht. „Wir treten also nicht, wie man bei einer Versenkung in die Engelwelt vielleicht erwartete, bei Paulus in Vorstellungskreise voll ungetrübter, reiner Poesie ein, in denen beflügelte Lichtgestalten ihr seliges Dasein weben; nur ganz vereinzelt erscheinen Gestalten

aus der Zahl jener „angeloi photos" und werfen einen poeti-
schen Hauch auf jene Regionen."[45] Schon die begriffliche Auf-
ordnung der Engelnamen geht nicht ohne Widersprüche vor
sich. Da stehen neben den Engeln Dämonen und Idole, da ist
von Höhe (hypsoma) und Tiefe (bathos) die Rede, von Tod
(thanatos) und Leben (zoe). Elementare Bezeichnungen finden
sich wie Name (onoma) selbst oder Element (stocheion) oder
noch einfacher Schöpfung (ktisis). Daneben treten die ehrwürdigen Titel auf, die später in die Hierarchie des Dionysius
Areopagita aufgenommen werden und eine unangefochtene
Autorität im Mittelalter finden konnten, während sie bei Paulus in kein Koordinatensystem zu zwingen wären. Da
erscheint der Thron (thronos) und die Herrschaft (kyriotes),
Machthaber (archon) steht neben Macht (arche), Gewalt
(exousia) neben Kraft (dynamis).

Es ist symptomatisch für unsere Engelforschung, daß auch
über diesen wichtigen Gegenstand noch keine verbindliche
theologische Untersuchung stattgefunden hat. Wie etwa wäre
der Vers 10 im 1 Kor 11 zu deuten, wo davon gesprochen wird,
daß das Weib Macht (exousia) haben solle auf dem Haupte
„um der Engel willen"? Die herkömmliche Exegese möchte
in dieser „Macht" einen Schleier sehen, den die Frau aus
Hochachtung vor den beim Gottesdienst als anwesend ge-
dachten Engeln tragen solle. Und der Mann hätte diese Hochachtung nicht zu haben? Andere glauben, daß hier der Mythos
von der Begehrlichkeit der Engel nachgeklungen sei, die mit
den Töchtern der Menschen Verkehr gehabt hatten (Gen 6, 1).
Von ihren Gelüsten spricht auch Petrus, allerdings im Zusammenhang mit den Geheimnissen der Inkarnation, in die
hineinzublicken es die Engel gelüstet (1 Petr 1, 12).

Gerade ein rationalistischer Forscher wie Everling hat das
Monströse in der paulinischen Angelologie und Dämonologie
empfunden, meint aber, man müsse sich den Fakten stellen,
dürfe nicht zu sehr rationalisieren und modernisieren, nichts
vergeistigen und nichts versimpeln, sondern solle die ganze

Vorstellungswelt und auch das zeitbedingte Vorstellungsgut des Apostels aufnehmen, dabei sich aber bewußt bleiben, daß wir solche Schätze nur in irdenen Gefäßen bewahren, daß wir solche Geheimnisse nur wie im Spiegel und Gleichnis erschauen. Gilt dieses schöne Wort nicht auch für die Bilder der heiligen Hildegard? Ist nicht ihr ganzer Engeltext auch nur ein solches irdenes Gefäß, in das kostbare Schätze gesammelt wurden?

Eine systematische Angelologie findet sich bereits bei den frühen Kirchenvätern, wenn auch nicht in eigenständigen Traktaten und mit solch durchrationalisierter Stringenz, wie dies in der Engellehre der Scholastik der Fall ist. Die Lehre von einer Schöpfung der Engel und damit ihrer Existenz als geistige Wesen war im Jahre 325 auf dem Konzil zu Nicäa zum Dogma erhoben worden. Aber schon im Jahre 350 mußte die Synode von Laodicäa die Anbetung der Engel als Abgötterei anprangern und verbieten. Wie lebendig die Vorstellungen der Engel bei den Gläubigen waren, zeigen die Warnungen gleicherweise wie auch die Empfehlungen eines Ambrosius etwa, der im Jahre 397 den Christen die Verehrung der Engel ausdrücklich nahegelegt hat. Die großen Verbindungslinien des natürlichen Seins, die Schöpfung und die Ordnung in der Welt, aber auch die Bezugslinien eines übernatürlichen Lebens, die Botschaft von der Erlösung und das Gericht über die Welt, waren zu sehr mit dem Wesen und dem Walten der Engel verknüpft. Überdies gingen von hier aus die prägenden Bilder und bildenden Impulse auf das ganze Mittelalter über: die Engel als die gewaltigen Mächte der Natur, die Engel in der Realisation der Geschichte und die Engel als himmlische Hierarchie einwirkend auf die irdische Gesellschaft. Natur, Geschichte, Gemeinschaft – die drei großen aufbauenden Faktoren menschlichen Seins, alle drei sind vom Engel aus bestimmt und geprägt worden.

Unter den frühen Vätern hat vor allem Cyrill von Jerusa-

lem (gest. 386) die Engellehre in den großen Schöpfungsge-
danken eingebaut: „Darauf gedenken wir des Himmels und
der Erde und des Meeres, der Sonne und des Mondes, der
Sterne und der ganzen Schöpfung, der vernünftigen und der
vernunftlosen, der sichtbaren und der unsichtbaren, der Engel, der Erzengel, der Kräfte, der Herrschaften, der Fürstentümer, der Mächte, der Throne, der Cherubim mit den vielen
Gesichtern, der Seraphim ... Und wir stimmen mit ihnen in
das uns von den Seraphin mitgeteilte Gotteslob ein, damit wir
uns zum Preise Gottes mit den überirdischen Heerscharen
vereinigen"[46].

Nicht nur vereinigen sollen wir uns mit den Engeln, wir
sollen auch ihr Wesen erkennen, ehe wir den Schöpfer selbst
ergründen. „Sage mir doch: was ist ein Fürstentum? was eine
Macht? was ein Engel? Und dann ergründe den Schöpfer.
Denn alles ist durch Ihn geworden."[47] Damit sind die beiden
Gedanken angeklungen, die das Mittelalter immer tiefer
durchdrungen und zu gewaltigen Systemen ausgebaut hat: die
Möglichkeit, über die Engel als einen Teil der Schöpfung zur
Erkenntnis des Schöpfers zu kommen und die andere Möglichkeit, mit den Engeln einstimmen zu dürfen in den himm-
lischen Preisgesang.

An keiner Stelle ist diese Haltung der frühen Christenheit
wuchtiger und inniger zum Ausdruck gekommen als in der
Markus-Liturgie der alexandrinischen Christen, wo es heißt:

„Du bist erhaben über jede Obrigkeit und Gewalt, Kraft
und Herrschaft und über jeden Namen, der nicht nur in dieser, sondern auch in der zukünftigen Welt genannt wird. Um
dich stehen tausend mal tausend und zehntausend Myriaden
von heiligen Engeln und die Heerscharen der Erzengel. Um
dich stehen die ehrwürdigsten Wesen, die vieläugigen Cherubim und die sechsflügeligen Seraphim, die mit zwei Flügeln
ihr Angesicht verhüllen und mit zweien die Füße und mit
zweien fliegen. Mit unermüdetem Munde und mit nie
schweigenden Lobpreisungen Gottes ruft einer dem anderen

den dreimal heiligen Siegeshymnus zu, indem sie zu deiner großen Herrlichkeit singen, rufen, verherrlichen, schreien und sprechen: Heilig, heilig, heilig ist der Herr der Heerscharen, Himmel und Erde sind voll deiner Herrlichkeit. Allezeit heiligt sich alles, so nimm denn, Herr Gott, auch unsere Heiligpreisungen an, die wir mit allen, die dich heiligen, lobsingen und sprechen: Heilig, heilig heilig ..."[48]

Gegen einen übertriebenen Kult und gegen häretische Einschätzungen mußten sich die Kirchenväter in ihren vorwiegend polemischen Schriften häufig zur Wehr setzen. Insofern kommt eine Reihe interessanter Akzente in die Auseinandersetzung über das Wesen und Walten der Engel. Voll Zurückhaltung ist Ignatius, der Märtyrer, der demütig bekennt: „Darum, weil ich in Fesseln geschlagen bin, erfasse ich doch nicht das Himmlische, die Plätze der Engel und die Stellung der Fürstentümer, das Sichtbare und das Unsichtbare. Darin bin ich nur noch Schüler."[49]

In den ersten Jahrhunderten der Christenheit ist von einer himmlischen Hierarchie nur in vorsichtigen Andeutungen gesprochen worden, um so stärker ist die kosmologische Bedeutung des Engelwesens herausgestellt. Athenagoras bezeichnet in seiner „Bittschrift für die Christen"[50] die Engel als die Wächter über die Schöpfung, eine Formel, die auch Origines vertreten hat, wenn er in den Engeln die Leiter von Luft und Erde erkennt, die „unsichtbaren Landwirte", die Verwalter von Wasser und Feuer, die Träger der kosmischen Lebenskraft.[51] „Die Welt braucht die Engel, die über den Tieren walten und über der Geburt der Tiere und über dem Wachstum der Sträucher und Pflanzungen und der übrigen Dinge."[52]

Merkwürdig verwandt mit dieser Deutung ist „Das Buch der Geheimnisse Henoch", das nur in altslawischer Übersetzung vorhanden ist, sicherlich aber aus dem Griechischen stammt und wohl Ende des 1. Jahrhunderts niedergeschrieben sein dürfte. Auch hier ist den Engeln die Verwaltung der Weltordnung anvertraut: „Engel verwalten und lehren die gute

Ordnung der Welt und den Gang der Sterne und der Sonne und des Mondes. Engel und Erzengel und Engel des Himmels; und alles Leben des Himmels befrieden sie, sie verwalten aber auch die Gebote und Belehrungen und den Wohllaut der Gesänge und jedes herrliche Lob. Und Engel, welche sind über die Zeiten und Jahre, und Engel, welche sind über die Flüsse und über die Meere, und Engel, welche sind über die Früchte und das Kraut und über alles Sprudelnde, und Engel jedes Volkes; und das ganze Leben verwalten sie und schreiben es auf vor dem Angesicht des Herrn."[53]

Das ist der Gedanke, der einem Augustinus so mächtig imponiert hat: daß ein jedes sichtbare Ding in dieser Welt eine engelhafte Macht habe, die ihm überlegen sei. Und vor dieser Gesetzmäßigkeit und Erhabenheit und Schönheit bricht Augustinus in den erschütterten Ruf aus: „Ihr würdet staunen, wenn ihr der Engel Schönheit sähet."[54]

Auch bei Aurelius Augustinus (gest. 430) ist noch keine systematische und widerspruchsfreie Engellehre anzutreffen. Doch finden wir eine klare Stellungnahme zu den großen Lebensbereichen von Natur – Geschichte – Gesellschaft. In der Naturlehre sucht Augustinus den dualistischen Weg zu vermeiden, der mit seiner Spaltung der Welt durch böse Geister und einer Dämonisierung der Materie verhängnisvoll belastet war. „Man darf nicht glauben, daß der Stoff der sichtbaren Dinge den frevelnden Engeln – und auch nicht den guten – auf den Wink dienstbar sei, sondern Gott allein."[55] Augustinus würde auch nicht dem Kirchenvater Ambrosius zugestimmt haben, der den Engeln eine Art Leib und Sinnlichkeit zugeschrieben hat, und der den Fall der Engel ihrer geschlechtlichen Begierde statt ihrer geistigen Überheblichkeit zuschreiben wollte.[56]

Dafür sieht Augustinus allenthalben in der Heilsgeschichte das geistige Wesen walten und das Heilsgeschick fügen, bis dereinst der Mensch zum Mitbürger der Engel wird und in gleicher Gemeinschaft an derselben Tafel sitzt – im

„carmen angelicum", wie Hildegard sagen würde. Augustinus glaubt, daß die jetzige Gesellschaft schon auf jene himmlische Gemeinsamkeit ausgerichtet werden müsse, so sehr sie auch in der Zeitlichkeit verfallen erscheint: „Es werden nicht zwei Gemeinschaften sein, die eine von Menschen, die andere von Engeln, sondern nur eine einzige. Denn ihrer aller Seligkeit ist: dem einen Gott anzuhangen."[57]

Neben solchen Verwaltungsfunktionen im Weltall und Prägefunktionen in menschlicher Geschichte und Gesellschaft wird die Gliederung des himmlischen Hofstaates selber herausgearbeitet. Gregor der Große (gest. 604) beschreibt an sich fünf einzelne Engelchöre. „Da aber mit ihnen die Engel und Erzengel, sowie die Cherubim und Seraphim verbunden sind, so ergibt sich daraus ohne Zweifel die Existenz von neun Chören der Engel."[58] Er gibt auch die Charakteristik jedes einzelnen Chores, so bei den Seraphim die Liebe: „Die Flamme der Seraphim besteht in der Liebe, indem sie, je schärfer sie die Klarheit Seiner Gottheit schauen, um so mächtiger in der Liebe zu Ihm aufflammen."[59]

Damit aber ist eine Quelle angesprochen, aus der das frühe Mittelalter immer wieder voller Verwunderung und Ehrfurcht sein Engelbild gehoben und gereinigt hat: die „Himmlische Hierarchie" des Dionysius, der fälschlich als der Areopagite angesprochen wurde, als der Zeitgenosse und Bekehrte des hl. Paulus. Vermutlich hat Dionysius zu Beginn des 6. Jahrhunderts seinen Engelstaat entworfen. Die Engel stehen nach ihm als lautere und fleckenlose Spiegel vor dem Angesicht der Gottheit; sie ordnen sich in neun Chören und umkreisen die Trinität. Sie singen Lob und leiten die Völker. Dieses System ist deutlich von der neuplatonischen Tradition, zumal des Proklus, beeinflußt: Der Logos der Welt strahlt in Teil-Kräfte aus, er fließt aus in göttlichem Verströmen. Diese Emanation erstarrt in hierarchischen Kreisen und bringt in dieser Kristallisation die Gewalten hervor, die uns als Engel oder Dämonen bekannt sind. Die Engel werden zwar

in dieser neuplatonischen Lehre als reine Gattungswesen aufgefaßt, als bloße Idee, während sie bei Dionysius als Persönlichkeiten auftreten, die von Gott geschaffen sind und in
Seinem Dienst ihre hohe Aufgabe erfüllen.

Der Einfluß des Pseudo-Dionysius Areopagita auf das
ganze Mittelalter und auch auf die Engellehre bei Hildegard
von Bingen kann kaum überschätzt werden. Zitate aus seiner
Schrift finden sich schon bei Gregor dem Großen, bei Beda Ve-
nerabilis, in der Formulierung des Laterankonzils aus dem
Jahre 649 wie auch auf dem Pariser Nationalkonzil des Jahres
825. Die erste Übersetzung des griechischen Textes in das
Lateinische verdanken wir dem Abt Hilduin von St. Denis,
der die Fassung um das Jahr 835 übertragen hat. Auf Wunsch
Karls des Kahlen hat dann um 858 der große frühscholastische
Naturphilosoph Johannes Scotus Eriugena den Text abermals
übersetzt; in dieser Form[60] finden wir den Text in zahlreichen
Handschriften bis in das 13. Jahrhundert hinein.

Um die Zeit Hildegards, kurz nach 1150, hat Johannes Sar-
racenus eine „nova translatio" geliefert, auf die sich die Kom-
mentare des Petrus Hispanus, des großen Mediziners und Na-
turforschers, des späteren Papstes Johannes XXI., stützten.[61]
Im 13. Jahrhundert hat Robert Grosseteste den Text abermals
aus dem Griechischen tradiert, um die Mitte des 15. Jahrhunderts noch einmal der Kamaldulensergeneral Ambrogio Tra-
versari, einen Text, den nachweislich Nikolaus von Kues be-
nutzt hat. Noch in der Humanistenepoche ist Dionysius
mehrfach übersetzt worden, so von Marsilius Ficinus (gest.
1499), von Joachim Perionius (1555) und dem Jesuiten Baltha-
sar Corderius (gest. 1650).

Petrus Lombardus hat in seinem Grundbuch der theologischen Ausbildung das Motiv dieser Hierarchie in die klassischen Worte gebracht: „Wir finden in diesen Ordnungen, daß
sie dreimal dreifach sind und im einzelnen wieder drei Ordnungen, wie auch das Gleichbild der Dreifaltigkeit in ihnen
aufgeprägt erscheint". Auch die Namen dieser Engel selber

sind nicht um ihretwillen, sondern um unseretwillen gegeben, immer nur abbildhaft zu verstehen und für uns Menschen vorbildhaft.[62]

In diesem Sinne wurden die Namen der Ordnungen wie auch die Namen einiger weniger Einzelpersönlichkeiten gedeutet. Michael ist der Schlachtruf „Wer wie Gott", Gabriel bedeutet „Gottes Kraft", Raphael „Gott heilt", die „Medicina Dei", Uriel „Gottes Licht". Dieses sehr persönliche Amt der Engel wird auch im liturgischen Anruf bestätigt, so in einer Hymne zum Fest des hl. Raphael[63]: „Raphael schwebe hernieder, du Arzt unseres Heiles (medicus salutis)! Heile Gebrest und Krankheit, eile zu Hilfe menschlichem Tun und Geschehen und lenke zum Guten eine dunkle Schickung (dubios actus)".

Vielfach beschränkt sich auch die Deutung des Engelnamens auf die Lichtnatur seines Botenamtes, so bei Rupert von Deutz: „Die Väter haben die Natur des Engels recht verstanden, wenn sie diese mit dem Namen „Licht" bezeichneten. Ihrer vernunftgemäßen Bedeutung nähern wir uns und folgen wir am meisten, wenn wir die Schöpfung der Engel rechtmäßig als Licht-Existenz bezeichnen: ein vernunftbegabtes Licht, nicht allein, weil diese Engel die Gabe der Unterscheidung haben, sondern auch, weil sie aus der Gnade des wahren und unabgrenzbaren Lichtes zurückstrahlen."[64]

Das Licht ist das vermittelnde Medium, in welchem die Ausstrahlung des Engelwesens am ehesten erfaßt werden konnte. Die Ursonne – schreibt Pseudo-Dionysius – bricht sich farbig in den Engelsphären, das Urschweigen entfaltet sich vielstimmig in Tönen. Licht und Klang aber vereinigen sich zum Gotteslob. Über und über sind die Engel deshalb auch mit Augen bedeckt[65]: ihr ganzes Wesen ist Schauen. Ihr Schauen aber weckt Staunen, wird Laut: lauter Rühmen!

Eine letzte Quelle muß noch einmal angeführt werden, weil sie die Engelvorstellungen der Patristik und des ganzen Mittelalters stark beeinflussen konnte. Das ist das „Buch der

Geheimnisse Henochs". Etwa um das Jahr 70 nach Christus in griechischer Sprache verfaßt, wurde es bald schon christlich überarbeitet und häufig benutzt. Erhalten ist es uns in einer altslawischen Übersetzung. Henoch, der Vater des Methusalem, reist durch die Himmel und begegnet dort verschiedenen Engelwesen. Im dritten Himmel sieht er die Engel, die das Paradies bewachen: „hellglänzend, und sie dienen dem Herren alle Tage, indem sie unaufhörlich singen". Im fünften Himmel weilen die Wächter. Im sechsten Himmel ertönt reiner Lobgesang. „Dort sah ich sieben Chöre leuchtender, herrlicher Engel. Sie sorgen für rechte Ordnung in der Welt und den Gang der Sterne. Sie bringen das ganze himmlische Leben in Einklang; sie sorgen für die Gebote, Lehren und Wohlklang und Gesang und jeden Lobpreis. Im siebenten Himmel singen um Gottes Thron die Cherubim und Seraphim in ununterbrochenem Gesang."

„Und alle himmlischen Heerscharen, in Ordnungen auf die Stufen tretend, beteten an den Herrn; und sie gingen wieder hinweg und gingen wieder an ihre Orte in Freude und Fröhlichkeit in unermeßlichem Licht. Aber die Herrlichen, ihm dienend, treten auch bei Nacht nicht hinweg, noch gehen sie hinweg am Tage, stehend vor dem Angesicht des Herrn und tuend seinen Willen; und alle Heerscharen der Cherubim und Seraphim um seinen Thron, nicht hinwegtretend, und die Sechsflügeligen bedecken seinen Thron, singend vor dem Angesicht des Herrn."[66]

Im zweiten Himmel trifft Henoch die gebundenen Geister an, wie sie aufbewahrt werden für das Gericht; er sieht dort die gerichteten Engel weinen und fragt verwundert: „Weshalb werden diese gepeinigt? Und es antworten mir die Männer: Diese sind von dem Herrn Abgewichene, die nicht gehorchten der Stimme des Herrn, sondern durch ihren eigenen Willen ratschlagten. Und mich jammerte ihrer sehr. Und die Engel fielen vor mir nieder und sprachen zu mir: Mann Gottes, bitte du für uns zum Herrn! Und ich antwortete ihnen und sprach:

Wer bin ich, ein sterblicher Mensch, daß ich bitten sollte für Engel? Wer weiß, wohin ich gehe oder was mir begegnet, oder wer wird für mich bitten?"[67]

Gerade diese apokryphen Texte haben nicht nur auf die christliche, sondern auch auf die jüdische Überlieferung der Spätantike und des jüdischen Mittelalters eingewirkt; sie haben an vielen Stellen zu psychologischen oder rein anthropomorphen Interpretationen der strengeren Engellehre geführt und sind vielfach auch in bloßen Allegorismen erstarrt. Während das Henoch-Buch noch an einer klaren geschöpflichen Einheit der Welt festhält, in der nichts ist, was sich Gott widersetzen könnte, da alles Seiner Herrschaft unterliegt[68], wird diese Einheit und Hoheit des Schöpfungsgrundes in der jüdischen Tradition oft verlassen. So lesen wir im Babylonischen Talmud einen bedenklichen Text über das Wesen des Engels wie des Menschen:

„Rabbi Jehuda sagte im Namen Rabhs: Als der Heilige, gebenedeit sei er, den Menschen erschaffen wollte, erschuf er vorher eine Klasse von Dienstengeln und sprach zu ihnen: Ist es euer Wille, daß wir einen Menschen in unserem Ebenbilde erschaffen? Diese fragten ihn: Herr der Welt, wie sind seine Handlungen? Er erwiderte ihnen: So und so sind seine Handlungen. Darauf sprachen die Engel zu ihm: Herr der Welt, was ist der Mensch, daß du seiner gedenkst und das Menschenkind, daß du nach ihm schaust! Da steckte er seinen kleinen Finger zwischen sie und verbrannte sie. Ebenso geschah es auch mit der zweiten Klasse. Die dritte Klasse aber sprach zu ihm: Herr der Welt, was nützte es den ersten, daß sie dir gesagt haben. Die ganze Welt ist dein: tu das, was du auf deiner Welt tun willst."[69] Welche Menschenverachtung liegt im Grunde dieser resignierenden Einstellung der Engel zum Menschen!

In diesem weiten und durch den Einbruch arabischer Literatur bald ins Uferlose wuchernden Überlieferungskomplex eine Ordnung und Abgrenzung gefunden zu haben, ist zweifellos das Verdienst eines großen Geistes, den man nicht mit Unrecht als den „doctor angelicus" verehrt hat, das Verdienst des Thomas von Aquin.

Mit großer Ehrfurcht auf der einen Seite, anderseits aber auch mit erstaunlicher Sicherheit hat Thomas von Aquin seine Lehre von den Engeln vorgetragen. An der Existenz der Engel hat er nicht gezweifelt, wie er auch die Wichtigkeit des Gegenstandes für das Glaubensleben eines Christen über alles eingeschätzt hat. Wenn wir auch nicht viel von solchen Geheimnissen wissen können, so erkennen wir doch genug wunderbare Verhältnisse in diesen Wesen und schauen darin den Geist großer Ordnung und Liebe. Das aber frommt uns mehr als die sicherste Erkenntnis irgendeines banalen Gegenstandes.[70]

Im Zentrum der Angelologie des Thomas steht der Gedanke, daß die Körperwelt von der Geisterwelt bewegt und gelenkt wird. Die Ausformung und Steuerung steht ganz in der Dienstleistung (administratio) für Gott, dessen Güte und Vorsehung auch geschaffene Wesen an der Ordnung und Regierung des Weltalls teilnehmen läßt. „Wie das ein guter Arzt ist, der nicht allein die allgemeinen Verhältnisse in Betracht zieht, sondern auch jedes einzelne Teilchen erwägt"-, so auch Gott in seiner Güte und Barmherzigkeit.[71]

Der Geschöpflichkeit und Gebrechlichkeit des gefallenen Menschen entspricht überdies ein gesteigertes Schutzbedürfnis, das wiederum einen Anreiz für eine geistige Lebensführung bildet. Und so haben die Engel als die natürlichen Beschützer des Menschen zu gelten, wohingegen es absurd wäre, zu denken, der Mensch habe auch einen ständigen Plagegeist neben sich. Zu allen Gliederungen des Universums bilden sich lebendige und führende Bezüge, die sich gleichsam wie die Triebfeder in der Weltmaschinerie auswirken. Anders – so schreibt Schlössinger[72] – würden uns wohl auch die Engel so gleichgültig bleiben wie die Bewohner des Mars!

Wie aber wäre die Funktion der Engel im Weltall zu verstehen? Wie ist sie in Übereinstimmung zu bringen mit unserem immer nur jeweiligen Weltbild, unserem Jeweilsbild? Wie ist dieses Weltbild in Übereinstimmung zu halten, mit jener Fülle an biblischen Aussagen, die auf das Immaterielle, das Intellektuelle hindrängen, das, was inkorruptibel ist und vollkommen in Wissen und Wollen? Auch hierzu Schlössinger[73]: „Unsere Kenntnisse der Geisterwelt müssen uns wie eine Bibliothek vorkommen, deren Bücher wir nur den Titeln nach kennen; welche Wissensschätze unter diesen Titeln verborgen enthalten sind, können wir mehr ahnen als verstehen. Und doch müssen wir uns glücklich schätzen, wenigstens von diesen inhaltsreichen Prinzipien eine Ahnung zu haben."

Als der vornehmste Teil der Schöpfung waren die Engel überreich an Natur und Gnade begabt. Wenn die Engel versagt haben, dann war es nicht das Verlangen nach Herrschaft über die Welt, sondern eine Prüfung in bezug auf das Geheimnis der Menschwerdung, das die Engel nicht fassen konnten. Anderseits konnten die Engel eine einmalig gebildete Meinung nicht ablegen und die einmal getroffene Entscheidung nicht rückgängig machen. Sie haben keine Wahl zwischen Möglichkeit und Wirklichkeit, wenden sich vielmehr ganz und gar dahin, wohin sie sich einmal wenden. Der Engel drängt zum Ganzen mit aller Kraft. Auch das erklärt sich aus seinem Sein als Spezies, als Gattung: Der Engel ist einfaches Wesen in seinem Strebevermögen, er tendiert auf ein Ganzes und steht damit total für Wissen und Wollen ein. Und total ist auch der Engel Fall ins Dämonische gewesen.[74]

Wissen und Wollen gehört zum Leben des Engels, Erkennen und Wollen sind seine alleinige „potentia", seine einzige „operatio", alles Wollen zielt auf die Liebe, alles Wissen auf Erkenntnis der Wirklichkeit. In beiden geistigen Vermögen begleiten uns die Engel, wenngleich auf verborgene und indirekte Weise. „Die Engel wirken auf den menschlichen Verstand ein, aber nicht von innen, sondern nur von seiten des Objekts, sofern sie einen Erkenntnisgegenstand vor Augen stellen, wodurch unser Verstand gestärkt und zum Durchdringen des sinnlich Gegebenen geführt wird. Was jedoch dem Willen durch den Engel als Ziel vor Augen gestellt wird, wandelt den Willen nicht notwendig um"[75].

Niemals ist die Erkenntnis direkt und so stark, daß sie blendet und zwingt; niemals der Wille so überwältigend, daß menschliches Wollen ihm unterworfen wird. Und wenn es bei Dionysius heißt, die höheren Engel erleuchteten und reinigten die niederen, so ist das nur als Reinigung von Unwissenheit zu verstehen. Scharf wendet sich Thomas an dieser Stelle gegen die Einstellung des Avicenna, der behauptet hatte[76]: wie unser Körper durch die Himmelskörper, so werde unser Wille durch den Willen der Himmelsseelen umgewandelt. Wohl gesteht Thomas in gewisser Weise eine Umbildung durch die kosmische Konstitution zu. So könne eine cholerische Komplexion zu Zorn geneigt machen, welcher Neigung die Weisen Widerstand leisten würden, während die Masse hinfällig daherlebe. Im Weisen wirke sich dann aber auch die oben besprochene Reinigung aus.

Auch hier ist die Welt der Engel Sinnbild für eine durchgehende Entsprechung von oberer und unterer Welt, von Natur und Geist. „Gott hat in der Wirklichkeit der Dinge nichts hervorgebracht, das er nicht dem Geist der Engel eingeprägt hätte", sagt Thomas. Schon aus diesem Grund muß man annehmen, daß es unkörperliche Geschöpfe gibt, da das All vollkommen sein soll[77]. Und noch einmal: „Man muß notwendig irgendwelche unkörperlichen Geschöpfe annehmen. Denn das, was Gott hauptsächlich in den geschaffenen Dingen bezweckt, ist das Gut, das in der Anähnlichung an Gott besteht".[78]

Mit den gleichen Worten hatten dies schon die arabischen Philosophen und Mystiker behauptet. Alles Erkennen ist eine „assimilatio ad Deum"[79]. Und in derselben Dialektik hat wenig später Petrus Hispanus die Engellehre in seinem Kommentar zum Pseudo-Dionysius behandelt. Der Mensch gelangt durch die Sinnenwelt zur Erkenntnis der geistigen Welt. Deshalb sind die Bilder und auch das Bildliche am Engel erlaubt und nützlich.[80] Die Fülle dieser Engel, eine Welt an Engeln, hat Gott in Seiner überfließenden Güte geschaffen, um ihnen Anteil und möglichst viel Anteil an Seiner Seligkeit zu gewähren. „Und so wird der Mensch aus Gnade ein Gott genannt, Gott aber heißt es von Natur. Groß ist daher die Ehre, wenn es zwischen Geschöpf und Schöpfer in einem einzigen Namen zu einer Übereinstimmung kommt"[81].

Abgebildet und beschrieben aber werden die Engel auf eine menschliche Weise: haben sie doch die geistige Verstandeskraft wie der Mensch, haben sie doch gleichsam Augen, die freien Aufblick und Rücksicht nehmen können; zeigen sie sich doch in aufrechter Statur, um andere zu führen und zu leiten. Weist doch auch unser Hörvermögen auf eine Engelskraft hin, nämlich auf das Vermögen im Hören und in der Vernunft teilzunehmen an göttlicher Eingießung und Erkenntnis. Ist doch unser Tastvermögen ein Symbol für das Wissen und die Unterscheidung dessen, was der Natur nützt und was ihr schadet.[82] So sind die Räder der Engel ein Symbol für die Umwälzungen (revolutiones) und die Enthüllungen (revelationes) in aller Natur und Geschichte.[83] Durch sinnliche Bilder lernen wir eine dahinter waltende unsichtbare Kraft kennen und schätzen, um im Letzten das Verborgene, das unsere Erkenntnis übersteigt, zu verehren mit Schweigen.[84]

Von solchen Grundgedanken aus sind in der mittelalterlichen Scholastik gewaltige Systeme über die Welt der Engel entworfen worden, bei Thomas von Aquin und Bonaventura und Petrus Hispanus, in immer neuen Versuchen zu einer Konkordanz mit alten Autoren und zeitgenössischen Erkenntnissen, Konkordanz von Dionysius und Avicenna bei Thomas von Aquin, Konkordanz von Thomas von Aquin und Duns Scotus bei Franz Suarez (1548–1617), und noch in der reformierten Engellehre eines Otho Casmann (1597) ist das ganze scholastische Schema mit seinen „Quaestiones" und Einwendungen auf die Fragen und Argumente und schließlich „Solutiones" gegenwärtig.

In einer ganz anderen Welt lebt Hildegard von Bingen. Zwar sind Hildegard und Thomas in ihrer Engellehre verbunden durch den gleichen gedanklichen Schwung und die gleiche Innigkeit glühender Erfahrung, gleichwohl treten bei näherem Vergleich bezeichnende Unterschiede auf, die es zu erhellen gilt. Während in Thomas von Aquin ein dialektisch geschulter und streng diskursiv vorgehender Denker am Werke ist, der in scharfsinniger Weise die Autoritäten mit ihren Dissonanzen verarbeitet und daraus seine Argumente gewinnt, bleibt bei der Seherin vom Rupertsberg alles in einer vorwissenschaftlichen Schau, ist alles mehr intuitiv erfaßt und wird prophetisch vorgetragen. Nicht allein die Form, auch der Inhalt der Engellehre trägt vielfach verschiedene Akzente. Hildegard von Bingen rollt in wuchtigen Visionen das Drama der Heilsgeschichte auf, das unter einer Wolke von Zeugen und Boten abläuft. Engel walten von droben und stehen doch mitteninne in der Welt des Menschen, sind vom Wesen her mit beim Menschen. Die Scholastiker beginnen, bei der Überlieferung, die sie einer geschulten und harten Analyse unterziehen; dabei stoßen sie auf Probleme, die der Frau Hildegard nie in den Kopf gekommen wären, handelt es sich nun um die Frage, ob der Engel an mehreren Orten zugleich sein könne und ob und wie er einen Zwischenraum durchmessen müsse oder ob die Bewegung des Engels im Jetzt (in instanti) vor sich gehe. So konnte Hildegard schon gar nicht fragen, da ihr das aristotelische Rüstzeug fehlte und ihr Begriffe wie „motus", „tempus", „actus", „locus" fremd waren. Immerhin ist es symptomatisch, wenn in einer modernen Engellehre[85] Thomas von Aquin als der Lehrer auch Hildegards von Bingen angesprochen wird!

Und damit wäre ein weiterer Gesichtspunkt in die Quellenfrage hineingestellt. Thomas von Aquin und Petrus Hispanus ringen mit Quellen, die Hildegard nicht gekannt haben kann, mit Aristoteles und Plotin und Avicenna und Averroes. Sie haben sich mit den Geistern der sublunaren und der su-

pralunaren Welt auseinanderzusetzen, welche die Sterne bewegen und irdische Körper regieren. Sie kämpfen mit den
„gentes" der arabischen Naturphilosophie, von der Hildegard
noch keine Kunde erhalten hatte. Dafür schöpft Hildegard
von Bingen aus einem eigenen und tieferen Born, aus der begnadeten Schau ihres Wissens von Gott. Nicht, als hätte sie
ihre Bilder nicht auch aus einer lebensnahen und zeitverhaf-
teten Vorstellungswelt entnommen, der Lektüre und der
Kontemplation der Heiligen Schrift vor allem, der Kommen-
tierung der Benediktinerregel etwa, durch die sie angeleitet
wurde, im Angesicht der Engel die Psalmen zu singen und angesichts der Engel sich ehrfurchtsvoll zu verhalten[86]. Und
doch ist ihre Welt der Engel ein rein verinnerlichtes Bild und
in keiner Weise der Versuch, den Kosmos durch eine trans-
kosmische Formenwelt, durch Sphären der Geister und mit
himmlischen Gestirnen zu krönen. Selbst wenn Hildegard die
traditionelle Rangordnung der Geister behandelt, zeigt sie
nicht das statische Gefüge neuplatonischer Stufung, sondern
eher den Einklang musikalisch geordneter Strömungen und
Tönungen; dafür sprechen schon die „Chöre", die „caelestis
harmonia", das „carmen angelicum", die „sinfonia angelorum" und ähnliche Bilder. Und selbst der Einfluß dieser erhabenen Geister auf die Menschenwelt wird nicht als ein phi-
losophisch zu deutender Übertritt in die Welt der Körper
aufgefaßt, sondern als innere Erfahrung erlebt, als geistiges Erlebnis gewertet, ein Erlebnis von allerdings überwältigender
geistiger und keineswegs psychologisch zu verstehender
Mächtigkeit!

Nicht rationell erklären oder allegorisch deuten will Hildegard; sie will nur die Bilder zeigen. Sie läßt sehen, was sie
selbst erschaut hat und wie es ihr erschienen ist. „Wie durch
Fenster" zeigt sich ihr das Geheimnisvolle, „fenestraliter";
und die ganze weite und große und schöne Welt ist nichts als
ein solches Fenster: das Licht und die Sonne, die Edelsteine
und die Blumen, die Wasser und die Spiegel, der Vater und der

Sohn, der Widder und der Dornbusch, der Engel! Alles ist Spiegel geworden. In der Welt des Menschen erst sind uns leibhaftig die Augen aufgegangen für das Wesen und Walten und den Lobpreis der Engel! In der Welt der Engel erst werden wir das Streben und Wirken des Menschen geistig verstehen lernen, sein leidenschaftliches Tun und darin sein unbändiges Heilsverlangen!

Urbilder und Urmächte wollen uns in dieser Welt begegnen: alles das, was Geist als Fülle der Welt sein kann, und wovon Romano Guardini nur dieses an Formen aufführt: „Höhe, Tiefe, Kraft, Glut, Reinheit, Kühnheit, Würde, Schönheit, Kampf, Wagnis, Schöpfung, Architektur, Schicksal, Entzückung, Friede, Qual, Sehnsucht, Liebe, Einsamkeit, – daß es alles in ihm gibt und in allen Graden"[87]. Und aller Geist ist voll von glühendem Leben. Durch ein Übermaß an Formen drückt sich diese Existenz der Engel aus, und in dieser Fülle will sie sich uns einprägen. Und wir sollten dafür nicht offen sein? „Wir wollen die Lehre von den Engeln" – mahnt Guardini – „nicht den Sentimentalen und Ästheten überlassen. Sie ist dem Glaubenden gegeben, und er soll sie zum Leben brauchen[88]".

Die Engel bei Hildegard von Bingen –, sie bilden wirklich eine Welt. A: Vom Ursprung der Tage in der ersten Schöpfung bleiben sie in aller Welt bis zum Ende der Zeit und in die neue Schöpfung hinein. Sie stehen in ihrer kreatürlichen Existenz als Lichtwesen und Spiegelgestalten vor uns (I), sie ordnen sich zu den neun Chören, die entzückt und jubelnd um die Dreieinigkeit kreisen (II), sie sind fasziniert vom Schicksal des zehnten Chores: vom Menschen (III).

B: So treten die Engel in die Welt ein, als Zeugen und Boten der Heilsgeschichte. Sie stehen als die großen prägenden Typen in der Natur (I), bei der Erschaffung der Erde und in den Elementen des Kosmos, insonderheit bei der Schaffung des leibgebundenen Menschen. Sie sind die Urbilder und Leitgestalten aller Geschichte (II), die vom alten Bunde in den neuen

reicht und auf die Geschichte jedes einzelnen Menschen ab-
zielt. Sie sind die Archetypen menschlicher Gemeinsamkeit
(III), im Leben der Völker und im Leben der Kirche und in besonders lauterer Weise im Leben der Mönche.

C: Engel werden am Ende der Tage als Richtengel in Erscheinung treten (I) und den Menschen als das Schlußglied der
Schöpfung anerkennen (II), sie werden mit den Menschen in
seliger Gemeinschaft ewig Gott loben (III).

Alsdann aber lebt die Welt der Engel wirklich und wahrhaftig im Menschen. Es ist eine Welt, in der man nicht viel
der eigenen Worte zur Verfügung hat und nichts dazu erfinden
kann, was nicht gegeben ist. Um so mehr sollten wir hören
auf eine Stimme, die nicht aus sich selbst etwas meinte und
von sich aus tönen will, die vielmehr Laut wird eines höheren, eines hellen und gnadenhaften Lichtes.

Licht dieser Stimme will laut werden, aus vielen Strahlen
formt sich eine Gestalt, wird uns ein Blick geschenkt in diese
Welt der Engel bei Hildegard von Bingen.

ERSTER TEIL

ENGEL IM URSPRUNG DER WELT

An die Engel

„Fürsten der Ehre! lebendiges Licht! heilige Engel!
Tiefgeneigt vor der Gottheit, lodernd in Sehnsuchtsgluten,
da nimmer ihr euch ersättigen könnt der heiligen Fülle,
schaut im Geheimnisdunkel der Kreatur ihr die göttlichen Augen.

Welch eine herrliche Freude durchjubelt eure Gestaltung,
unberührt wie sie blieb von der Urtat des Bösen,
die sich erhob in eurem Genossen, dem gefallenen Engel,
als über die innen verborgenen Zinnen der Gottheit
den Flug er wagte und – stürzte qualvoll hinab in den Abgrund.
Noch seines Falles Werkzeuge bot er in flüsterndem Rat
dem Gebilde von Gottes Hand.

Preis sei euch, heilige Engel, Hüter der Völker,
deren Gebilde in eurem Antlitz sich spiegelt.
Erzengel euch, die ihr die Seele der Heiligen traget empor,
euch, Kräfte und Mächte und Fürstentümer, Herrschaften, Throne,
die zum Geheimnis der Fünfzahl ihr schließet den heiligen Ring
Und euch, die Siegel ihr seid der Geheimnisse Gottes,
leuchtende Cherubim, flammende Seraphim, Lobpreis sei euch!

Ihr erblicket am Urquell den Schlag des ewigen Herzens.
Wie von Auge zu Auge erschaut ihr die innigste Kraft,
die das Vaterherz atmet!"89

I.

ENGEL ALS LICHT UND ALS SPIEGEL

In einem Lied gibt Hildegard von Bingen das Bild vom Engel, Licht vom feurigen Leben ist er und Spiegel göttlicher Herrlichkeit. In neun Chören umkreisen die Engel die Geheimnisse der Gottheit. Dem Menschen verbunden ist diese Welt der Engel – zum Segen und zum Fluch. Die Natur der Geschöpfe, die Schicksale der Geschichte, das Werk der Menschheit – alles ist informiert vom Leben der Engel.

Woher aber die Engel?

„Das Urfeuer, aus dem die Engel brennen und leben – das ist Gott selber. Er ist jene Herrlichkeit, aus der Geheimnis über Geheimnis hervorgeht" (P. 24). Eine lichte Springflut von geheimnisvollen Erscheinungen ruht im tiefsten Mysterium des Seins: lebendige Engel, die in der Liebe Gottes glühen; vor Seinem Angesicht stehen sie in Anschauung gebannt, bereit, Seinem Willen ergeben. Sie begleiten die heiligen Werke, des Menschen Werk, das freudig einstimmen soll in die himmlische Sinfonie (P. 25).

Was aber sind Engel?

„Eine Schar überaus schöner angelischer geflügelter Wesen umgibt die Gottheit. Sie stehen da in so großer Ehrfurcht, daß ihre Haltung Furcht und Liebe zugleich ausdrückt. Das sind die seligen, erhabenen Geister, die immerdar im Engeldienst das heilige Wissen Gottes (scientia Dei) umstehen. Sie bringen Ihm ein unaufhörliches, ganz reines Lob dar, wie es der in der sterblichen Asche weilende Mensch nie zu tun vermag. Sie umfangen Gott in ihrer Glut, denn sie sind lebendiges

Licht. Sie haben nicht Flügel wie die Vögel und sind doch schwebende Flammen in der Kraft Gottes.

Darum verehren sie Mich, den wahren Gott, und sie verharren in rechter Furcht und in der Liebe zu Mir, denn sie schauen immerdar Mein Angesicht und wünschen und verlangen nichts anderes, als was Meinem allsehenden Auge gefällt" (Sciv. III, 4).

Drei Gesichtspunkte wollen in diesen ersten Bildern weiter vertieft werden: Die Engel sind geschaffen als eine kreatürliche Welt, sie haben eine Existenz als Lichtwesen und sind gestaltet als Spiegel der Gottheit.

„Im Anfang schuf Gott den Himmel, das heißt jenen Raum da droben, in dem die Engel wesen und aus dem der Teufel stürzte" (Fragm. IV, 33). Das ist ausdrücklich bildlich gemeint und besagt: „Dieser Raum ist nicht etwa der Himmel, den wir zu sehen bekommen"; es ist lediglich lauterer Raum aus reinem Licht. Daß Licht werden soll, das bedeutet jene Licht-Gestalten, welche die Engel sind (CC 1, 10). Auch Strabus[90] bringt diesen bildhaften Vergleich:

„Gott nennt hier nicht den sichtbaren Himmel Firmament, sondern den Lichthimmel, das heißt einen feurigen oder geistigen Himmel, welcher nicht von der Glut, sondern vom Glanze so geheißen wird; sofort, wie er geschaffen war, war er von Engeln bevölkert."

Daß Hildegard von einer Schöpfung der Engel spricht, zeigt, wie sehr sie alle Kreatur – Engel, Mensch, Natur – in eine einzige Welt einordnet, wie sie von vornherein verhindern will, daß der Welt der Geister eine Autonomie zukomme, die sich im anthropologischen Aspekt als Zwiespältigkeit und ontologischer Widerspruch auswirken könnte. Auch die Engel sind erschaffen, in der Zeit und aus nichts; sie sind Kreatur: Welt vor dem ewigen Gott!

„Gott ist ein verborgenes Feuer, das kein sterbliches Wesen anzuschauen vermöchte. Aber die Engel in ihrer Lichtnatur erblicken immerfort auch das feurige Antlitz" (230 B). Sie erblicken das ewige Licht, aber in Maßen ihrer Kreatürlichkeit. „Immer und immer wieder strömen die Engel über in Gotteslob. Sie sehen Ihn ja in Seiner Macht und Herrlichkeit. Freilich vermögen sie Ihn nicht voll anzuschauen und bis an die Grenzen zu begreifen. Und deshalb erleiden sie keine Ermüdung und werden nie satt an solcher Größe und Schönheit" (572 D). Sind sie doch die immerwährende Resonanz dieser göttlichen Glorie!

Beseligenden Anteil haben die Engel am Vollzug des innertrinitarischen Lebens. Immerfort stehen sie im Kult der Gottheit. Diese Verehrung ist so einfach wie erhaben. Von den Augen ist die Rede und vom Schauen; hat doch der Engel nur dieses Organ, das auf das Licht hin ausgerichtet ist und sein Lob ausstrahlt. Engel sind Lobpreis auf das Licht!

Lichtsein, das ist Offenbarkeit, Erschlossenheit, Erschließen seiner selbst. Je seiender etwas ist, schrieb schon Aristoteles, desto unverborgener, desto erhellter. Das Licht ist das Durchdringende und Durchsichtige, es ermöglicht die Sichtbarkeit und das lichtgebende Vernehmen.

Wer die Wahrheit kennt, bekennt Augustinus[91], der kennt das Licht, und wer das Licht kennt, kennt die Ewigkeit.

Die mittelalterliche Lichtmetaphysik ist voll von diesen Gedanken; noch bei Paracelsus werden sie gespiegelt:

„Über das, das das natürliche Licht faßt und erkennt, ist noch etwas, das über dasselbige reicht und erhoben ist. Das ist im Licht der Natur nicht zu ergründen, aber im Licht des Menschen, das über das Licht der Natur ist, wird es ergründet … Das ist das Licht, durch das der Mensch übernatürliche Dinge erfährt, lernt und ergründet."[92]

Goethe hat davon gewußt, daß das Licht nicht Gegenstand sei, den es doch nur zeigen solle, daß Licht über sich selber hinaus weise:

„Natur und Menschengeist sind ein Abglanz jenes Urlichts droben, das unsichtbar alle Welt erleuchtet."

Existenz auch des Menschen geht aus von diesem Licht-

Sein. Alles In-der-Welt-Sein ist schon gelichtet, sagt Martin Heidegger[93], es ist selbst die Lichtung. „Nur einem existential so gelichteten Seienden wird Vorhandenes im Licht zugänglich, im Dunkel verborgen." Existieren ist Heraustreten aus diesem Verborgenen in die Unverborgenheit, in die „aletheia", die Wahrheit.

So ist auch bei Hildegard von Bingen der Engel als Erstling der Kreatur herausgetreten als Schöpfung im Licht. Tief verwurzelt und geheimnisvoll steht er im Keimgrund der Schöpfung: die erste, lichte Gestalt: „O ihr Engel, deren Wesen aus eurem Antlitz erstrahlt, ihr einzig erblickt die innigste Schöpferkraft, die das Vaterherz atmet: wie in einem Angesicht schaut ihr sie" (P. 444).

Vor allem einer war da, „einer unter allen, der zuerst die Herrlichkeit Gottes erschaute" (P. 226). Luzifer hieß dieses auserlesene Wesen, der Lichtträger, der lichttragende und lichtwerfende Geist. Mit allem Schmuck der Schöpfung ward er versehen und in aller Schönheit der Welt gestaltet (749 B).

Gott schuf dieses Licht, daß leuchtender Tag sei, „ein Licht, dem lebendige Sphärenkreise anhingen; das sind die Engel. Ist Gott doch Leben. Und Sein Wort schläft nicht, sondern erscheint eben als Leben" (917 B). Der lichte Kern des Seins entfaltet sich in strahlenden Sphären, kreisenden Schichten, die sich mit Auge und Flügel um das ewig stille Leben der Gottheit öffnen, bewegen und gliedern.

Dies sind die Engel: Licht aus dem Urfeuer, „scintillae", ein Teil der Funken, aus denen die lichte Schöpfung Gottes funkelt und strahlt. Licht der Himmel sind sie als Abglanz des göttlichen Logos, spiegelnde Wasser, in denen das Wort Gottes aufrauscht und hochquillend ertönt (950 A). „Ist Gott doch der lebendige Urquell, der seine Wogen entsandte, da Er durch sein Wort im ‚Es werde' sprach: Es werden leuchtende Wesen" (229 C). Geistiges Leuchten sind die Engel, vernunftbegabtes Licht des ersten Schöpfungstages (747 C), lebendige

Sphären, die dem ewigen Leben verhaftet sind (P. 341), leben-dige Feuerbrände, die da leuchten sollten in ihrem lichten Glanze.

Als das kreatürliche Licht tragen die Engel noch ein weite-res Wesensmerkmal geheimnisvoll in ihrem Sein: sie sind Spiegel des lichten Seins und Spiegelgestalten. Gott ist ja stets gegenwärtig in Seinem lichten Sein. Er erschließt, gießt Seine Fülle aus in ein helles, offenes Vernehmen. Er erhellt die Welt mit Seinen Engeln, die Zeugen Seiner Unverborgenheit sind und damit Spiegel des wahren Seins. Denn alle Präsenz will Repräsentation.

In ihrer mystischen Schau erblickt die Seherin dieses Ge-genwärtigsein und beschreibt, was sie im Spiegel sieht: Got-tes Werk in der Welt, wie es sich vollkommen in die Welt hüllt, in die Welt der Engel als Lobpreis, in die Welt der Men-schen als Werk. Der Vater aber freut sich, in der Kreatur Sei-nem Wort zu begegnen; dies ist die Botschaft des immer ge-genwärtigen Spiegels, ihr Lobpreis in der Mitfreude.

An einer entscheidenden Stelle der Vision „Vom Wirken Gottes" heißt es: „Gott ist Seinen Engeln, die Sein Lobpreis sind, immerdar gegenwärtig" (866 B). Diese Präsenz der Gott-heit und ihre Repräsentation im Engel bedürfen einer Erläu-terung. Hildegard hat sie am Schluß ihrer Kosmosschrift ge-geben, wenn sie ausführt: „Die Schöpfung ertönt im Lobpreis zu Gott, weil sie von Ihm geschaffen. Gott ist ja ewig, und Sein Werk ist rein zum Lobpreis Seines Namens gemacht. Wäre keine Seele in des Menschen Leib, so könnte der Mensch nicht leben, noch würde die Seele je ohne das Fleisch wirken. So ist der Engel in Gott reines Lob (laus), und der Mensch ist in Gott ein Werk (opus)" (1078 D).

Bereits bei Dionysius Areopagita wird das „lumen intellec-tuale perfectum" der lichten, geistigen Engel mit einem Spie-gel verglichen und „speculum purum et clarissimum" ge-nannt.[94] Von einer Spiegel-Erkenntnis der Engel spricht auch Thomas von Aquin: Wie im Spiegel erkennen die Engel das

Ganze der Dinge im Wort, ohne den „discursus" und „motus", ohne unser schwerfälliges diskursives und schlußfolgerndes Denken.[95] Und so nennt auch bei Hildegard der Sohn den Vater ein „paternum speculum", in welchem die Heerschar der Engel leuchtet, jener „exercitus angelorum" – ein Spiegel, welcher auch den Engeln selber immer wieder zurückleuchtet. „Ohne Unterbruch loben so die Engel die heilige Gottheit, aus Gott erfinden sie immer neuen Lobpreis, weil sie das Rühmen nie vollauf vollenden können. Ist Gott doch Licht äußerster Herrlichkeit, das auf keine Weise beeinträchtigt wird, so daß die Scharen der Engel von Ihm widerstrahlen, da der Engel ohne des Fleisches Werk lauter Lob ist" (1016 A).

Einen letzten Schritt noch müssen wir mit der Seherin gehen, wenn wir dieses hohe lichte Spiegel-Gespräch vor der Welt ganz verstehen wollen. Hildegard hört in einer Vision die Stimme des Herrn, der ihr den geheimnisvollen Sinn dieses Gespräches offenbart: „Zur Anschauung Meines Antlitzes habe Ich Spiegel geschaffen, in denen Ich alle Wunder Meiner Ursprünglichkeit, die nimmermehr aufhören werden, betrachte. Ich habe Mir diese Spiegelwesen bereitet, auf daß sie im Lobgesang mitklingen ... Durch Mein Wort, das ohne Anfang in Mir war und ist, ließ Ich ein gewaltiges Leuchten hervorgehen und in diesem unzählige Funken: die Engel!" (889 A).

Die Engel sind auf Christus, das lebendige Wort, hin geschaffen. Hier, im Ratschluß der Ewigkeit, gewinnen sie bereits jenen innigen Kontakt zum Menschen, der uns ihr Wesen zum großen Geheimnis, aber auch zum eigensten, zum wirklich ureigenen Anliegen machen muß: „Weil Gott all die hohen, die göttlichen Wunder, die Er in engelhaften Geistern gewirkt hat, durch Seinen Sohn in den Menschen vorgezeichnet hat. Auf diese Weise gelangte der Sohn bis an den Alten der Tage, weil der Sohn Gottes Gott und Mensch ist: als Gott und Mensch ein einziger Gott. Verbindet sich doch auch jedwedes gute Werk der Menschen (opus) mit dem Lobpreis der Engel (laus); und Lob und Werk – in Gott sind sie eins" (262 D).

Die Zuordnung von Engellob und Menschenwerk in Christus ist der Kern der Hildegardischen Angelologie wie auch ihrer Anthropologie. Die beiden leitenden Töne ihrer Schrift von der Welt, „opus" und „laus", sind in Christus vollkommen verwirklicht.

Und noch ein Wort zur einführenden Einstimmung in die Welt der Engel. Eine Angelologie ist immer auch in Gefahr, eine Domäne gnostischer Spiritualität zu werden. Geistiges wird oft derartig abstrakt und hoch vorgesetzt, daß es in seiner Fülle unserer geistigen Armseligkeit widerspricht; wir aber möchten ihm andererseits wieder entsprechen, wie es auch als herabfließend zu uns gedacht ist, uns überflutend und erfüllend. Um so ernüchternder und auch erfrischender sind die Grundaussagen Hildegards: wenn sie das Geistwesen als geschaffene, lichte Natur verstehen will, geschaffen wie das dunkle Körperwesen mit seiner irdischen Belastung. Hervorgegangen ist jedwedes Sein aus Gott, als Kreatur stehen auch die Engel vor Seinem Angesicht (916 C): Auge im Licht!

Die Vielschichtigkeit des Kosmos, die Rangstufung der Hierarchie, das Tönen der Kreatur, des Menschen Opus und die rühmenden Engel: Alles dokumentiert nur die Einheit der Welt, jenes Weltenrad, an dem zwei Werkmeister nicht zugleich schaffen können, wie es auch – nach Hildegard – ausgeschlossen ist, daß in einer Brust zwei Herzen schlagen.

Unermeßlich zwar ist der Engel Zahl, aber nur ein Leben leben sie, wie auch nur ein Leib lebt, wenngleich er viele Glieder hat: So sind auch die Engel in ihrem lichten Leben Eintracht (angelica concordia). Als Einklang leben sie: tönendes Licht, einmütig im Lobpreis des Herrn, in allem Gott zum Lobe (P. 26).

DIE NEUN CHÖRE DER ENGEL

Bilder eines entzückten Reigens sind es, die Hildegard an den Chören der Engel erschaut: ein kreisendes und flutendes Licht, Feuer zunächst und glühendes Strömen, ein durch und durch lichtes Fluten, das nur langsam und in großer Scheu sich ausformt, ein Mitteilen und Heraustreten mit einem Ausdruck, der bei allem Heraustreten im Verborgenen bleiben möchte, um – mit Dionysius Areopagita zu sprechen – das Erhabene über uns mit Schweigen zu ehren.

Es sind Bilder nur, die uns anmuten, Bilder als Gleichnisse einer geheimnisvollen Welt.

Der erste Blick der Seherin auf diesen Bild-Kreis greift den Gipfel und Grund dieser himmlischen Geheimnisse auf (superna altitudo coelestium secretorum), Höhe und Tiefe des Geschauten in eins. Kein fleischlicher Blick, nicht unser totes Auge kann dieses lichte Geheimnis durchdringen; nur das Gesicht des inneren Menschen, des Menschen erleuchteter Geist vermag die Höhe des Verborgenen zu ermessen und den hohen Sinn hinter dem Geschauten zu erfahren. Erfahren aber kann er dies nur, wenn er an dieser hohen Welt, über sein eigenes Wesen hinaus, erleuchtet wird.

Menschlicher Geist an sich müßte erschauern vor den lichten Wundern der Engel; beschwert mit dem sterblichen Leibe würde keine menschliche Vernunft sich über das Wesen der Engel äußern können. „Unendlich viel an Geheimnis abgrundtiefer Rätsel liegt hier verborgen, dessen die menschliche Hinfälligkeit nie inne werden kann."

Und doch sind sie nicht Geschöpfe einer gänzlich entrückten Wirklichkeit, vielmehr einer Welt, die uns beanspruchen und etwas sagen will. Wesen und Wandel der Engel bedeuten etwas für den Menschen, für den ganzen Menschen, wie er mit Leib und Seele erschaffen ist, um in dieser seiner Ganzheit teilzunehmen am Leben der Engel. Dies ist Hildegards Leitgedanke, aus dem heraus sie nunmehr die Schau eröffnet.

„Gott hat jedes Geschöpf wunderbar ins Dasein gerufen und einem jedem nach Seinem Willen wunderbar seine Aufgabe gesetzt. Die einen sollten der irdischen Schöpfung zugewandt sein, die anderen in himmlischen Bereichen leben. Er hat die seligen Engel zum Heile der Menschen Seines Namens berufen. Die einen hat er bestimmt, den Menschen in ihren Nöten zu helfen, die anderen, ihnen die Gesichte Seiner geheimen Ratschlüsse zu offenbaren."

In zwei Reihen erscheinen in entrückter Ruhe entzückender Herrlichkeit die leuchtenden Geister der Engel – unnahbares, unaussprechliches Sein!

So unzugänglich diese Ferne erscheint, Hildegard überbrückt sie sogleich wieder mit einem Gedankengang, der ihre Visionen begleitet und wie ein Leitmotiv auch ihre Engels-Sinfonie durchklingt: „Dies bedeutet aber, daß Leib und Seele des Menschen Gott zu dienen haben, Gott, bei welchem ihnen mitsamt den Himmelsbürgern, den Engeln, das Licht ewiger Beseligung leuchtet". Der Mensch mit seinem Leib und seiner Seele soll in der Gesellschaft der Engel der Gemeinschaft mit Gott teilhaftig werden!

Wir werden diesen Leitgedanken im Auge behalten müssen, wenn wir nunmehr die neun Chöre der Engel nach dem Buche „Scivias" betrachten.

Die Engel

Ein heiliger Kreis blitzt auf, erstrahlt und schwingt sich aus zu lichter Rundung. Geistwesen erscheinen darin aus lauter Licht, Geister, an der Brust beflügelt, mit menschlichen Antlitzen. Angesichter, in denen wie in einem ungetrübten Spiegel die Gesichter von Menschen erscheinen. Und sonst nur lichtes Leuchten, und keine weitere Gestalt wird sichtbar.

„Das sind die Engel. Flügeln gleich spannen sie die Sehnsüchte aus, die sich aus den Abgrundtiefen ihres Erkennens ringen. Nicht als ob sie Flügel wie die Vögel hätten, flugschnell vielmehr, wie der Gedanke des Menschen dahinfliegt, drängt ihr Verlangen sie, den Willen Gottes zu vollenden. Und daß sie Antlitze tragen, das deutet auf die Schönheit der vernünftigen Geistigkeit hin, in welcher Gottes alldurchforschender Blick zugleich die Werke der Menschen erschaut."

Das sind die Engel: Lichtgeister der Sehnsucht, ergriffen und überströmend von „desiderium" reinen Sehnens; in ihrem Sehnen erfüllen sie wie auf Flügeln das Wollen Gottes. Deswegen ist ihr Antlitz die lauterste Offenbarung einer „pulchritudo rationalitatis", Ausdruck geistiger Schöne. Dies sind aber auch die Engel, die sorgsam achthaben auf die Erfüllung des göttlichen Willens bei den Menschen, Kriterium für die „opera hominum". Denn was auch immer der Mensch tut, das stellen diese Engel in ihrem eigenen Wesen Gott dem Herrn dar.

Die Erzengel

In einer zweiten Ordnung schmiegt sich an diesen lichten Kreis ein weiterer „Ordo" von Licht-Geistern mit Flügeln an der Brust und Gesichtern wie von Menschen. In diesen Gesichtern aber leuchtet wie in einem Spiegel das Bild des Menschensohnes auf. Nichts anderes.

„Das sind die Erzengel. In der Sehnsucht ihres Erkennens richten auch sie sich ganz auf die Betrachtung des Willens Gottes, und aus sich selbst heraus weisen sie hin auf die Schönheit des vernünftigen Geistes. Ganz und gar geläutert verherrlichen sie das fleischgewordene Wort Gottes, da sie die verborgenen Ratschlüsse Gottes erschauen, da sie durch ihre

Botendienste dem Geheimnisse der Menschwerdung des Gottessohnes den Weg bereiten durften."

Erzengel sind Verkünder: die Boten der Inkarnation, reiner Lobpreis auf das fleischgewordene Wort Gottes.

Tief ist das Geheimnis um diese beiden Engelreihen. Der menschliche Verstand begreift sie nicht: er könnte nimmermehr ihre Gestalt erfassen, kann er doch nicht einmal die Gestaltung des eigenen Wesens begreifen. Wie deutlich wird uns mit diesen Geheimnissen vor Augen gehalten, daß auch außerhalb unseres beschränkten Horizontes noch etwas ist; daß der Mensch als ein Wesen der Mitte auf Relation hin geschaffen und als ein Wesen der Grenze auf Transzendenz hin geordnet ist; daß ihn die Welt der Engel etwas angeht, weil auch sie hingeordnet ist auf das Mysterium der Menschwerdung Gottes.

Die Kräfte

Noch einmal erscheinen in der leuchtenden Ordnung Licht-Geister mit einem Menschenantlitz, von der Schulter an abwärts erstrahlen sie in so hellem Glanze, daß jeder Umriß im Lichte verschwimmt.

„Das sind die Kräfte. Sie steigen in den Herzen der Gläubigen empor und bauen in ihnen mit brennender Liebe den hohen Turm der Taten, den alles Menschenwerk bedeutet. So spiegeln sie in ihrem geistigen Sein die Werke der Auserwählten und führen diese durch ihre Kraft zum guten Ende helleuchtender Seligkeit."

„Virtutes" heißen sie und „dynameis": Kampf-Engel der Entscheidung. Diese Kräfte verlangen vom Menschen ein klares Ja oder Nein. Die große Entscheidungsschlacht unseres tätigen Lebens ist entbrannt, eines Lebens, das immer nur Bekenntnis sein kann oder Verleugnung. Diese Engel der Entscheidung führen ihrem Schöpfer Tag für Tag das dramatische Ringen vor, den Kampfplatz Welt, dieses Schlachtfeld gegen die teuflische Bande (diabolica turba). Es ist ein Kampf, der sich ständig in unserem Innern abspielt. Denn auch hier gibt es nur Bekenntnis oder Verleugnung. Bekennt der Mensch oder leugnet er: das ist die Frage! Es geht immer nur um diese eine Frage: gibt es einen Gott und damit eine Verantwortlichkeit? Gibt es den Anspruch und damit die Antwort, eine Antwort auf die existentielle Frage um Erschaffung und Erlösung des Menschen, eine Antwort, auf die notwendigerweise immer die Umkehr folgt? Antwort auf die entscheidende Lebensfrage: das ist immer auch Einsicht und Einkehr, Umkehr, Bekehrung, Abkehr vom Verkehrten, die große Kehre des Lebens. An dieser Kehre stehen die Kampf-Engel der Entscheidung. Darum kann Hildegard bekennen:

„Wo aber solches Fragen im Menschen nicht stattfindet, da ist auch nicht die Antwort des Heiligen Geistes. Ein solcher Mensch stößt aus sich heraus das Gnadengeschenk Gottes von sich, und ohne ein Fragen nach der Umkehr stürzt er sich selbst in den Tod."

Für dieses Existieren unter einer andauernden Verantwortung, für die uns im sinnlichen Bereich Getast und Gespür (tactus) gegeben sind, für diese Entscheidung auf Leben und Tod, spielen die Kräfte-Engel eine vermittelnde Rolle: Sie sind es, die das Ringen um Frage und Antwort, um Reue und Umkehr vor Gott tragen; sie sind noch mehr: Sie sind vor Gott das Siegel der Anbetung oder der Leugnung Gottes. Ehrfurcht oder Nihilismus: ein Drittes gibt es nicht! Darum sind diese Engel es, die den Turm der Werke des Menschen besiegeln werden.

Die Mächte

Lichtgeister von solcher Herrlichkeit erscheinen, daß man sie nicht anzuschauen vermag. Kein Menschenantlitz mehr in diesem hellen Schwingen und keinerlei Gestalt. Nichts Menschliches mehr vermag sich auszuspiegeln, obwohl auch hier von innen her das Angesicht immer noch leuchtet.

„Das sind die Mächte. Sie deuten an, daß die Reinheit und die Schönheit der göttlichen Macht von der Ohnmacht der Sterblichen, Sündenbefangenen, nie begriffen und berührt werden kann; denn Gottes Macht ist unerschöpflich." Der Mensch schweigt.

Die Fürstentümer

In der nächsten Ordnung und einem noch innigeren Kreis erscheinen Lichtgeister, die wie weißer Marmor leuchten. Sie tragen Häupter wie Menschen und zu Häupten Feuerflammen. Von der Schulter abwärts umhüllt eine eisenfarbige Wolke ihre Gestalt.

„Das sind die Fürstentümer. Die Fürsten sind Urbilder derer, die aus Gottes Gabe in der Welt über die Menschen herrschen dürfen. Mit der unangetasteten Kraft der Gerechtigkeit sollen sie sich umkleiden, damit sie nicht dem Wankelmut der Unbeständigkeit verfallen. Sie sollen auf ihr Haupt schauen, welches Christus ist, und ihre Regierung sollen sie nach Seinem Willen zum Nutzen der Menschen führen. In glühendem Eifer für die Wahrheit sollen sie auf die über ihnen waltende Gnade des Heiligen Geistes lauschen, damit sie bis zu ihrem Ende fest und beständig in der Kraft der Gerechtigkeit verharren."

Das ist wahrhaftig ein Geist der Politik: Eifer für die Wahrheit, Nutzen der Menschen und jene Kraft der Gerechtigkeit, von der mehrmals als einer „fortitudo iustitiae" gesprochen wurde. Als die Prinzipien und Ausgangsformen legen diese Lichtgeister die Musterordnung aller gesellschaftlichen Grundlagen fest, alle „archai" und „principatus"; sie werden damit zu Vorbildern weltlicher Obrigkeit, hinweisend auf ihr Haupt, das Christus ist, der Regent aller Regimina der Menschenkinder.

Die Herrschaften

Wiederum Lichtgestalten mit einem Menschenantlitz; diesmal auch Füße wie Menschenfüße. Ein Helm auf dem Haupte und umwallt von einer marmorfarbenen Tunika.

„Das sind die Herrschaften. Sie stellen dar: daß der Herr aller Dinge die Vernunft des Menschen, die in menschlichem Verfall gelegen, von der Erde zum Himmel erhoben hat, als Er Seinen Sohn auf die Welt sandte, der den alten Verführer durch Seine Gerechtigkeit zertrat."

Auf Menschenfüßen vermag nunmehr die Vernunft, die „rationalitas hominum", einherzuschreiten und sich zu erheben, Schritt für Schritt. Gott selber ist Urquell alles Herrschertums. Nach Ihm bilden sich auch die Herrschaften, zuerst in sich selber, um so die unter ihnen Stehenden nach dem göttlichen Urbild heran- und heraufzuziehen. Nur so erzieht man wirklich. Erziehung ist Geleit auf einem Weg, den man selber erfahren hat. Ist darum dieser Engelkreis auf sinnliche Weise mit dem Hören, dem Organ des Vernehmens und aller Vernunft, verglichen und verdeutlicht worden?

„Ihm also, der das Haupt aller Gläubigen ist, sollen Seine Getreuen nachahmen, ihre Hoffnung auf das Himmlische setzen und stark werden im hochherzigen Verlangen nach den guten Werken."

Die Throne

In höherer und entrückter Ordnung bilden sich lichte Geister, erglühend wir das Morgenrot. Nur dieses Glühen in reinem Licht, in welchem sich keine Spur von Menschenähnlichkeit aufzeigen läßt.

„Das sind die Throne. Ihre Erscheinung will besagen: daß sich die Gottheit zur Menschheit einen menschlichen Leib anzog, unberührt von aller menschlichen Schuld. Denn vom Heiligen Geist empfangen, nahm Er ohne jeden Makel der Befleckung Fleisch an aus der Morgenröte, aus der seligen Jungfrau."

Von Maria, der geistigen Morgenröte, künden die Throne; die „sedes" singen von der „sedes sapientiae", vom Thron der Weisheit. Weiter ist an diesem so zentralen Geschehen nichts zu sehen und zu erklären; hier sind zu sehr die „mysteria secretorum" in das Blickfeld des Menschen getreten; hier kündet sich die lebendige Mitte alles Seins an. „Denn zahlreich sind die Geheimnisse himmlischer Verborgenheit, die menschliche Hinfälligkeit einfach nicht zu ergründen vermag."

Die Cherubim

Erhabene Lichtgeister voller Augen und voll von Flügeln. In jedem Auge ein Spiegel, in jedem Spiegel ein Menschengesicht. Ungeheuerlich! Und die Schwingen erhoben zum Flug in das Himmlische.

„Das sind die Cherubim. Sie sinnbildlichen das Wissen Gottes (scientia Dei). In Ihm schauen sie die Mysterien himmlischer Geheimnisse und verhauchen, wie Gott es will, ihr innerstes Hinstreben zu Seinem Wesen. In der Tiefe ihres Wissens erschauen sie mit reinstem, durchdringenden Blick wunderbar die Menschen, die in der Erkenntnis des wahren Gottes gleich ihnen die Flügel ihrer Herzenssehnsucht in gutem und gerechtem Streben auf Den spannen, der über allem ist."

Die Cherubim besitzen schon in der alten Tradition die „Fülle des Wissens"; sie sind die Verbreiter der Erkenntnis; sie ergießen die Weisheit, die geistigen Ansprüche Gottes. So bei Philon von Alexandrien und Dionysius Areopagita, bei Gregor dem Großen und Thomas von Aquin. Bei Hildegard sind die Augen mit ihrer Einsicht und ihrem Durchschauen sowie die Flügel als die sehnsuchtsvolle Führung der Auserwählten die besonderen Merkmale.

„Die Liebe zum Himmlischen ist bei ihnen stärker als das Trachten nach dem Vergänglichen. So zeigen es diese Geister im Fluge ihrer Sehnsucht." Als die Hüter und Herolde des Mysteriums sind sie die Träger des Prophetentums. „Und dies tut Gott, mit den Flügeln des Prophetenamtes gleich den Cherubim wirkend, in den Menschen, und auch sie weisen viele Wunder auf, gleich den Cherubim, die Gottes Geheimnisse kennen und künden" (P. 75).

Die Seraphim

Und ein letztes Mal, im innersten und innigsten Kreise, erscheinen Lichtgeister, brennend wie Feuer: Lauter Flügel zeigen sich in diesem flutenden Licht und darin geheimnisvoll geprägt und bespiegelt die Stände der heiligen Kirche Gottes.

„Das sind die Seraphim. Wie sie selber in flammender Liebe zu Gott erglühen und ihr ganzes Begehren auf Seine Anschauung gerichtet ist, so stellen sie in diesem ihren Sinnen und Trachten die weltlichen und geistlichen Würden dar, die in dem geheimnisvollen Leben der Kirche in lauterer Reinheit erblühen; offenbaren sich doch in ihnen wunderbar die geheimen Ratschlüsse Gottes."

Seraph – der Name ist geheimnisvoll: im Hebräischen meint er „sich verzehren" und „verbrennen" und „glühen", nach einer anderen Deutung „nahe sein bei Gott". Glutentfacher sind diese Engel, Entflammer und Erglüher, die ständig in einem „excessus caritatis" leben. Glühende Begeisterung für Gott ist ihr Signum. Als Gipfel der geistigen Rangordnung sind sie ein anziehendes Vorbild für den gläubigen Menschen und damit auch für die Hierarchie der Gemeinde Gottes in der Welt: in heiliger Liebe reifen die Gläubigen zur Seligkeit.

„Und so mögen alle, die mit der Aufrichtigkeit eines reinen Herzens liebend das himmlische Leben suchen, in Liebe zu Gott entbrennen; sie sollen Ihn mit ganzer Begier umfangen, damit sie zu den Freuden derer gelangen, die sie gläubig nachahmen" (437A-442A).

Damit endet die Engelvision der heiligen Hildegard von Bingen. Im schweigenden Entzücken sieht sie den Kranz der Engelscharen, diese lichte Ordnung um das Geheimnis der heiligen Dreifaltigkeit, schweben. Die Seherin betont noch einmal, daß sich viele Geheimnisse in den seligen Geistern finden, die dem Menschen nicht geoffenbart werden, weil er, solange er sterblich ist, das Himmlische nicht vollständig unterscheiden könne.

Der Lichter-Chor ist rundum geschlossen. Hildegard hört das tönende Kreisen und vernimmt die Resonanz dieses Wunderbaren „in jeder Art von musikalischem Klang unter wundervollen Modulationen". Was aber vernimmt sie in diesen wahrhaftigen Himmelstönen?

„In wundersamen Harmonien künden die Engel den Hochgesang der Verherrlichung Gottes. In unbeschreiblichem Jubel frohlocken die seligen Geister durch Gottes Kraft über die Wunder, die Er in Seinen Heiligen wirkt. Das Lied der Freude und Seligkeit herrscht im Himmel darüber, daß das Fleisch überwunden und der Geist zu unversieglichem Heile emporsteigt."

Die Engel sind Zeugen des Opus im Menschen, all ihr Loben ist Freude über des Menschen Werk. Ihr Wesen ist herrlichster Gottespreis. Voller Freude leben sie im Jubel des Heiles. Was nur gut ist, sie vollenden es aus göttlicher Eingebung, sie werden Zeugen der Entscheidung des Menschen für das Gute.

„Und so hat der Mensch keine Freude, und es kann nicht sein Heil sein, wenn er dem Gebote Gottes zuwider handelt. Doch zum Freudenreigen in der Beseligung des wahren Heiles wird zugelassen, wer das Gute glühend verlangt, im Eifer vollbringt und, solange er im Körper weilt, die Wohnung derer liebt, die sich vom Irrpfad der Lüge fernhalten und den Weg der Wahrheit dahineilen" (442 A).

Freude ist immer ein engelhafter Lichtblick auf unserer dunklen irdischen Wanderung. Echte Freude ist immer Kriterium des Guten; Freude zeugt für das Leben der Engel.

Hildegards Deutung der Engelchöre

Aus einer kleinen und versteckten Stelle am Schluß der Schau über die Engelchöre geht deutlich hervor, daß es Hildegard von Bingen nicht um ein objektives Gemälde der traditionellen Engelhierarchie geht, sondern um das, was wir den anthropologischen Kern ihrer Engellehre genannt haben. Sie nennt diese ihre Schaubilder nämlich eine Ermahnung für den Menschen, eine „admonitio"; herzlich bittet sie ihren Leser darum, diese innere Mahnung nicht gering zu achten, sie vielmehr mit dem Schmecken seiner Seele aufzunehmen und sie liebend zu umfassen, um wahrhaftig begreifend diese Worte sich aneignen zu können.

Es kommt auf das Begreifen dieser Symbole an, nicht auf ein Wissen um den Inhalt und die lange Tradition dieser Symbolik der Engel. Es kann nicht bezweifelt werden, daß auch Hildegard einige Züge der uralten Überlieferung entnommen hat, daß sie Verwandtschaften und Variationen zeigt, daß sie berichtet, was sie aus dem Geist der frühen Scholastik gelernt hat. Aber weder eine genetische noch eine analogische Betrachtung würde uns an das Phänomen ihrer Bilderschau heranführen und könnte uns die Bilderflut erklären, die in so überraschender Fülle und in so herzerquickender Frische wie aus einer strahlenden Quelle strömt.

Form und Aussage selbst, beide sind voller Symbolik und wollen auch nur als Bild verstanden werden. Was darin ausgesagt wird, ist in großer Scheu gesprochen und wird äußerst behutsam weitergegeben. Wir können nicht wissen, was für uns Geheimnis ist. Schon Augustinus glaubte, daß sich die Chöre der Engel in irgendeiner Weise unterscheiden. Aber was sie sind und worin sie sich unterscheiden, darüber wollte er nichts sagen. Er wußte vom Apostel Paulus, daß schon die ersten Christen von Thronen und Herrschaften, von Mächten und Fürstentümern gesprochen hatten. Aber er hat dies alles für unwesentlich im Leben der Christen gehalten.

Um so reichhaltiger äußerte sich Dionysius Areopagita über die himmlischen Hierarchien. Die großen Theologen des Mittelalters, Gregor der Große, Johannes Damascenus, noch Thomas von Aquin – ein jeder von ihnen ist ein „doctor angelicus" – haben in Dionysius den Areopagiten gesehen, jenen gelehrten Athener, den Paulus zum Christen gemacht hat. Erst die kritische Forschung hat Ende des vorigen Jahrhunderts nachweisen können, daß Dionysius ein halbes Jahrtausend jünger sein mußte, da er Stellen aus dem neuplatonischen Lehrbuch des Proklus verwandt hat, daß er vermutlich ein syrischer Kirchenschriftsteller um das Jahr 500 gewesen sei; einige wollen in ihm den Severus von Antiochien sehen.

Seit der Mitte des ersten Jahrtausends hat sich das Bild der Engel in einem „chorus angelicus" immer fester und reicher ausgeformt. Die Engel leben in einem heiligen Reich, einem himmlischen Reich des Heiles, in einer „Hierarchia caelestis". Drei Einheiten ordnen sich in diesem Reiche übereinander und fügen sich ineinander, lobpreisend miteinander den Dreifaltig-Einen. So vermuten es bereits die älteren Kirchenväter, wie Ephraim der Syrer (gest. 373) und Cyrill von Jersualem (gest. 386). Die syrische Patristik hat sich bald mit der biblischen Überlieferung verschmolzen. Mit in diesen Traditionsstrom werden die großen Heiden der Spätantike aufgenommen, so Plotin, der 270 starb, und vor allem Proklus (gest. 485). Diese neuplatonischen Quellen hat über Dionysius Areopagita Johannes Eriugena dem Abendlande vermittelt.

In besonders schöner und tiefsinniger Weise hat Bonaventura die Lehre von der Hierarchie der Engel durchmeditiert und auf das Geheimnis der Trinität bezogen. „Darum finden sich in den neun Chören der Engel drei Dreiheiten, und in den drei Hierarchien wiederum je drei Chöre, damit die den Engeln eingeprägte Ähnlichkeit mit dem Dreifaltigen in ihnen aufschimmere. Die Dreifaltigkeit, die in allen Geschöpfen mehr oder weniger sichtbar wird, muß sich vornehmlich in den seligen Geistern offenbaren. Die Zahl, welche am deutlichsten den Dreifaltigen zum Ausdruck bringt, ist die gleichsam über sich selbst gebeugte, über sich selbst nachdenkende Dreieinigkeit, wie sie sich in einer dreimaligen Dreiheit bietet. In dieser Zahl mögen die Chöre jener seligen Geister, so scheint es, von der höchsten Dreifaltigkeit selber gesetzt worden sein."[96]

Auch Hildegard von Bingen hat das traditionelle Schema der Engelchöre, wie es über Scotus Eriugena und Hrabanus Maurus ins 12. und 13. Jahrhundert tradiert wurde, verwertet, aber sie weicht bereits in der äußeren Form von dem Dreierzyklus der 3 mal 3 Chöre als Abbild der Trinität ab, wie es vorher Dionysius und später Thomas und Bonaventura gebracht haben. Mit ihrer Auordnung der Chöre in einem Schema von 2:5:2 bringt Hildegard eine eigenartige Staffelung, die nicht nur eine geistreiche Variante darstellt, sondern darüber hinaus eine neue Ausrichtung und Sinngebung der Engelwelt bedingt.

Die beiden äußeren Reihen in Kranzesform umschließen einen mittleren Fünfer-Kranz, der also jeweils von einer Zweier-Reihe umfaßt wird. Dabei stellen die zwei äußersten Gruppen der Engel nur einen einzigen leuchtenden, goldenen Lichtring dar, einen Kranz, der die weitaus vollkommenere Seinsweise der Geister verdeutlichen soll. Was soll eine solche Anordnung für den Menschen besagen?

„Diese Ordnung deutet an, daß Leib und Seele des Menschen die fünf Sinne des Menschen mit der ganzen Kraft ihrer Eigenstärke (virtus fortitudinis) in sich begreifen, jene fünf Sinne, die durch die fünf Wunden Meines Sohnes gereinigt wurden und sich nun zur Rechtmäßigung der inneren Gebote ausrichten sollen" (438 C). So innig sind die Sinne des Menschen in seinen leibseelischen Gesamtverband eingeknüpft, ausgerichtet auf das Leben der Gnade: Des Menschen Sinnlichkeit ist eingelenkt auf die „rectitudo" des inneren Gesetzzes. Und auch dieses Gesetz ist durch Engel vertreten, und zwar durch den inneren Kranz der Chöre. Der Fünferkreis der

Sinne nämlich, der gehalten wird von Leib und Seele, hält nun seinerseits wieder zwei Sphären nach Art eines Kranzes: die Liebe zu Gott und die Nächstenliebe. In diesem höchsten und innigsten Kreise verachtet der Mensch die Gelüste seines eigenen Herzens und setzt seine Hoffnung allein auf das Ewige. Zwei Engelchöre geleiten diese Neigung: die Cherubim und die Seraphim. „Mit inniger Zuwendung des Geistes umkreisen sie mit ihrer Liebe Gott und den Nächsten."

Damit hat Hildegard ihre Ordnung der Engel vorgetragen. Der äußere Doppelkranz meint die geheimnisvolle Ordnung von Leib und Seele. Der mittlere Fünferkreis stellt die fünf Sinne dar, die durch die fünf Wunden des Eingeborenen gereinigt, gezügelt und geleitet werden. Der innere Doppelkranz verdeutlicht das Mysterium der Gottesliebe und der Menschenliebe.

Mit den neun Chören der Engel wird nicht nur der Himmel vorgestellt, sondern auch das Irdische gespiegelt, und dies bis in die konkreten physiologischen Ordnungen hinein. Nicht mehr sind die Engelwesen ein in der Luft hängender Kranz von Lichtgeistern, nicht überirdisch und außer der Welt ein Spiegel der Gottheit; sie sind vielmehr auf die Erde konzentriert, auf den Menschen. Alle Schöpfung geht ja vom Plan her gleichsam durch die Engel hindurch mitten auf den Menschen zu, auf das „Opus Dei" am Menschen. Das Ziel aber reißt alle Stadien mit sich und durchlichtet von daher jede vorgegebene Struktur. Die Gestalt unserer Welt ist durchlichtet vom Engel, der das Werk Gottes am Menschen besingt.

Das allein kann der Sinn sein für diese Ordnungen und Stufen und Kreise und Sphären und Chöre, für dieses „Gefüge" eines an sich unanschaulichen, geistigen Reiches. „Denn Gott, der Allmächtige, setzte, so wie es Ihm paßte, die himmlische Heerschar auf verschiedene Ordnungen fest. Einige dieser Ordnungen sollen besondere Dienste ausüben; eine jede von ihnen aber hatte als Spiegelordnung das Siegel für je eine andere zu sein. In jedem dieser Spiegel liegen Geheimnisse verborgen, die jene Engelsordnungen nicht vollständig sehen oder wissen oder spüren oder vollenden können. Aus diesem Grunde harren sie in Bewunderung und steigen von Lobpreis zu Lobpreis und erneuern sich auf diese Weise ständig, da sie dies alles nicht zum Ende bringen können.

Sind sie doch Geister aus Gott, und Leben sind sie. Daher vermögen sie sich auch niemals im göttlichen Lobpreis zu ersättigen. Immerfort schauen sie an die feurige Herrlichkeit Gottes. Aus der Gottheit Herrlichkeit erglühen sie wie Feuerflammen" (960 D-961 A).

Kreisend um das lichte Rund der unaussprechlichen Heiligkeit wenden die Engel dem Menschen ihr Antlitz zu, weil sie erschauern müssen in der Schau des Geheimnisses aller Geheimnisse: daß Gott Mensch ward! In der Engelvision der heiligen Hildegard, in diesem bei allem Geheimnisvollen so lebensfrischen Bilde, ist jedes Auge auf den Menschen gerichtet. Der Mensch ist das Interesse aller Welt, in besonders lebendiger Weise aber der Welt der Engel.

„Wie würde Gott auch als das Leben erkannt werden, wenn nicht durch das Lebendige, das Ihn verherrlicht, da es im Lobpreisen ausgeht von Ihm? Und so erschauen die lebendigen Funken Ihn ohne jeden Überdruß. Und wie würde Er erkannt, der allein ewig ist, wenn Er nicht von den Engeln geschaut würde? Wie würde Sein Ruhm in Erscheinung treten? Wie würde Er bekannt, ginge nicht dieser Glanz von Ihm aus? Denn es ist ja kein Geschöpf da, daß nicht irgendeinen Strahl hätte, sei es als Grün oder Samen, als Blüte oder Schönheit, sonst wäre es ja nicht da als Geschöpf Gottes!" (812 A).

Engelglanz als Abglanz des ewigen Lichtes leuchtet in Schönheit aus jedem Geschöpf, das im Auge des Menschen strahlende Welt wird.

In inhaltlicher wie formaler Hinsicht zeigt sich zwischen Hildegard und der mittelalterlichen Überlieferung der Engellehre ein auffälliger Unterschied. Werden bei Dionysius und konsequenter noch bei Thomas von Aquin die Chöre der Engel in langatmigen rationalen Exkursen ausgemalt, so erscheint bei Hildegard in einem Augenblick das ganze Bild in lebendiger Fülle, ein Bild, das nicht steht oder sich stellt, das schwingt und abläuft und sich ereignet in einem beseligenden Nu. Darum wohl haben auch Thomas und früher bereits Gregor der Große solche Mühe, die hypothetisch geforderte Neunerzahl auch inhaltlich gleichmäßig durchzukomponieren, während bei Hildegard die Intuition gleichmäßig über die neun Kreise geht und im sinnenträchtigen Bezug einen Glanz über den lichten Kranz breitet. Die ursprüngliche und selbständige Behandlung der traditionellen Rangordnungen geht oft so weit, daß nicht einmal mehr die überlieferten Namen der Chöre ausgedeutet werden, vielmehr alles auf das sittliche Streben des Menschen verstanden wird. Und wenn auch die Väter immer wieder versucht haben, die Bezüge der Engel zur Menschenwelt durchblicken zu lassen: Nirgendwo so wie bei Hildegard bricht derartig der Bezug zum Menschen durch, eine anthropologische und damit auch soziologische Relation.

Mit Recht hat der erste große Biograph der heiligen Hildegard, der Eibinger Pfarrer Schmelzeis, die „heilige Engelwelt als ein merkwürdiges Urbild für das Erdenland" aufgefaßt[97]. Nur so kann man verstehen, wie im Gleichnis der Engelchöre der Mensch als Leib- und Seele-Wesen mit seinen fünf Sinnen durch die Übung der Gottes- und Nächstenliebe seine Lebensaufgabe erfüllt. Nur so nämlich wird er einmal ähnlich werden den verklärten Chören im einheitlichen und gemeinsamen Gottesreich.

Die Welt der Engel ist Urbild und Vorbild für die Welt des Menschen. Nie ist dieser Mensch in seiner Welt für sich und allein, immer ist er am anderen lebendig. Auch Gott wollte das Du und mit der Welt der Engel und des Menschen die Ordnung im Du: Er will schenken und sich schenken lassen, um nur reicher zu schenken. In dieser Ordnung stehen die Engel bereits fest, und sie preisen die bewegte Ordnung der Menschen im „laus" über das „opus": Lobpreis der Entscheidung des Menschen, der durch sein Lebenswerk den „zehnten Chor" der Schöpfung bildet.

III.

DAS SCHICKSAL DES ZEHNTEN CHORES

Die Engel stehen im Licht als getreuer und rühmender Spiegel der Gottheit: Gott ist für die Engel stetig reine Gegenwart, wie auch die Engel ewig Sein Lob singen (866 B). Im Lobpreis aber gliedern sich – wie wir in einem zweiten Kapitel sahen – die Engel zu rühmenden Chören. So steht der Engel vor Gott, beständig in seinem Sein, lauterer Lobpreis (972C). Aber diese lichte Seinsordnung ward gestört. Der erste Engel fiel aus dem Leben und verdorrte (1067D). Gott zog das verschwendete Licht Seiner Schöpfung wieder ein. Er goß es von neuem aus über eine gebundenere Kreatur: über den aus Lehm gebildeten Menschen. Der Mensch ist es nunmehr, der – selber sich noch so dunkel – die Lücke der lichten Schöpfung ausfüllen soll. Er füllt die Ordnung der verlorenen Engel wieder auf (972D). Mit seinem „opus" – seinem Werk an der Welt – wird er heimfinden zum Heil und als der zehnte Chor sich beigesellen dem ewigen Lobpreis der Engel.

Dies ist in kurzen Zügen das Bild vom Fall der Engel und dem Schicksal des Menschen, wie es nun mit breiten Strichen und bunten Farben in Hildegards Visionen ausgemalt wird.

Noch einmal erscheint inmitten der Gottheit ein großer Stern von lichtem Glanz und strahlender Schönheit. Luzifer, der lichttragende Engel, tritt im Schmuck blitzender Herrlichkeit und im Gewand lichter Schönheit ins Dasein. Aller Schmuck der Welt erglänzte in ihm wie edles Geschmeide (913 D).

Luzifer war der erste Edelstein der Schöpfung, welcher als der Erstgeborene alle Herrlichkeit Gottes erblickte (P. 226): er

hat am reinsten den Glanz der göttlichen Lichtquelle ausge-
strahlt. In all seinem Glanz war dieser Engelfürst geordnet als
ein reines Spiegelwesen: lichter Spiegel der Gottheit.

„Alle Schönheit in den Werken Seiner Allmacht zeichnete
Gott im ersten Engel. Ihn schmückte Er gleich einem Him-
mel, als eine ganze Welt aus: mit all den Sternen und der
Schöne im Grünen und aller Art von funkelndem Gestein.
Und Er nannte ihn Lucifer, Licht-Träger, weil er aus Ihm, der
allein ewig ist, sein Licht trug.

Ich nämlich, der in allen Enden der Welt zu Hause bin, Ich
offenbare Meine Werke in Ost und Süd und West. Den vierten
Teil im Norden aber ließ Ich leer; weder Sonne noch Mond geben dort einen Schein. Deshalb ist an dieser Stelle, außerhalb
des Weltgefüges, die Hölle, die weder oben ein Dach noch unten einen Grund hat. Dort ist es, wo lauter Finsternis herrscht, die gleichwohl im Dienst all der Leuchten Meines Run-
mes steht. Wie nämlich könnte Lichtes erkannt werden,
wenn nicht durch die Dunkelheit? Und wie wüßte man um
die Finsternis, wenn nicht durch den strahlenden Glanz Meiner lichten Diener? Wäre dies nicht so, dann wäre Meine
Macht nicht vollkommen, dann könnten nicht all Meine
Wundertaten erzählt werden.

So aber ist Meine Macht voll und vollendet, und in Meinen
wunderbaren Werken ist kein Mangel. Wenn nun das Leuchten ohne Dunkel ist, wird es reines Licht genannt. Ein lebendiges Auge ist das Licht, die Blindheit aber west in Finster-
nissen. Aus diesen beiden Möglichkeiten wird alles insgesamt
erkannt, ob es gut, ob es bös ist. Im Licht sieht man die Werke
Gottes, im Dunkel die Gottesferne, die das Licht nicht mehr
berührt, bei all jenen nämlich, die aus Hochmut diesem Anteil nicht vertrauen wollen.

Der unzählbare Schwarm von Funken, der im Urbeginn
dem verlorenen Engel anhaftete, erstrahlte wider im Glanz
seines ganzen Schmuckes, um so die Welt mit Licht zu erhellen. Jener aber, da er doch spüren mußte, daß er mit seinem

schönen Schmuck nur Gott zu dienen hatte, sonderte sich aus seiner Liebe ab und neigte sich zum Dunkeln hin, indem er bei sich zu sprechen anhub: Was wär das für ein herrlich Ding, wenn ich aus eigenem Willen wirken könnte und Werke täte, die ich Gott allein nur machen sah. Ihm stimmte sein ganzer Anhang bei und rief aus: Ja, wir wollen den Thron unseres Herrn nach Norden setzen und gegen den Allerhöchsten" (812 B).

Das Schicksal der Engel ist mit dieser ersten Willensentscheidung schon entschieden; alles weitere Geschehen erfolgt mit unerbittlicher Folgerichtigkeit:

„Und so beschlossen sie, auf immer Streit und Zwietracht unter den Dienern Gottes zu stiften. Ihr Herr solle von solcher Gewalt und solcher Herrlichkeit sein, wie der Allerhöchste jener Wesen.

Alsbald aber entflammten die Augen der eigenen Ewigkeit. Sie selbst brauste auf in gewaltigem Rauschen und stürzte mit den Dienstscharen der Engel den ersten Übertreter samt seinem Anhang. Und Gottes Engel riefen laut in der Stimme dieses Brausens: Was für eine maßlose Vermessenheit könnte Gott unserem Schöpfer gleichen, der rein aus sich west! Weil aber du, der du aus Seinem Gebot nur existierst, aus der Einbildung lebst, Ihm gleichen zu können, rennst du in den Untergang!

Und allsogleich stürzte er mitsamt seinem Anhang an den Ort der vorbeschriebenen Finsternisse. Wie ein Klumpen Blei stürzte er hinüber! Glaubte er doch ein Streiter wider Gott sein zu können, dessen Werke er in der Finsternis nicht leuchten sah!

Seitdem führte Gott einen offenkundigen Kampf gegen ihn, und zwar dergestalt, daß Er Seine Erwartung auf Sein Gewand stellte, das Er von Anbeginn an in Seinem Vorherwissen trug. Das war freilich der Punkt, an dem Satan, indem er von Ihm abfloh, Ihn nie völlig begreifen konnte. Und so wird es bleiben, bis der Streit wider ihn zum Ende hin ausgefochten ist. Dann wird man den Satan im Verzweiflungsschmerz völliger Verstörung erblicken, da er alsdann von demselben gerechten Richter am Ende der Zeiten ganz und gar verwirrt werden wird.

In diesem Seinem urtümlichen Ratschluß, der ewig in Ihm wohnte, hat Gott nämlich angeordnet, wie Er Sein Werk nunmehr vollende. Er bildete aus der befleckten Erde den Menschen. Er führte das so aus, wie Er diese Gestalt des Menschen in Ewigkeit schon angeordnet hatte, wie ja auch das Herz des Menschen die Vernunft schon in sich einschließt und jedes tönende Wort schon ordnet, ehe es laut wird. So tat Gott in Seinem Wort, da Er alles erschuf, west doch im Vater verborgen das Wort, der Sohn nämlich, wie auch im Menschen das Herz verborgen ruht.

Und Gott bildete die Gestalt des Menschen nach Seinem Bilde und Gleichnis. Er hatte im Sinn, daß eben diese Gestalt die heilige Gottheit einhüllen sollte. Aus dem gleichen Grunde zeichnete Er die ganze Schöpfung in den Menschen, wie ja auch alle Welt aus Seinem Worte hervorging" (813 A).

Luzifer war in all seiner Schöne ein reiner Spiegel des Lichtes. Aber er wollte selber das Licht sein und nicht nur der Schatten des Lichtes. Deshalb schuf Gott die Sonne, die alle Geschöpfe gegen seinen Glanz erleuchten sollte. Den Mond setzte Er gegen die luziferische Verblendung ein und die Sterne gegen des Teufels verdunkelnde Laster. Gott ist nämlich jene Fülle, in der keine Beeinträchtigung ist noch sein kann. Der Teufel aber ist ein leeres Gefäß, unnütz und ohne Glanz (P. 226).

Luzifer hatte gegen Norden einen freien Raum erblickt, der noch nicht schöpferisch ausgefüllt war. So versuchte er, aus sich selber produktiv zu sein und begann zu rebellieren. In seinem verkehrten Trachten wollte er sich zum Nichts erheben, konnte da aber nicht stehen, wo nichts war und – fiel (CC 1,27).

Was für ein Fall –!

„Ach, wie bist du vom Himmel gesunken, Schimmernder, Sohn des Frührots, niedergehauen zur Erde, Überwinder der Stämme! Du, der du sprachst in deinem Herzen: himmelhoch steige ich auf, noch höher als die göttlichen Sterne erhebe ich meinen Stuhl, sitze hin auf den Berg der Begegnung am Lendenbuge des Nordens, hochauf steige ich, wolkenkuppenhoch mit dem Höchsten meß ich mich dann! Jedoch du mußtest zum Gruftreich hinab, zum Lendenbuge der Tiefe!" (Js 14, 12–15).[98]

Das hohe Bild vom Spiegel der Ewigkeit konnte nicht rein gehalten werden. Der Engel erhob sich und fiel. „Hochmut keimte im ersten Engel auf, als dieser seinen Glanz erblickte und in seinem Dünkel nicht mehr die Quelle dieser Helle erfaßte. Und so sprach er zu sich selber: Herr will ich sein, und ich will keinen über mir. Doch entglitt ihm seine Herrlichkeit und ging verlustig: Er wurde so zum Fürsten der Hölle. Darauf gab Gott dessen Herrlichkeit einem anderen Sohne, der erschaffen ward in solch großer Macht, daß alle Kreaturen ihm dienten. Mit so großer Kraft war er ausgerüstet worden, damit er jene Herrlichkeit nie wieder verlieren sollte" (170 A).

So wurde der Mensch der zweite Edelstein der Schöpfung, ein „elegantissimus lapis", dem Gott den Ort und den Glanz der gefallenen Engel schenkte. Gott hat damit Seine Herrlichkeit in einen anderen Weinberg verpflanzt. Im Menschen wird er Frucht tragen, dieser neue Weinberg des Hoffens (369 C).

Ein zweites Mal wird die Geschichte vom Engelsturz zu Beginn der ersten Vision von den „Gotteswerken" erzählt: „Es gab damals eine unermeßliche Anzahl von Engelwesen, die aus sich selbst etwas sein wollten. Da sie einmal ihre großartige und herrliche Klarheit in der Fülle des Glanzes gesehen hatten, vergaßen sie ihres Schöpfers. Bevor sie nämlich mit dem Lobpreis ihres Gottes begannen, glaubten sie schon bei sich selber, daß der Glanz ihrer Ehre so groß sei, daß ihm niemand zu widerstehen vermöchte, und deshalb wollten sie Gott verdunkeln. Als sie dann aber einsehen mußten, daß sie Seine Wunderwerke niemals vollenden könnten, schreckten sie vor Ihm zurück. Da sie Ihn rühmen sollten, kam nur ihr Lug heraus, da sie trotz ihrer großen Herrlichkeit einen anderen Gott erwählt hatten. Deshalb fielen sie in Finsternisse, zurückgeworfen zu solcher Ohnmacht, daß sie bei keinem Geschöpf auch nicht das Geringste wirken könnten, es sei denn, daß es ihnen vom Schöpfer gestattet würde. Gott hatte nämlich den ersten aller Engel, Luzifer, mit der ganzen Fülle an Schmuck, die Er über die Schöpfung verschenkt hatte, so geziert, daß von daher auch seine ganze Heeresschar noch erglänzte. Nun aber ward er, der sich zum Widerspruch verkehrte, schrecklicher als alles Schreckliche in der Welt. In Ihrer Zorngewalt warf die heilige Gottheit ihn an jenen Platz, der da ist ohn jedes Licht" (746 D).

Leuchtend wie der Sterne Glanz war in der gleichen Vision das Angesicht eines Menschen erschienen. Das bedeutet: „Wer auf dem Gipfel überwindender Demut, da der Mensch die irdischen Dinge, die ihn gleichsam von links anfechten, in Demut niederhält, wer sich zur Verteidigung seines Schöpfers entschließt, der hat das Angesicht eines wirklichen Menschen. Er hat in Ehrenhaftigkeit angefangen zu leben, nicht nach der Weise des Viehs, sondern wie menschliche Natur es lehrt. Deshalb erweist er auch in seinen gerechten Werken des Herzens Absicht, herrlich im Glanz zu erstrahlen.

Als Gott nämlich sprach: Es werde Licht!, da entstand Licht der Vernunft. Das sind die Engel. Das sind jene Engel, die in Wahrheit Gott die Treue hielten, jene aber auch, die in die äußerste Finsternis ohne alles Licht gefallen waren, weil sie nicht wahr haben wollten, daß das wahre Licht, das in Ewigkeit vor allem Ursprung in Klarheit weste, Gott sei, und weil sie etwas Ihm ähnliches ins Werk setzen wollten, dessen Existenz unmöglich war. Alsdann bildete Gott ein ander Leben. Er senkte es in einen Körper ein und ließ es sich erheben.

Und das ist der Mensch. Ihm gab Gott nun den Platz und die Ehre des verlorenen Engels, auf daß er Gott zum Ruhme vollende, was jener nicht tun wollte. Mit diesem Menschenantlitz aber werden jene bezeichnet, die dem leiblichen Wirken nach zwar der Welt hingegeben sind, in ihrer geistigen Gesinnung aber beständig Gott dienen und die bei all ihren weltlichen Verpflichtungen dennoch ihren geistlichen Gottesdienst nicht vergessen. Und diese Gesichter sind gen Osten gewendet, weil Geistliche wie Weltliche in ihrer Sehnsucht, Gott zu dienen und ihre Seele in diesem Leben zu bewahren, sich dorthin wenden sollen, wo der Ursprung heiligen Wandels und der Quell der Seligkeit ist" (747 C).

Die heilige Ordnung der Welt – und das ist ja die Hierarchie, der „ordo sanctus" – wird in der weiteren Schau noch tiefer mit Ursprung und Ziel der Heilsgeschichte verknüpft:

„Von jeder Schulter dieser Gestalt erstreckt sich ein Flügel bis hin zu den Knien, weil in der Kraft Seiner Liebe der Gottessohn die Gerechten und die Sünder zu Sich versammelt und sie beide gehalten hat: die einen gleichsam an den Schultern, weil sie recht gelebt hatten, die anderen an den Knien, da Er sie vom Weg des Unrechts zurückgerufen hatte. Sie alle machte Er zu Partnern (consortes) einer höheren Bürgerschaft. In gleicher Weise hält ja auch ein Mensch das, was er tragen will, teils mit seinen Knien, teils mit der Schulter. In wissender Liebe wird nämlich der Mensch mit Seele und Leib zur Fülle des Heiles (integritas) geleitet, obwohl er so häufig vom Stand der rechten Beständigkeit abweicht. So wird der Mensch in den himmlischen und geistlichen Dingen auf eine unermeßliche Weise belehrt, da die Gaben des Heiligen Geistes ihn von oben in ihrer reinen und heiligen Großherzigkeit durchdringen. Auch in seinen irdischen Belangen wird er zum Vorteil seiner leiblichen Bedürfnisse, wenn auch auf eine andere Weise, geleitet. Und dennoch weiß er sich gerade hier so schwach und hinfällig und sterblich, obwohl er von so vielen Gnadengaben gestärkt wird" (747 D).

Vom hinfälligen Menschen und seiner sittlichen Entscheidung geht der Blick wieder auf die übermenschliche Gestalt am Eingang ihrer Vision:

„Daß aber die Gestalt ein Kleid wie Glanz der Sonne trägt, ist ein Hinweis auf den Gottessohn, der sich in Seiner Liebe den Menschenleib ohn Makel der Sünde und gleich der Schönheit der Sonne angezogen hat. Wie aber die Sonne erhaben über alle Geschöpfe in ihrer Höhe erstrahlt, so daß kein Mensch sie antasten kann, so vermag auch niemand die Menschwerdung des Sohnes Gottes in ihrem Wesen zu begreifen, es sei denn, des Menschen Wissen gelange zum Glauben. In ihren Händen trägt die Gestalt ein Lamm: helleuchtend wie der Tag. Hat doch die Liebe in den Werken des Gottessohnes die Sanftmut des wahren Glaubens über alles herausgestrahlt, als sie aus Zöllnern und Sündern die Blutzeugen, Bekenner und Büßer erwählte, als sie Gottlose zu Gerechten bekehrte und aus einem Saulus den Paulus machte, auf daß sie hinflögen auf der Winde Fittiche, gleichsam mitten in die Harmonie des Himmels hinein. Auf diese Art und Weise hat die Liebe ihr Werk vollkommen gemacht, ganz allmählich und mit Umsicht, damit keine Schwäche bleibe, alles vielmehr vollendet sei. Solches schafft ein Mensch nicht; wenn er nämlich mit seinen bescheidenen Möglichkeiten einmal am Wirken ist, kann er es kaum aushalten, daß er zu Ende komme, damit sein Werk von anderen gesehen werde. Das bedenke der Mensch bei sich: Auch er geht aus vom Ei, hat aber noch keine Flügel; er eile sich nicht, zu fliegen; erst wenn ihm Flügel erwachsen sind, mag er dort fliegen, wo es für ihn angemessen ist" (748 B).

Und noch ein drittes Mal wird dieses Bild ausgebreitet: vom Glanz und Fall der Engel und dem darin verknüpften Schicksal des Menschen.

„Da Luzifer mit seinem Anhang stolz verschmähte, Gott zu erkennen, erstarb in ihm der blitzende Lichtglanz, mit dem ihn die Macht Gottes bekleidet hatte. Er selbst zerstörte in sich die innere Schönheit, deren Erkenntnis ihm zum Guten hätte dienen sollen. Und gierig streckte er sich nach der Bosheit aus, die ihn in ihren Schlund zog. So erlosch er für die ewige Herrlichkeit und stürzte in immerwährendes Verderben. Auch die übrigen Sterne wurden schwarz wie erloschene Kohlen. Mit ihrem Anführer wurden sie der Herrlichkeit des Glanzes entkleidet. Sie erloschen in finsterer Verderbnis, jedes Lichtes der Seligkeit beraubt, wie die Kohle des leuchtenden Feuerfunkens entbehrt.

Und alsbald fuhr ein Wirbelwind von ihnen aus, der sie vom Süden verjagte, zum Norden hin, hinter Den, der auf dem Throne saß. Sie stürzten in den Abgrund, und keinen von ihnen sahst du wieder.

Die Windsbraut der Gottlosigkeit wirbelte die Engel der Bosheit hoch, da sie sich über Gott erhoben und Ihn durch ihren Stolz zu Fall bringen wollten. Sie verwehte sie in der Bitterkeit des schwarzen Verderbens. Sie riß sie vom Süden, vom Guten, hinweg und trieb sie nach rückwärts, in die Vergangenheit. Für Gott, der alles beherrscht, sind sie nicht mehr."

Doch schaut Hildegard weiterhin, wie beim Verlöschen dieser Engel der lichte Glanz, der ihnen entzogen ward, zurückkehrte zu Dem, der auf dem Throne saß.

„Das klare, strahlende Licht, das der Teufel durch Stolz und Anmaßung in sich auslöschte, als in ihn und seine Anhänger der Todeskeim fiel, kehrte zu Gott, dem Vater, zurück. Er barg es in Seinem Geheimnisse; denn diese strahlende Herrlichkeit sollte nicht ins Leere gehen. Für ein anderes geschaffenes Licht wollte Gott sie hinterlegen. Das Lichtkleid derer, die auf Gottes Wink körperlos, ohne die Hülle des Fleisches ins Dasein getreten waren, des Teufels und seines Anhangs, bewahrte Gott dem Lehm, den Er zum Menschen bilden wollte. Doch hüllte Gott das Licht in die niedrige Erdennatur, damit nicht auch der Mensch sich zu einem zweiten Gott aufwerfe. Hatte doch der Lichtgeschaffene, von Strahlenglanz Umkleidete, der nicht mit gebrechlicher, elender Fleischeshülle bedeckt war, nicht bestehen können ob seiner Selbstüberhebung. Denn es gibt nur einen Gott ohne Anfang und ohne Ende in Ewigkeit" (Sciv. III, 1).

Es kann nur ein Gott sein, aus dem die Schöpfung in ihrer Körperlichkeit wie Geistigkeit herausgetreten ist. „Die gefallenem Engel haben geleugnet, daß Gott in Seiner Ehre nur ein einziger sei, indem sie Ihm gleich sein wollten. Das aber ist ganz unmöglich, und so würde auch der Mensch irren, der das Fleisch ohne den Geist und den Geist ohne das Fleisch Mensch nennen würde; so etwas ist völlig ausgeschlossen" (213 D).

„Nun aber habe Ich, der Gott des Himmels, das strahlende Licht, das vom Teufel wegen seiner Sünde wich, liebend bei Mir geborgen und es dem Lehm der Erde gegeben, den Ich nach Meinem Bild und Gleichnis geschaffen habe. Wie unter den Menschenkindern ein Vater handelt, so habe auch Ich getan. Stirbt ihm ein Sohn, ohne Nachkommen zu hinterlassen, so nimmt der Vater das Erbe wieder zu sich zurück und bestimmt es seinem zweiten Sohne, den er erhofft.

So ist der Teufel gestürzt, ohne einen Nachkommen (ein aus gutem Willen vollbrachtes „Opus") zu hinterlassen. Nie hat er irgend etwas Gutes getan oder begonnen. Deshalb empfing ein anderer sein Erbe. Zwar fiel auch dieser. Aber in der hingebenden Annahme der Gehorsamsweisung hatte er wenigstens einen Anfang im Gehorchen gemacht, wenngleich er das ihm zugedachte Werk nicht ausführte. Doch die Gnade Gottes vollendete diesen Anfang in der Menschwerdung des Welterlösers und stellte das heilige Erbe wieder her.

So empfing der Mensch seinen Anteil in Christus zurück, weil er im Anfang das Gebot Gottes nicht verachtet hatte. Der Teufel hingegen, der in stolzer Ehrsucht nie ein Verlangen trug, seinem Schöpfer im Guten zu dienen, erlangte seine Herrlichkeit nicht wieder, sondern stürzte ins Verderben.

So gab Ich den Glanz, der von dem ersten Engel wich, dem Menschen, Adam und seinem Geschlecht" (Sciv. III, 1).

Hildegards Deutung des Engelsturzes

Mit dem Bild vom gefallenen Engel ist ein Phänomen ange-klungen, das mit all seinem Wunderlichen, Monströsen, Dia-bolischen und Genialischen die Geschichte der Menschheit bis in unsere Tage durchzieht: die Erscheinung des Dämoni-schen in der Welt. Auch Hildegards Engellehre bringt eine klare und eindeutige Dämonologie.

Alles spricht in ihrer Welt der Engel für die personale Wirk-lichkeit des Teufels, alles aber auch gegen einen ontisch fun-dierten Sachverhalt des Dämonischen. Die dualistische Ma-nifestierung des Bösen hat in ihrem Weltbild keinen Platz. Insofern bietet ihre Anschauung von den guten und von den gefallenen Engeln ein klares Kriterium auch für die fernerlie-genden Bereiche des Dämonologischen.

Der gefallene Engel wird im Hebräischen als Satanas be-zeichnet, im Griechischen als Diabolos, als Verwirrer, Versu-cher, Verderber, der Geist der Anklage und der Versuchung. Im Althochdeutschen erscheint der „tiufal", unser „Teufel". Das Neue Testament ist besonders reich an Benennungen des Bösen: Er ist der Widersacher und Verführer, der Lügner von Anbeginn, Ankläger, Versucher und Gegner, der Feind, der Gesetzlose, der Fürst dieser Welt – aber selbst in dieser Potenz noch alles andere als ein ungeschaffener Wider-Gott.

Der bösen Geister ist keine Zahl. Nach Tertullian ist die Welt durch den Sturz Luzifers erfüllt von Dämonen: „Alles, Luft und Erde, ja die ganze Welt ist vom Satan und seinen En-geln erfüllt, selbst die Straßen und der Markt, die Bäder und die Ställe." Noch bei Augustinus kann von einer solchen Dä-monisierung der Welt gesprochen werden: „Satans Herrschaft erstreckt sind rund um die Erde. Der Kosmos ist gleichsam zugedeckt, eingehüllt in eine Atmosphäre teufelerfüllter Luft.

In diesem uns ganz nahe und finsteren Bereich wohnt der Böse, eingeschlossen wie in einem Kerker von Luft."

Gebändigter war dieser Gedanke schon im zweiten Brief des Petrus (2 Per 2, 4) erschienen: „Denn Gott hat die Engel, die gesündigt hatten, nicht verschont, sondern sie in finstere Höhlen der Unterwelt hinabgestoßen zur Aufbewahrung für das Gericht." Die offiziellen Kirchenversammlungen des frühen Mittelalters haben häufig zu diesen Fragen Stellung genommen. Im Jahre 561 verkündigt eine Kirchenversammlung im spanischen Braga: „Wenn jemand behauptet, der Teufel sei nicht ursprünglich als ein guter Engel von Gott gemacht worden oder er sei seiner Natur nach kein Werk Gottes, sondern ein Ausfluß der Finsternis und habe keinen Urheber seiner selbst, sondern er sei der Anfang und das Wesen des Bösen, wie Mani und Priscillian lehrten, der sei im Banne."

In voller Klarheit bekennt auch das IV. Laterankonzil des Jahres 1215: „Der Teufel und die anderen bösen Geister sind von Gott ihrer Natur nach gut erschaffen, aber sie sind durch sich selbst schlecht geworden." Dies ist auch die Auffassung Hildegards im 12. Jahrhundert. Keine Gegenschöpfung ist denkbar, die unser Weltbild zerspalten müßte. Alles ist geschaffen, aus einem einzigen Grunde entstanden und aus einem einheitlichen Motiv zu erklären, wenngleich das „mysterium iniquitatis" (2 Thess 2, 7) damit nicht aufgehoben ist.

Vergebens würden wir in der Engellehre Hildegards nach einem neutralen, indifferenten „Dämonium" suchen, das eine Zwischenstellung im Reich der Geister einnehmen könnte. Kein sokratischer „Daimon" ist denkbar und auch nicht das „Dämonische" Goethes. Hildegard kennt keine Welt der Kobolde und Unterirdischen, der Heinzelmännchen und Beelzebübchen; ihrer Zeit waren die Sagen vom Grünrock und vom Wilden Jäger noch fremd; der Pferdefuß und der Blocksberg sind erst in jüngster Zeit in die Phantasie des Menschen eingekehrt; all das gnostische Geraune und Gezauber und Gehexe stammt zumeist aus anderen als frühmittelalterlichen Quellen und hätte in Hildegards Weltbild keinen Platz gefunden.

Auch der Teufel hat für Hildegard die bevorzugte Natur des Engels behalten und damit auch die Kraft des Verstandes und das Wollen dieser Erstgeburt aller Kreatur. Er ist geschaffener reiner Geist und eben nicht der Leibhaftige; er ist gerade dadurch charakterisiert, daß er nie einen Leib haben kann. Was sein Licht verdüsterte, war nicht die dunkle Materie, sondern der Hochmut und Neid.

Worauf aber war er neidisch? Woher kam sein Hochmut? War es die Menschwerdung des Logos, die ihn rebellieren ließ und die seinen Neid entflammt hat? Wollte er eine solche Selbstentäußerung nicht zulassen? Wollte er nicht aus sich heraus? In der Tat ist es dieser Grundtrieb, den Hildegard als das Motiv des Teufels brandmarkt, dieser Trotz: Ich gehöre mir selbst! Ich genüge mir selbst! Ich will nicht dienen!

„Satan herrschte in den Höhen mit großen Ruhm. Aber er wähnte bei sich, er könne tun, was er wolle, ohne darob die Glorie der Sterne zu verlieren. Er wollte alles haben, und da er so nach dem Ganzen gierig lechzte, verlor er alles, was er hatte" (981 B). Das ist in knappen Worten Wesen und Schicksal des Satan. Damit steht auch der Teufel in Hildegards moralischem Weltverständnis in einer entscheidenden anthropologischen Situation. Deshalb wird er bloßgestellt als ein Zeuge für die verlorene Schönheit der ersten Kreatur, als Vorbild für den abgrundtiefen Fall auch des Menschen, als Zeichen sogar für den Weg der Menschwerdung Christi.

„Den ersten Engel schuf Gott mit schönstem Schmuck. Doch als dieser sich erblickte, wurde sein Herz von Haß auf seinen Herrn ergriffen; selber wollte er Herr sein. Gott aber verstieß ihn in den Abgrund des Sumpfes" (749 B). Jenseits des „firmamentum", außerhalb der Ordnung des Kosmos, liegt nun der Ort der Hölle, „ein Raum, der weder oben ein Dach noch unten einen Grund hat. Finsternisse herrschen dort. Aber selbst diese stehen im Dienste aller Leuchten Meines

Ruhmes. Denn wie könnte wohl das Licht erkannt werden, wenn nicht durch die Finsternisse?" (812 C).

Eine überraschende Folgerung, die sich hier aus Hildegards Gedankengängen ergibt, die konsequent in ihre ganze Weltanschauung eingebunden ist. Auch die Hölle steht im Dienst des Lichtwesens: Dem teuflischen Trotz steht die Liebe gegenüber, in Ewigkeit rund wie ein Rad, machtvoll sich auswirkend und alles Schicksal sicher ermessend, alles fortan schaffend, auch gegen den Haß des Teufels (749 A). Selbst in dieser schärfsten aller möglichen Positionen, im Angesicht der brutalen Existenz der Hölle, der faktischen Existenz alles Häßlichen, selbst vor dem Schauder des Bösen verfällt Hildegard nicht dem naheliegenden Dualismus. Das Böse ist für sie einfach kein Prinzip, es ist nur Resultat, Vehikel eines höheren, höchst produktiv gestaltenden lichthaften Waltens. Es ist nichts als die schauerliche Möglichkeit, die uns in der Entscheidungssituation des „opus" immer wieder droht: zu versagen, zu verwirken, zu vernichten, eine Chance zu vertun, einer Entscheidung auszuweichen, eben das „opus cum creatura", unser Werk an der Welt, nicht mehr zu verrichten und damit auch unser Selbst zu verlieren.

Insofern hat der Teufel bei Hildegard keine Wirklichkeit, keine Operationsbasis, keine Gestalt. Und doch ist er da, der Teufel, mit seinem penetranten Haß auf alles Schöne, mit seinem Neid auf alles Gute, auf alles Edle, auf das sittlich Hervorragende, die „virtus", jene Meisterschaft im Tun und den Adel in der Haltung. Wegen dieses Hassens und Neidens gelingt auch dem Teufel nichts Wirkliches und Schönes; sein „Werk" ist durch und durch unkünstlerisch, ist er doch der „diabolus!", der alles durcheinanderwirft. Das Diabolische hat kein Können und keine Kunst; es kann nur unterlassen, kann nur hassen, was da ist!

Solcher Haß steigt spontan aus dem Neid, dem zu Fall gekommenen Hochmut. Daher ist Hochmut so häßlich; sieht er doch nur auf sich selbst und berücksichtigt nicht das Ganze.

Die Rücksichtslosigkeit ist das häßlichste Verhalten. Der Teufel beneidet selbst darin noch den Glanz der hell gebliebenen, schönen Schöpfung. „Jedes Geschöpf Gottes erstrahlt – so kreischt er voll Neid – und keins davon soll mein sein!" (P. 361). Welch ein Rühmen des Schönen auf dieser Welt! Wieviel Vertrauen in die Natur! Was da auch blüht, wenn die Frühlinge wiederkehren, alles Duften der Sommerabende, dieses Reifen und Sichneigen ist gut, ist schön, kann gar nicht des Teufels sein: Welch ein Glück an der Welt!

„Das ist Gott: *ein* Leben, durch das eine Fülle von Engeln angezündet wurde, so wie Funken vom Feuer ausgehen. Ein einziger Herr, der Geister in großer Herrlichkeit erschuf. Ihnen setzte Er einen mächtigen Fürsten vor, auf den alle blicken konnten, so wie ein Leuchter angeschaut wird, in dem eine flackernde Flamme brennt. Denn in ihm erglänzen alle Schmuckstücke dieser Geister gleichsam wie Edelsteine.

Jener aber hatte sein Augenmerk auf einen leeren Ort gerichtet, wo er seinen eigenen Sitz errichten wollte. Deshalb wurde er samt seinem Anhange einem Strohhalme gleich in den Sumpf der Hölle gefegt. Dieser Sumpf aber kann nicht ausgemessen werden, wie ja auch die Zahl der gefallenen Engel nie gezählt wurde.

Gott aber, in der Kraft Seiner Majestät, umschirmte dergestalt die seligen Geister, daß sie künftighin durch keinen Anschlag des alten Verwirrers geschreckt werden könnten; Er erfüllte ihr Antlitz mit solcher Klarheit, daß sie immerfort danach verlangten, Sein Angesicht zu schauen. Und Er errichtete Sein Reich derartig über die Hölle, daß der alte Verführer weder mit Kampf noch durch List die Vollzahl der Geretteten vernichten konnte" (913 D -914 B).

Bei aller faktischen Macht des Teufels wird seine prinzipielle Ohnmacht herausgestellt, die kein Auseinanderfallen der Fundamente des Seins in autonome und sich widersprechende Bereiche gestattet. Hildegard steht leidenschaftlich zur Einheit des Seins und zeigt in ihren weiteren Bildern, wie gerade dieser Erzbetrüger wieder überlistet worden ist. Der Satan haßte das Menschengeschlecht; voll Neid auf seine ihm noch unbekannte Aufgabe suchte er in ihm Hochmut und Neugier zu erwecken, gerade die beiden Urfehler, durch die auch er zu Fall gekommen war.

Damit ist noch einmal die Frage nach dem Ursprung der Engelsünde und damit auch nach den Motiven der menschlichen Verführung gestellt. Neben Neid und Hochmut gehört der voreilige und neugierige Entschluß dazu, der gleich auch ausführen möchte, was er gerade plant, während die Weisheit nichts überstürzt, sondern alles sorgfältig und umsichtig bedenkt, um nicht, wie dies beim törichten Menschen der Fall ist, bei allem Planen letztlich doch zu scheitern. „Genauso geschah es im ersten Engel, der in Wähnung seiner Sonderstellung, gleichsam im Schlag eines Augenblickes, in den Ort der Finsternis stürzte, wo er all seine Schöne wieder verlor und sich dem schwarzen, unauslöschlichen Feuer übergab" (P. 355).

Auch für Augustinus, der zwar von den „peccata carnalia" der Dämonen spricht, ist die Engelsünde letztlich geistiger Akt: der Teufel ist neidisch und hochmütig[99]. Weit schärfer hat Thomas von Aquin die Frage nach dem teuflischen Hochmut, der dämonischen Autonomie gestellt. Auch er glaubte, daß der Teufel keine absolute Gottähnlichkeit als Unabhängigkeit im Sein erstrebt habe, wohl aber eine Unabhängigkeit in der ganzen Lebensrichtung, eine autonome Lebenshaltung, die eben einem Geschöpf nicht ziemen könne.[100]

Die daraus folgenden Motive des Bösen sind einleuchtend: Der Teufel will seinen Endstand, der ihm durch Leistung und Gnade bestimmt ist, von vornherein als seine Natur beanspruchen, er kann sich nicht demütigen unter die Gnadenwahl Gottes in bezug auf den Menschen und auf die Menschwerdung. Dieser Engel kann nie begreifen, daß der verlorene Sohn sein Festmahl bekommen soll, daß über einen Sünder mehr Freude herrscht als über alle Gerechten.

Der Teufel hat das „mysterium incarnationis" nicht verstanden, er glaubt immer noch an seine eigene Kraft, mit der er die Welt bewältigen könnte. „Und siehe, ich sah eine Menge anderer Geister, die allzumal ihre Stimmen erhoben und durcheinander schrien: Soll das schon etwas sein, was Gott gemacht hat? Luzifer ist groß, und mit ihm werden wir immerfort bestehen!" (P. 205). Und andere riefen laut dazwischen: „Unser Herr ist Luzifer, der alles durchdringt, der wirklich alles kennt!" (P. 206). Und doch: das Wesentliche hat er eben nicht kennenlernen können.

„Der Teufel, der als Engel weste, wollte Gott sein. Aber Gott hat ihn gleichsam hinters Licht geführt, da Er aus dem Erdenleben den Menschen schuf, einen Menschen, der Leib und Seele in einem Wesen ist. Weder existiert der Mensch als eine Seele ohne Leib noch als ein Körper ohne die Seele. Vielmehr wirkt die Seele mit dem Körper und der Körper mit der Seele. Der Körper nämlich ist die geheime Kammer, in der die Seele verborgen ist" (1016 C). Dieser Leib bedrängt die Seele oftmals mit seinen fleischlichen Gelüsten und ist gleichwohl der Stoff für die Erlösung der Welt geworden.

„So wollte Gott das Böse überwinden durch die überaus liebliche körperliche Gestalt des Menschen, in welcher der Teufel schon glaubte, seinen Sieg fest in der Hand zu haben. Daher begann er auch, an ihm seine Versuchungen auszulassen, ohne zu ahnen, wie total er gerade durch den Körper besiegt würde" (P. 341). Im Weib hat der dumme Teufel seine Domäne gesehen, durch das Weib sollte er just wieder besiegt werden. Im Leib glaubte er das Gefäß der Schwäche entdeckt zu haben, im Leib indes fand in aller Schwäche das Werk der Erlösung statt. Kann es noch eine größere Ehrfurcht vor dem Leibe geben als in dieser mittelalterlichen Mystik?

Nun will freilich oftmals der Mensch, gleichsam sein eigener Gott, sich hier im Fleischlichen aus eigenem Gesetze die Regel geben. Dies aber gefällt dem Teufel, der weder sich unterwerfen, noch einen anderen Gott untergeben wissen will.

Einem Abt in Köln schreibt Hildegard von dem großen Verderben, womit der Teufel das Rad der Geburt des Menschen
auf eine erschreckende Weise in Umschwung setzt. Diabo-
lisch beginnt schon des Menschen Natur, und er kommt einfach nicht auf den Weg und bleibt gerade hier auf der Strecke,
steht ewig daneben. Das ist die schwache Stelle, an der Satan
einzuhaken versucht.

„Die alte Schlange hat ihre Freude an all den Strafen, die
der Mensch an Seele wie Leib zu erleiden hat. Wie sie selbst
der himmlischen Glorie verlustig ging, so möchte sie auch
den Mensch nicht dahin gelangen lassen. Spürt sie nämlich,
wie ein Mensch mit ihr übereinzustimmen beginnt, so sinnt
sie darauf, den Kampf gegen Gott zu eröffnen, indem sie
spricht: Jetzt aber, jetzt will ich im Menschen all meinen Willen durchsetzen!

Allsogleich säte sie in ihrem Haß eine häßliche Ver-
schwörung unter den Menschen aus, auf daß sie einander ver-
giften. Und sie sprach: Sterben lassen will ich die Menschen;
noch mehr sollen sie ruiniert werden als ich schon verloren
bin, weil sie nicht bestehen können, wo ich mich durchsetzte.
Auch nahm sie sich in ihrer Aufgeblasenheit vor, die Nach-
kommenschaft der Menschenkinder zu kompromittieren, da
wo sich Männer an Männern begehrlich entflammen und per-
versen Verkehr treiben. Gar sehr freut sie sich daran und
jauchzt auf: ‚Was ist das für eine gewaltige Lästerung auf Den,
der den Menschen gebildet hat, daß der Mensch sich so an seiner eigenen Natur vergeht, indem er den natürlichem Umgang mit Frauen verweigert!‘

Solche Menschen sind infolge der diabolischen Einflüste-
rung Treulose und Verräter; im Hassen und Morden sind sie
Räuber und Diebe; in der widernatürlichen Unzucht mit
Männern aber liegt die schmutzigste Übertretung und das an
sich Lasterhafte. Wenn solche Frevel nämlich unter den Menschen Einfluß gewinnen, dann wird die Einrichtung des göttlichen Gesetzes zerfetzt, die Kirche – eine arme Witwe – zu-

sammengeschlagen. Fürsten, Adlige und Reiche werden durch ihre Untergebenen des Landes vertrieben und fliehen von Stadt zu Stadt. Der Adel wird vernichtet, und aus reich wird arm! All das werden sie tun; die alte Schlange wird die Vielfalt der Sitten wie die Vielfalt der Kleider spöttisch unter dem Volk auszischen. Das Volk selbst wird diese nur nachäffen, da was wegnehmend, hier etwas zufügend, da es mit solchem Tun sich immer nur erneuern möchte und modisch verändern will.

Die alte Schlange aber und mit ihr die anderen schändlichen Geister verloren zwar die Schönheit ihrer Gestalt, aber sie haben damit nicht auf den Geisthauch ihrer Verstandeskraft verzichtet. Deshalb zeigen sie sich aus Furcht vor ihrem Schöpfer auch keiner sterblichen Kreatur in der Gestalt ihrer Verderbnis, stellen vielmehr mit ihren Einflüsterungen lediglich dem Menschen in seinem sittlichen Verhalten nach, wie sie auch in der übrigen Kreatur immer nur Ähnlichkeiten aufspüren. Gott aber hat wider ihre Bosheit einen gewaltigen Kampf entfacht, indem Er die Vernunft des Menschen ihrer Vernunft entgegenstellte und sie so zerschlug. Dauern aber wird dieser Streit bis zum Jüngstem Tage, wo ihr Wirrwarr sie über alles besudeln wird, wo aber auch der Mensch als Sieger den Sieg des Lebens empfangen wird" (910 A-D).

Gottes Zeugungs-Werk im Meschen, das „opus" aus letztlich göttlicher Macht, ist von dem Wagnis der Existenz nicht ausgenommen: ja gerade dieses Werk ist in Gefahr: Immer wieder nämlich greift Satan in das rollende Rad der Generationen und hält es mit „ewigen" Trieben in Schwung. Grimmige Freude erfüllte den Teufel, da er den ersten Menschen bloßgestellt und dem Gespött preisgegeben glaubte. Aber er kannte nicht den geheimen Heilsplan Gottes (247 D). Er ahnte nicht, was nach der Vertreibung Adams eigentlich im Opfer des Abel, beim Weinbau des Noë, mit Abrahams Beschneidung vor sich gegangen war. Die Beschneidung schon war der Schlange zur Verwirrung, war die tödliche Wunde (247 D).

Auch daß Abraham seinem Knechte, daß Jakob seinem Sohn befohlen, mit der Hand unter der Lende zu schwören, das soll bedeuten: „Mit diesem Schwure unter der Lende hat Er hingewiesen auf die heilbringende Menschheit. Mit diesem uralten Ratschluß des allmächtigen Gottes nämlich, aus dessen Samen Er niedersteigen sollte durch Seine Menschheit, zerstörte Er den Plan der alten Schlange und hat den Menschen wieder frei gemacht" (1043 C/D).

Der diabolische Schlag (ictus Diaboli) gegen das Werk der Menschheit reichte einfach nicht hin (968 B). Da der Teufel dies zu ahnen begann, legte er seinen abgrundtiefen Haß auf das Weib als den Mutterboden einer neuen Schöpfung. In seinem Haß begann er die Frau zu verfolgen und zu hintergehen. In der Morgenröte der Zeit aber wurde er selbst hintergangen und völlig verwirrt durch die Jungfrau. Mit Hilfe des Irdischen wurde so in der Menschwerdung Gottes das Weib über alle Welt erhoben, der Schlange zur großen Bestürzung (916 A). „Damals kam das Einhorn und schlief im Schoß der Jungfrau, damals als Gottes Wort Fleisch ward und das himmlische Fundament ganz und gar vollendete" (248 A).

Dieses dramatische Geschehen, dieser erste Akt in der Geschichte der Welt, ist so erregend vielschichtig, so erfüllt von Aussage und Verkündigung, von gegenseitiger Durchdringung der Geheimnisse bis ins Letzte, daß wir hier im Beginn der Engellehre Hildegards schon einhalten müssen, zurücktreten, zurückblicken, ordnen und wiederholen, um nach diesem ersten Abschnitt noch einmal alles zusammenzufassen.

In der zweiten Schau des „Scivias" zeigt Hildegard von Bingen Schöpfung und Fall des Engels: Eine unzählbare Menge lebendiger Lichter in strahlender Herrlichkeit ist erschienen. „Sie sinnbildlichen das übergroße Meer der himmlischen Geister, die da aufblitzen in seligem Leben und in Herrlichkeit und Schönheit prangen. Als sie in Gott erschaffen wurden, machten sie nicht stolze Erhebung zu ihrem Anteil, sondern beharrten starkmütig in der Liebe Gottes.

Wie des Feuers blitzende Glut flammten sie auf und prangen nun in ruhigem, heiterem Glanze. Das war, als Luzifer es wagte, sich mit seinem Anhang gegen den höchsten Herrn und Schöpfer zu empören. Da entbrannte in ihnen ob des Sturzes der Abtrünnigen der Eifer Gottes und sie umkleideten sich mit der Wachsamkeit der göttlichen Liebe. Jene hingegen umdunkelte der Schlaf der Unwissenheit, die Gott nicht kennen will. So entstieg dem Sturze des Teufels in den Engelgeistern, die unerschüttert bei Gott verharrten, ein gewaltiger Lobpreis. Erleuchtet von der Schau Gottes, erkannten sie mit durchdringender Klarheit, daß Gott nicht gestürzt werden kann. Da flammte in ihnen die Liebe auf. Auch sie sind nunmehr gefestigt in der Gerechtigkeit. Alle Ungerechtigkeit ist ihnen wie Staub, den sie verachten."

Das ist das Schicksal der Engel, das auch das Los des Satans auf ewig. „Denn Luzifer, der ob seines Hochmuts aus der himmlischen Herrlichkeit verstoßen wurde, war im Anfang seiner Erschaffung so vollendet, daß er seiner Schönheit und Kraft keinen Mangel erspürte. Doch er sah seine Schönheit.

Er erwog bei sich die Gewalt seiner Kraft und – verfiel dem Stolz. Der redete ihm zu, er solle nur alles beginnen, was er wolle. Er werde schon fertigbringen, was er beginne. So erspähte der stolze Engel den Platz, den er erreichen zu können glaubte, an dem seine Kraft und Schönheit zur vollen Geltung kommen würden. Und er sprach zu sich selber: Dort will ich glänzen wie dieser hier! Und seine ganze Streitschar stimmte ihm bei und sagte: Was du willst, wollen auch wir!

Kaum aber gedachte Luzifer, vom Stolze aufgeblasen, diesen Wahnwitz auszuführen, da erhob sich wie eine feuerspeiende, schwarze Wolke die Zorngewalt des Herrn. Die Teufelsbrut zerstob. Sie stürzte und wurde finster, lichtlos, sie, die in Himmelsherrlichkeit gestrahlt" (Sciv. I, 2).

Die Einheit der Schöpfung wird bewahrt. Eindeutig stellt

sich die Seherin Hildegard auch in dieser Schau gegen die Möglichkeit eines Weltenzwiespaltes: „Es kann nicht sein, daß einer sich über Gott emporschwinge. Könnten wohl in einer Brust zwei Herzen sein? So dürfen auch im Himmel nicht zwei Götter sein" (390 D).

Sind wir beruhigter nach diesen ersten bedrängenden Aussagen? Was ist gemeint mit diesem atemlosen Schauen, durch das der Hauch des Ewigen zu wehen nie aufhören wird?

Was hat Hildegard gesehen und gesagt?

Gottes Macht schuf das Licht und Seine Güte das Auge, diese Herrlichkeit zu sehen und zu spiegeln. Im Neidblick eines Auges hat sich ein Strahl des Lichtes zerspaltet und brachte den Haß in das Dasein. Gott nahm das verlorene Licht in sich zurück und gab es dem Fleisch, in welchem Er sich inkarnieren wollte.

Dieser Vorgang vor aller Welt ist geheimnisvoll. Trägt er doch die Natur wie auch die Geschichte der Welt vor. Von diesem Geheimnis wissen und leben die Engel. Eine große Unruhe bleibt in diesen Mysterien der Welt verborgen, obwohl wir wissen, daß in einer Brust nicht zwei Herzen sein können. In uns verbleibt die beunruhigende Frage nach dem Sinn der Natur und dem Sinn der Geschichte, wenn wir nunmehr den Weg durch die Welt gehen, und wir wollen dabei nie aufhören zu fragen, „denn wo im Menschen die Frage nicht ist, da ist auch nicht die Antwort des Heiligen Geistes."

ZWEITER TEIL

ENGEL IN ALLER WELT

„Ohne Engel wäre die Welt kopflos."
(Hugo von St. Viktor, De Trinitate IV, 25)

I.

ENGEL ALS GENOTYP DER NATUR

Zu Beginn der sechsten Schau der „Gottes-Werke" entfaltet Hildegard ein großgespanntes Bild, das uns die Engel im Ursprung der Welt vor Augen führt:

Über einem machtvollen Berg, der aus weißem Gesteine glitzert, erhebt eine Taube ihre beiden Flügel. Die Taube ist Hinweis auf die göttliche Ordnung, die „divina ordinatio", welche nun ihre Schwingen ausbreitet. Die beiden Flügel enthüllen das Wesen einer zweifach geordneten Kreatur: der Engel und der Menschen.

Im Flügelschlag einer Taube offenbart sich die göttliche Bestimmung des Menschen, der durch die schützende Führung der Engel fest gesichert dasteht. Zu seinem vollen Flug kommt das göttliche Wollen aber erst in jenem hohen Augenblick der Geschichte, „da der Sohn Gottes das Gewand des Fleisches annahm und als Mensch mit dem Menschen aufflog, eine Tat, über welche die Engel nur staunen konnten" (957 C).

Ein wundersames Bild: Der Mensch in seiner kosmischen Verlorenheit fasziniert die Engel! Der Mensch –: dieses traurige Wesen, das seinen Alltag verplempert und dessen Geschwätz uns die Ohren abwelken läßt! Dieses hastige und lästige Lebewesen, das da jault und jammert und keine Haltung findet und nicht zur Stille kommt – dieses tragische Wesen, das verleumden und bestechen kann, das einander hinschlachtet, diese törichte Existenz, die zwischen Geburt und Sterben vor Langeweile umkommt, dieser Zwitter von Größe und Elend zwischen Tier und Engel, und schlimmer als eine

Bestie, wenn man einen Engel daraus machen will –: dieser Erdenwurm fasziniert die Geister des Himmels!

Aber kehren wir zurück an das taubensanfte Bild der Seherin: Da erscheint über dem weißlich aufglänzenden Gebirge ein Spiegel, aus dem Gottes Wunderwerke herausleuchten. Eine schimmernde Wolke schwebt über den südlichen Regionen, und darüber erstrahlt eine unübersehbare Lichtflut von Engeln!

„Einige davon zeigen sich in feuriger Natur, andere sind klar und lauter, eine dritte Gruppe erglänzt wie Sterne. Das sind zunächst die Feuerengel, die fest stehen in stärkster Macht, so daß sie auf keine Weise in Bewegung versetzt werden könnten. Wollte Gott doch, daß sie auf Sein Angesicht hin entstünden, so daß sie dies immerfort anschauten. Die Engel der Klarheit indes können bewegt werden, und zwar durch das Werk des Menschen, die hinwiederum Gottes Werk sind. Sind doch deren aufgetragene Werke lebendig im Angesicht Gottes vor diesen Engeln, weshalb sie auch immerfort diese betrachten, um ihren Duft Gott zu vermitteln, indem sie das Nützliche herauslesen, das Unnütze aber verwerfen. Die Sternenengel schließlich empfinden die Natur des Menschen mit. Sie stellen sie Gott vor Augen wie eine Schrift. Sie begleiten die Menschen. Sie reden ihnen vernünftig zu und wie Gott es ihnen eingibt. Deren gute Taten rühmen sie Gott, während sie sich vom Schlechten wegwenden" (958 A).

Die erste Ordnung der Engel besteht im reinen, brennenden Spiegeln vor Gott. Eine zweite Ordnung neigt sich zur menschlichen Natur nieder, während die dritte des Menschen Tun vor Gott trägt. Wie Sterne spiegeln sie des Menschen Handeln, ohne sein Wesen zu prägen oder zu bestimmen. Das sind die Engel, wie sie in der Hierarchie des Dionysius Areopagita schon typisch herausgestellt worden waren: Die Engel wenden sich dem Höheren zu; sie schwingen aber auch gleichsam in ihrem eigenen Kreise als die Wächter ihrer Kräfte und Vermögen; und endlich treten sie aus sich heraus, um als Botschafter in ihrem Amt der Verkündigung an der Vorsehung teilzunehmen.

Es wird dann abschließend geschildert, wie beide Teile der Schöpfung, die „angelica creatura" und die „humana creatura", überströmen im Lobpreisen Gottes (958 C). Alle Welt zeigt die Ordnung und die Schönheit vollendeter Schöpfung, in der das Obere vom Unteren durchlichtet wird und das Untere vom Oberen widerstrahlt (445 A).

In dieser Welt des Menschen steht der Engel, und er soll zunächst in unserer Welt gezeigt werden, soweit Welt uns umgibt als Natur.

Die Engel im Ursprung der Schöpfung

Ehe Hildegard die ursprüngliche Natur des Menschen und seinen Umgang mit Engeln in dieser „genitura mystica" schildert, zeigt sie uns das Walten der Engel in den Elementen des Kosmos und damit den Ursprung dieser geistigen Gestalten im Anbeginn der Welt.

„Im Anfang der Welt schuf Gott den Himmel, jenen Raum also, in welchem die Engel wesen und aus welchem der Teufel herabgestürzt ist. Das ist nicht etwa der Himmel über uns, den wir zu sehen bekommen" (Fragm. IV, 33). „Und Gott schuf Licht, unsichtbare Leuchten, dem lebendigschwingende Sphären anhaften: die Engel. Denn Gott ist Leben, und Sein Wort schläft nie, sondern erscheint als Leben. Und was da schöpferisch ans Licht getreten ist, das hatte Gott sich selbst zum Ruhme gesetzt, keinen Lichtschein der Sonne etwa, da diese noch nicht da war und die Sonne ja auch nicht unaufhörlich scheinen kann" (917 B), vielmehr das reine Licht der Engel.

Nicht von einem gestirnten Firmament als dem Himmelsgewölbe im vulgären Sinne ist hier die Rede, überhaupt nicht von physikalischen Daten oder astronomischen Verhältnissen, sondern von dem Bild einer lebendigen Ordnung, dem Bild der Schöpfung, das nicht den Anspruch eines wissenschaftlichen Weltbildes erhebt, vielmehr im tieferen Lebensernst das Verstehen des lichten Schöpfungsaktes vermittelt.

Die Urwelt ist helleuchtendes Feuer: unbegreiflich, unauslöschlich, ganz lebendig, lauter Leben! Es blitzt in Flammen und zeugt Funken, Licht aus Licht. Und so ward in sechs herausspringenden Funken die Genesis der Welt. Mit dem ersten dieser lodernden Werke, mit dem „Es werde Licht!" aber sind die Engel erschaffen worden –: „da war alles licht und die Welt voll leuchtender Wesen. Denn das Wort „Es soll Licht werden", bedeutet nicht irgendwelche Lichter, sondern jenes besonders geformte Licht, welches die Engel sind" (CC 1, 11).

Im weiteren Sechstagewerk stehen die lichten Engel als Zuschauer im Kosmos, als begnadete Mitwisser, als Zeugen und Eingeweihte, voller Bewunderung und Lobpreis über die Vollendung der Tage. „Nach jenem vollendeten Anfang, den Gott in den Geschöpfen wie auch im Menschen gemacht hatte, jenem Menschen, dem Er den Platz der verlorengegangenen Engel vorausbestimmt hatte, leuchtete der sechste Tag im vollendeten Menschen, wie Er auch diesem Menschen gezeigt hat, durch die sechs Weltalter seine verschiedenen Aufgaben zu bewirken" (947 A). Natur und Geschichte sind von vornherein auf den Menschen angelegt; alles liegt im Heilsplane Gottes vom Anbeginn an vollendet vor. Das Sechstagewerk ist Zeugnis dafür. „Und alsdann priesen die englischen Heerscharen und alle geheimen Mysterien der Gottheit wegen der Vollendung der Werke ihren Gott und lobten Ihn, da Er mit solchen Gaben des Heiligen Geistes Sein Werk ganz und gar vollendet hatte" (953 D).

Anfang und Vollendung der Genesis –: sie werden von den Engeln erlebt, Schau einer Schöpfung im Ganzen und damit totale Weltanschauung. Nach Augustinus und Thomas ist unter jedem Tag der Genesis die Erkenntnis des Geistes der

Engel zu verstehen. „Denn Gott hat in der Wirklichkeit der Dinge nichts hervorgebracht, das Er nicht dem Geiste der Engel eingeprägt hätte."[101] „Da standen die Planeten, gleichsam Engel der Gerechtigkeit, wie die Flammen des Feuers zu ihrem Gott: Ihm dienten sie in jenem unauslöschlichen Brennen, das da das Leben ist. – So ist in der Stimme das Wort, und das Wort wird gehört. Und das Feuer hat seine Flamme, und es ist Lob für Gott. Und Wind bewegt die Flamme, und auch das ein Gotteslob. Und in der Stimme ist das Wort, und es ist Lob zu Gott. Und das Wort wird vernommen: es ist Gottes Lob. So ist die ganze Schöpfung ein Lob Gottes. Der Mensch aber ist das Werk" (P. 352).

Von der Erschaffung der Engel im Ursprung der Welt geht der schauende Blick durch die Welt hindurch auf das Schicksal des Menschen zu und damit auf die Erfüllung des Kosmos im Lobpreis. So will es die Liebe, die die Welt erschuf. „Denn Gott wollte Seine Herrlichkeit nicht allein haben. Er verteilte sie vielmehr auf Seine Geschöpfe, auf daß sie sich mit Ihm freuten. Gott tat dies so, wie eine Henne ihre Kücken unter ihre Flügel sammelt. Aber der erste Engel fiel, und so vernichtete er sich selbst und brachte auch den Menschen zu Fall. Mit seinem Fall aber wurden die Elemente der Welt verwirrt. – Gott jedoch wollte im Menschen den gesamten Kosmos erlösen" (P. 56).

Als immerwährender Lobgesang über die Schöpfung hat der Engel das innigste Verhältnis zur Welt, zu dieser „creatura per creaturam". Der Engel als der Erstgeborene und Geistgestaltete sieht die Welt als Ganzes, er hat vielleicht einzig und allein die Welt, Welt, in der wir nur leben und hausen – er hat die Welt verdichtet in sich. Den Horizont des Universums hat er vor Augen und die Grenze des Kosmos im Blickfeld, er durchschaut die Welt, die er im Lobpreis durchwaltet. Damit ist der Engel Genotypus dieser Welt. Urmächte des Kosmos sind die Engel in dieser Schaukraft und in solchem Lobpreis. „Laus", Lobpreis, ist ihr Wesen.

Aus uraltem Weistum nimmt Hildegard diese Grunderkenntnis über die Engel. Das „Sanctus"[102] war schon durch den Alten Bund geklungen. „Die ganze Erde ist voll Seiner Herrlichkeit." Lob dieses Herrn ist das Wesen der Engel. Vor allem Werden des Menschen war dieses Rühmen der Welt schon gestiftet. „Wo warst du, als ich die Erde gründete?" – wird Hiob[103] gefragt – „Wo warst du, als die Morgensterne jubelten, als die Gottessöhne jauchzten?" Unaufhörlich klingt dieses Rühmen durch die Zeiten, außer der Zeit, in der ja notwendig all unser vergängliches Lobsingen zum End hin verklingen müßte. Wie sie unsterblich sind, die himmlischen Geister, so wird auch ihr Loben nie ein Ende finden. So Cassiodorus im frühen Abendland.[104] Eine „musica perennis" ist dieses Preisen der Engel. Aus dem Licht ertönt das eine Lied: laus! So auch Gregor der Große, den das Mittelalter einen „doctor angelorum" genannt hat: „Die Stimme der Engel besteht nämlich im Lobpreis des Schöpfers."[105]

Nach der apokryphen Offenbarung hat Gott über jedes Ding im Kosmos Seinen Engel gesetzt, und Er wirkt über diese Geister inmitten der Welt. Wie eine alte jüdische Überlieferung weiß, stimmen die Scharen der Dienstengel Nacht für Nacht ihre Lieder an, während sie des Tages schweigen wegen der Ehre Israels. Im Wechselgesang üben die beiden Chöre, das heilige Volk in seinem Gottesdienst und die Engel im reinen Rühmen, ihr Gotteslob aus. Was von den Engeln angestimmt ward, wirkt sich im Menschen aus und tönt hinfort durch die gesamte Schöpfung: Es gibt da keine stumme Kreatur, alles steht in der Gebärde des Antwortens, alles korrespondiert, alles lebt in einem wachen Interesse an der zentralen Sinnmitte aller Welt: an der Menschwerdung des Gottessohnes.

Der Engel Lobpreis ist alles andere als eine dekorative Zutat oder ein akzidentelles Geschehen. Es gehört zum Wesen der Welt. Auch hier nimmt Hildegard wieder das tiefsinnige Bild vom Spiegel. Im Spiegel erglänzten zeitenlos der Gottheit

Werke. Im Spiegel ist alles Wissen und Erkennen, alles Helfen und Heilen gegenwärtig. Gott war immer am Werke. „Und wie Sonnenglanz die Sonne anzeigt, so verkünden Engel durch ihrem Lobpreis Gott, und wie die Sonne nicht sein kann ohne ihr Licht, so ist auch die Gottheit nicht ohne der Engel Preis" (746 C).

Aus lichten Bildern und in leuchtenden Spiegeln strafft sich ein gewaltiger Gedankengang, mit dem Hildegard die Stellung der Engel in der Welt und damit auch die Haltung des Menschen zu treffen sucht: Während die Natur da draußen, der von Leben durchpulste Kosmos, wie ein immerwährendes Raunen und Tönen um uns lebt, im „SONUS", und während das Walten und Dienen der Engel als der Botschafter des Herrn lauteres Rühmen ist, ein „LAUS" ohne Ende, steht der Mensch zwischen beiden Existenzweisen der Welt, zwischen Körper und Geist, in seiner vernunfthaften Leiblichkeit zwar beider teilhaftig, in seinem Tun aber noch unentschieden und immer vor die Entscheidung gestellt, vor die Verantwortung im „OPUS". Werk an der Welt ist der Mensch und Werk zum Heile der Welt, die in der Menschwerdung Gottes erlöst ward zum Erstaunen aufjubelnder Engel.

„So hat Gott den Menschen in das Gewand Seiner eigenen Wirklichkeit gehüllt. Denn wie der Engel in Gott reiner Lobpreis ist, so ist der Mensch in Gott eine Tat: Wie herrlich, daß im Schaffen und Wirken an Ihrem Geschöpf sich die Gottheit tätig offenbart". Damit sind die Grundbegriffe und Schlüsselbilder über die Welt gegeben; sie werden in vielfachen Tönen und Farben gezeichnet und angestimmt: „Wie gewaltig ist doch die Liebe: daß Gott im Erdenlehm erstrahlt und daß Engel, die Gott dienen, Gott schauen als Mensch!" (P. 360).

Dieser entzückte Grundakkord, der so vielstimmig abgewandelt wird, bleibt auch da tonangebend, wo in nüchterner und manchmal schwerfällig erscheinender Breite die Exegese des Kosmos im belehrenden Stil aufgezeigt wird: In Gott liegt alle

Heilsordnung beschlossen; des Menschen Auftrag ist das Denken; der Engel Amt aber das Wissen. Mit jedem dieser drei Funktionen ist überdies der Mensch begabt: „sciendo – cogitando – operando" tut er sein Werk an der Welt; er ist der begnadete und weise Künstler. In der „ordinatio" beruht jedes schöpferisch durchdachte Werk; in der „cogitatio" verwirklicht sich der vernünftig geleitete Plan; in der „scientia" zeigt sich das Wissen, das schaut und rühmt nach Art der Engel.

„Mit Recht wird daher der Mensch Leben genannt, weil er Leben ist, solange er durch den Geisthauch existiert. Wird er aber im Tod des Fleisches in Unsterblichkeit verwandelt, dann verbleibt er ganz im Leben. Nach dem Jüngsten Tag ist er mit Leib und Seele in Ewigkeit Leben. Hat Gott doch bei der Erschaffung des Menschen verborgene Geheimnisse in ihn verschlüsselt, indem der Mensch im Wissen, Planen und Werken zum Ebenbild Gottes gemacht ist. Die Gottheit hatte nämlich in sich die Ordnung des gesamten Heilswerkes beschlossen, das realisiert werden sollte; demgemäß richtete Sie den Menschen so ein, daß er planend überlegen könne. All seine Werke sollte auch er zuerst in seinem Herzen erwägen, bevor er sie ausführte. Und so ist der Mensch die Eingeborgenheit der Wunder Gottes.

Gott nämlich ordnet, der Mensch plant, während der Engel das Wissen hat, in welchem er beständig mit der Stimme des Lobens und der Liebe Gott zum Ruhme tönt und nichts anderes ersehnt, als Gott zu schauen und zu preisen" (997 A/D).

In diesem Wissen der Engel spiegelt sich die Vorsehung wider, das Vaterwissen, die „praescientia Dei", der große geheime Plan Gottes mit der Welt. Doch spiegeln und vertreten die Engel nur dieses Vorauswissen; sie bestimmen in keiner Weise darüber, sie setzen nichts ins Werk, sie entscheiden nicht mehr. Als Spiegel sind sie Schattenbild, „ornamenta firmamenti"; in diesem Betracht gleichen sie den Gestirnen, die ja auch kein Schicksal entscheiden, sondern lediglich die hohen Geheimnisse, die „superna secreta" spiegeln (991 D). Nicht aus sich heraus vermögen Geister oder Gestirne auf den Menschen einzuwirken; sie sind nur Hinweis und Aufweis des göttlichen Angesichtes über der Welt, sind nur Zeugen (886 A). Auch wo die Engel als die Genotypen des Kosmos vorgestellt werden, erweisen sie sich als Spiegel des Logos, immer nur als ein „lumen rationale" – als vernünftiges und im Vernehmen hingeordnetes Geschöpf. Daher die überraschende Verwandtschaft der Engelwelt mit der Welt unserer intellektuellen Existenz und all ihren dialogischen Möglichkeiten: „Gott hat den Engel und den Menschen in ein und derselben Vernunftkraft verbunden" (P. 25). In der Geistigkeit beruht die Verwandtschaft von Mensch und Engel. Der Mensch hat eine angelische Existenz durch seinen Geist.

„Denn Gott will von den Engeln gelobt werden, auf daß Sein Ruhm sich mehre. So gefällt es Ihm. So will Er auch, daß die Werke der Heiligen von den Engeln im Lobpreis Ihm gebracht und gezeigt werden. Ist doch der Mensch ein Werk nach dem Bild und Gleichnis Gottes. Drum sollen seine guten Taten der Engel Lob erfahren. Wie nun der Mensch nur durch Gottes Hilfe besteht, so soll Gott auch von Menschen wie von Engeln gelobt werden, damit auch ihr Ruhm sich vermehre" (P. 27).

Nicht anders aber kann der Engel Ruhm durch den Menschen gemehrt werden als durch die rechte Entscheidung des wirkenden Menschen! Und so sind die Engel es, die die auserwählten Werke Gott mit allem Wohlgeruch vortragen. „Alles Tun, das jener mit seinem guten Willen zum Höchsten richtet, aber auch die gemeinen Taten, welche die Richtung auf Gott verfehlen, weist der gleiche Engel durch sein gerechtes Urteil vor" (998 A).

„Und wie Gott von den Engeln gelobt wird und wie in diesem Lobpreis Seine Schöpfung anerkannt wird, da sie in Zithern und Wohlklang und mit allen Stimmen Sein Lob tönen, weil dies ihr eigentliches Amt ist, so ist Gott auch von den

Menschen zu loben. Erscheint doch der Mensch unter zwei Gesichtspunkten: er singt Gott sein Lob, und er übt sich in guten Werken. So wird Gott erkannt durch sein Loben, und durch die guten Werke kann man die Wunder Gottes in ihm erblicken.

So ist denn der Mensch durch sein Lobpreisen (LAUS) engelhaft, durch sein heiligmäßiges Tun (OPUS) aber Mensch. Als Ganzes aber ist er das volle Werk Gottes (plenum opus Dei), da im Rühmen und im Wirken alle Wunder Gottes in diesem Menschen zur Vollendung gebracht werden" (P. 217).

Mit diesem Aufriß der Schöpfung, mit solchem Einverbundensein von Mensch und Engel in der Welt, können wir nunmehr die kreatürliche Welt selber betrachten: wie der Mensch phänotypisch mit der ganzen Schöpfung verquickt ist, genotypisch darüber aber der Engel waltet, als das lichte und lebendige Zeugnis dieser Welt.

Die Engel im Element des Kosmos

In Dantes Göttlicher Komödie, dieser „Landschaft der Ewigkeit"[106], tritt der Engel in einer konkreten und entscheidenden Funktion auf: Er begegnet dem Wanderer in allen Stadien der Jenseitsbereiche; er drückt den Pilgern das Siegel der Läuterung auf; er verweist auf nächste und höhere Pfade. Er steht mitten im Zug der Menschen aus der Zeit in die Ewigkeit. Der Himmel selbst eilt dem Voranstrebenden entgegen und holt ihn herüber: und auch dies die Funktion eines Engels, dessen Aufmerksamkeit der Vollendung des Gottesreiches dient.[107]

Diese klare Zuordnung im geistigen Raum, diese konkret zugesprochene Rolle im Heilsdrama, dieses feste Amt der Engel in der Welt fehlt bei Hildegard von Bingen. Der dramatische Aufbau des Jenseits ist bei ihr anders konstruiert; alles ist nur Augenblick, aber kein historisches Gemälde. Selbst die breiten und aufregenden Szenen im „Liber Vitae Meritorum", die stark an das „Purgatorio" Dantes erinnern, sind nicht auf eine geschlossene Pilgerfahrt zugeordnet, sondern stehen isolierter im Raum, wenngleich von nicht minderer Dynamik. In welchem Raum aber, in welcher Welt? Einen anderen Weg haben wir zu gehen, wenn wir den „Ort" des Engels im Universum finden wollen.

Die hochmittelalterliche Scholastik ging ebenfalls von anderen Voraussetzungen aus, wenn sie die Stellung der Engel im All erörtern oder belegen wollte. Thomas von Aquin hat die Frage nach dem Verhältnis der Engel zur Welt zunächst aus der griechisch-arabischen Philosophie und damit aus der antiken Kosmologie erklären wollen. Die Ordnung in den Dingen sei so zu verstehen, daß das Höhere in einem Seinsbereich vollkommener sei als das Geringere, damit aber auch erhabener und einfacher, totaler seiend. Gott als der Gipfel allen Seins sei somit der Grund des Seins. In dieser Ordnung hätten auch die Engel ihre „Materie": einfacher zwar und unstofflicher als in den Dingen selbst, vielfältiger, aber auch unvollkommener als in Gott.[108]

Die körperliche Welt erfährt bei Thomas von Aquin die göttliche Vorsehung nicht direkt, sondern durch Vermittlung der Engelwelt. Gott wollte Seine überfließende Güte an die Schöpfung weiterleiten und ihr Güte und schenkende Liebe verleihen, „so wie die Sonne durch die Aussendung ihrer Strahlen die Körper nicht nur erleuchtet, sondern auch leuchtend macht". Und dies je nach der Ordnungsstelle im Sein. Die Voraussicht und Ausleuchtung der Engel ist dabei eine allgemeine um umfaßt die gesamte materielle Welt. „Doch muß man annehmen, daß dergleichen Körperdinge durch Vermittlung der Engel nur auf dem Weg der Bewegung gelenkt werden; nämlich sofern sie die höheren Körper bewegen, von deren Bewegungen die der niederen Körper verursacht werden." Die Engel wirken also als Werkzeuge. Die Bewegung der Körper kann allerdings dabei durch die Engel gelenkt werden, „sowie auch Samenanlagen (rationales seminales) in der niederen Natur nur von Gott stammen und doch durch Beihilfe des vorsorgenden Landmannes zum Treiben gebracht werden"[109]. Der Engel ist der Hirte des Seins.

Gedanken, die Thomas von Aquin bewegt und die Dante in seinem Weltgemälde verdichtet hat, sind bereits in der arabischen Philosophie und Mystik in üppigster Form ausgebreitet worden. Da erzählt der islamische Mystiker Nasafî in seinem „Tanzîl", wie sich der Mensch auf einer weiten Reise befindet, stetig bestrebt, sein Ziel und sein Ende zu erreichen. „Das Ziel ist die Erwachsenheit, sein Ende die Freiheit. Das Motiv aber all dieser Pilger ist die Liebe. Der Same aller Pflanzen, aller Tiere ist gefüllt mit Liebe, alle Welt ist trunken vor Liebe. Alle sind voll von Liebe nach sich selbst, streben danach, sich selbst zu schauen, wollen sich so, wie sie wirklich sind, sehen und dem Geliebten den Blick des Liebenden entschleiern." In diesem entschleierten, ausgereiften, freien Zustand leben nun die Engel. Aber auch der Pilger Mensch ist nichts als ein potentieller Engel. Er ist der Mikrokosmos, Abschrift der geistigen Welt, Spiegel auch der angelischen Schönheit. „Etwas anderes als du ist nicht, was immer es in der Welt gibt."

Ziel aller Dinge ist es, zum Menschen zu gelangen. Deshalb ist der Mensch das Herz der Welt. Er ist in der siebenstufigen Treppe das mittlere, das vierte „Klima", zwischen den Klimata der Engel und denen des Satans. Ihm steht jede Richtung offen, aber er kann sich nur für eine entscheiden. Auf diese Weise sind auch die Engel Wesen im Menschen.

„Die Vernunft ist eigentlich Gabriel, der göttliche Wissensvermittler; denn durch die Vernunft besitzest du Wissen. Die Vernunft ist aber auch Michael, der Verteiler des Lebensunterhaltes; denn durch die Vernunft kommst du zu deinem Lebensunterhalt. Die Vernunft ist ferner Israfîl, der Posaunenbläser am Jüngsten Tag; denn mit einem Posaunenstoß läßt sie dich von falschen Vorstellungen und von Torheiten wegsterben und mit einem anderen macht sie dich durch das Erfassen der wirklichen Sachverhalte wieder lebendig. Und die Vernunft ist schließlich Ezrael, der Todesengel; denn die Vernunft ist ein Ergreifer der Geister; jedesmal, wenn du etwas so weißt, wie es wirklich ist, dessen Geist hast du ergriffen."

Die islamische Mystik geht so weit, daß sie die Vernunft mit dem ersten Menschen, Adam, identifizierte; wie er, weiß sie die Namen der Dinge. Adam aber war zusammengesetzt aus Engel und Satan, das heißt aus der Vernunft und seinem Naturell. Das Naturell im Menschen ist der Teufel, der Anführer der gefallenen Engel. Erst mit dem Auftreten der Vernunft wird das Naturell von seiner Führerschaft abgesetzt: „Und alle Engel fallen vor Adam nieder und gehorchen der Vernunft." Jeder Mensch, in dem die Vernunft die Oberhand gewinnt, wird ein Engel – „oder noch besser als ein Engel, obwohl er Menschengestalt hat, und jeder, in dem das Naturell die Oberhand hat, ein Satan oder ein Tier oder noch schlimmer als Tiere".

Der Mensch hat in seiner natürlichen Verfassung schon alle geistigen Formen in sich, die „Sphärenengel" so gut wie die „Erdenengel". So hat Gott nach einem ganz konkreten Beispiel im Magen vier Engel geschaffen. Eine anziehende, eine festhaltende, die verdauende und die austreibende Kraft. Das sind die antiken Virtutes der hippokratischen Elementenlehre, die hier als Engel verdeutlicht werden. „Kräfte nennen sie die Philosophen. Von den Theologen werden sie Engel genannt. Der Magen führt die entsprechenden Funktionen mit Hilfe dieser vier Engel aus. Aber auch in der Leber, im Herzen, im Gehirn und in allen anderen Organen stehen diese Engel und führen dort ihre Arbeit aus. Keinen Augenblick setzen sie in ihrem Wirken aus, und niemals werden sie darin müde oder haben sie genug davon."[110]

Die avicennische Kosmologie und galenische Physiologie wird von diesen Mystikern mit dem Walten der Engel in Verbindung gebracht; sie erscheinen wie ein Naturprinzip, ein Naturgesetz, wobei die geistige Substanz ihres Wesens verschwimmt und nur noch eine symbolisierte Tautologie übrigbleibt. Der jüdische Denker Avencebrol, in der Scholastik des 13. Jahrhunderts mit seinem „Fons vitae" allgemein bekannt, sieht die Engel schließlich nur noch als ein Kompositum von Materie und Form. Was man im Denken unterscheiden könne, unterscheide sich auch in den Dingen, und so komme auch den geistigen Dingen ein stoffliches Prinzip zu – ein Gedankengang von größter Tragweite, der indes von Thomas von Aquin scharfsinnig zurückgewiesen wird. Gleichwohl sind diese vom Arabismus verbreiteten neuplatonischen Ideen vom späten Mittelalter und der beginnenden Neuzeit begeistert aufgenommen worden; wir finden sie in den Spekulationen der platonischen Akademien, im Humanismus wie etwa auch in den Elementargeistern des Paracelsus wieder. Dieses Denken und Bilden ist Hildegard fremd geblieben. Sie schöpft ihr Bild vom Engel aus anderen Quellen. Wir können jetzt vom kosmologischen Aspekt aus dieses Engelbild zusammenfassen.

Wie Dante hat auch Hildegard von Bingen die kosmische Vorstellung einer Sphärenharmonie, das was sie „sonus" nennt, klar abgetrennt von der Harmonie des Engellobes, das in ihrem Begriff von der „laus" erklingt. Unterschieden von beiden wird noch einmal das Wesen des Menschen, das sich im „opus" verwirklicht. Der Engel ist in Gott. LAUS: lauter Lob, stehendes, spiegelndes, preisendes Sein. Sinnbild der stetigen Anwesenheit Gottes. Die Natur ist voll von Gottes SONUS: einem Tönen und Rauschen, Schall und Stimmung der Kreatur, Getöse und Tumult der Urgebirge, aber auch allem Raunen über der Stille einer Landschaft. Der Mensch in Gott aber ist OPUS, ein Werk: schaffendes, bildendes, formendes, künstlerisches Sein, Nachbild eines ewigen Meisters, Kultur über der Natur, werktätig in der Welt, im Tun sich verantwortlich entscheidend.

Wo aber sind sie – Engel in aller Welt – lichte Spiegelwesen, tönend vor Gott? Wo kann unser Auge, unser Blick wenigstens einen Abglanz auffangen? Wo ist der Geist, der eine der Formen verkörpert? Wo ein Organ des Vernehmens und wo die Hand zum Verwirklichen? Wo ist die Reife der Welt, die mit den Engeln angelegt ist? Voller Klang ist doch die Natur, lauter Lob der Engel, wirklich schaffende Welt nur der Mensch, der Mensch an seinem Werke, das sich zwischen dem Rühmen und Raunen dichterisch vollzieht.

Vom Sinn des Menschenlebens erst kann der Dreiklang dieses Weltbildes ausgemalt und ausgeschöpft werden. Nun kommen die blutvollen Bilder aus der Welt der Engel, die alles abstrakte Konstruieren der Scholastiker überblenden und überschichten, erst eigentlich zu Wort. Nun spricht wieder die Seherin aus ihrer hohen Schau.

„Vom brausenden Umschwung des oberen Äthers, durch den das Firmament sich dreht, geht ein lieblicher und herrlicher Klang der Elemente aus. Süß klingt es in seiner Lebendigkeit, so wie die wohltönende Stimme des menschlichen Geistes. Ein jedes Element hat nämlich, wie es von Gott geordnet worden, seinen Klang. Insgesamt erschallen sie wie das Tönen von Saitenspiel und Zither, vereint in Harmonie. Der Zusammenklang des Himmels, die Sphärenharmonie, gehört aber nicht zur Harmonie der Elemente, die sich mit dem Menschen ändern werden, wie auch die Sonne, ins Firmament gesetzt, zwar dieser Erde leuchtet, nicht aber den Höhen der Himmel" (1049 C).

In einem einzigen Gotteslob klingt die ganze Natur, besonders darin die Seele des Menschen. „Denn des Menschen Seele hat in sich einen Wohlklang, und sie ist selber klingend (symphonizans), weshalb sie oftmals Leid erfährt, wenn sie jenen Urklang vernimmt. Erinnert sie sich doch dann daran, daß sie aus dem Vaterland in die Fremde vertrieben ward" (P. 171).

Alle Natur grünt und klingt in Schönheit. Sie offenbart das

lichte Lebensgrün eines Engels, der Gott schaut in Ewigkeit. Aus lichtem Grün sind Himmel und Erde erschaffen und all die Schönheit der Welt. Wie wäre ein Phänomen wie die Schönheit der Natur anders zu begreifen, würde man nicht den Widerschein des Göttlichen darin sehen! Wie wäre die Gesetzmäßigkeit des natürlichen Geschehens zu verstehen, wenn man nicht die Stabilität des Engelwesens darin am Werke sähe! Wie anders würde man den konkreten Bezug der vollen Wirklichkeit kennen und spüren und erleben!

Auch die Heilige Schrift redet an vielen Stellen vom Engel des Kosmos: in der Offenbarung erscheinen Engel des Feuers, Engel des Wassers, Engel in der Sonne. Im slawischen Henoch-Buche heißt es: „Alles hat seine Engel: Zeiten und Jahre, Flüsse und Meere, Früchte und Gras, Schnee und Wolken, die Sterne!" Paulus , da er entrückt ward, nicht wissend, ob im Leibe, ob außer dem Leibe, kam in jene Sphäre der Engel, wo sie wie die Glut des Feuers erscheinen. Im Glanz der Engel, die am Menschen ihren Dienst verrichten, gelangte er ans Paradies, wo er Geheimnisvolles schauen durfte (1048 B).

Die vier Elemente sind es, die des Menschen erste Pflanzung formten, die den Menschen in seiner mystischen Geburt zum Vertrauten der kosmischen Engelskräfte gemacht haben, so daß er im Umgang mit Engeln der Engel Sprache verstand und das „carmen angelicum" sang. Alle Elemente der Welt waren im Lobpreis der Engel verankert: Engel flammenden Feuers, Engel im quillenden Gewässer, Engel lichtstrahlender Luft und geheimnisvoll verhüllt der Engel der Erde.

So hat Gott die ganze Erde mit himmlischen Wundertaten erfüllt. Nach Seiner Auferstehung aber hat Er mit den vierzig Tagen Seines verklärten Erdenwandels die vier Elemente des Kosmos gereinigt. Als das Morgenrot der Erlösung in Maria erschien, jauchzten die Elemente auf in den Freuden des Lebens (P. 443). Durch das engelgleiche Wirken des verklärten Auferstandenen erfuhren die Elemente eine tiefgreifende Veränderung. Denn der Gottessohn reinigte sie: in zehn Tagen das Feuer, in zehn Tagen das Wasser, in zehn Tagen die Erde und die Luft in zehn Tagen (Fragm. IV, 13). „Die Seelen der Heiligen und Geretteten aber, die Er, begleitet von einer Menge von Engeln, mit dem siegreichen Banner Seiner Macht der Gefangenschaft der Hölle entriß, – diese Seelen blieben bei Ihm in der Luft, wo Er auch alles geheiligt hat."

Geheiligt wurde, was in den Elementen der Welt besudelt war. Denn mit dem Fall des Menschen hatten die Elemente aufgeschrien und ihren Klageruf ausgestoßen: „Wir können nicht mehr laufen und unsere Bahn vollenden, wie es uns von unserem Schöpfer vorgeschrieben war. Denn die Menschen mit ihrem schlechten Tun verdrehen uns wie in einer Mühle. Deshalb stinken wir zum Himmel wie die Pest und dürsten vor Hunger nach Gerechtigkeit" (P. 105). Mit aller Schöpfung seufzt die Natur und harrt der Erlösung. Denn gerade im Kosmos hat sich die diabolische Kraft geistig einprägen können, die mit dem gefallenen Menschen von den bösen Geistern auf die Welt ausgegangen ist. In all ihren Schichten ist die Natur dämonisch verfallen, aber doch an keiner Stelle soweit, daß sie als ein gütiges Geschenk des Schöpfers vergessen werden, daß die Schönheit und innige Vertrautheit in allem natürlichen Umgang verdüstert werden könnte. Zu sehr ist der Mensch mit seinem wirklichen „opus", und nicht der Satan mit seiner unwirklichen Nichtigkeit die Mitte der Welt. „Als mit dem Fall der Engel der Himmel erschüttert wurde, hat Gott ihn mit der schwachen Natur der Erde wieder gefestigt; und auf diese Weise ist die Erde das Fundament des Himmels" (934 A).

Die Erde als Fundament des Himmels!

„So sehr wollte Gott sich dem Menschen verbinden, da Er den Menschen sich ähnlich erschuf". So bleibt der Mensch die Fahne der göttlichen Schlachtordnung; seine Gestalt sollte auch die „angelica militia" sehen und bewundern. „Und so zeichnete Er dich mit der himmlischen Sinfonie, im Sieg der Engel, indem du die Gestalten der Tugendkräfte in deinem Kampf vollendest" (P. 359).

Haben die Engel den gefallenen Menschen beschuldigt, so sind sie es auch, die sein Werk in der Welt beschützen und geleiten. Als schon entschiedene und gefestigte Geistwesen können sie nichts mehr tun, sie können also nur noch die Vertreter und Sachwalter des Menschen sein, eines Menschen, der eingetreten ist in die Schöpfungsordnung der gefallenen Engel und der alle Welt mit seiner Tat auf die endgültige Heilsordnung vorbereitet.

Damit steht der Mensch, damit steht jede Anthropologie grundsätzlich in einer „ordo angelica", wie auch keine Angelologie zu konstruieren wäre ohne diese anthropologische Mitte: Sinn ist offenkundig der Mensch, gerade weil an ihm alles eine so tiefe geheimnisvolle Bestimmung hat. Einen Schritt weitergegangen ist in dieser entscheidenden Frage ein Vorläufer Hildegards, der von Dionysius Areopagita stark beeinflußte frühscholastische Naturphilosoph Johannes Eriugena, der schreibt: „Der Engel entsteht im Menschen durch den Begriff des Engels, der im Menschen ist, und der Mensch entsteht im Engel durch den im Engel begründeten Begriff des Menschen"[111]. Diesen Schritt konnte Hildegard nicht tun, da sie zwischen Engel und Mensch wie auch Mensch und Engel immer wieder das WORT sieht, das Fleisch wurde. Das ist wohl das letzte Geheimnis der Engel: Die rühmenden Engel blicken unverwandt als Spiegelwesen gebannt in Gott auf die Gestalt des Menschensohnes, auf den Logos, der Fleisch geworden ist. Der Engel sieht den Menschen!

Der einzige Zugang zum kosmischen Verständnis ist das Geheimnis der Menschwerdung des Logos. „Denn Gott hatte sich so mit der Erde vermählt, damit die Menschen Ihn in menschlicher Gestalt erblicken könnten und daß die Engel Ihn so erschauten: vollkommen als Mensch und als Gott" (806 D). Das ganze Weltwerk in seiner geheimnisvollen Wirklichkeit ist zutiefst auf diesen Logos bezogen, es ist alle Welt, jene Schöpfung, die durch eben dieses WORT geschaffen ist: Wirklichkeit des Alls. Beide Bereiche des Wirklichen gehören zusammen: die Höhe der Himmel und das lebendige Wirken auf Erden.

„Gott gab ja Seinem Werk die volle Möglichkeit: zu loben und zu wirken" (223 B) – er gab die „laus" und das „opus"! Zwischen dem „sonus" der Kreatur und der „laus" der Engel liegt das Feld menschlicher Entscheidung: unser Werk an der Welt (opus cum craetura). „Der Erde sich angleichend schafft die Seele mitsamt der Natur im Menschen, während andere Geister lediglich zum Lobpreise Gottes da sind, da sie nicht zu wirken vermögen. – Denn der Mensch, über dessen Werke die Engel staunen und Gott loben, ist himmlischer und irdischer Art: Im Himmel ertönt sein Ruhm, die ganze Erde erfüllt er mit Werken. Daher darf die Kraft der Seele mit der Rundung des Erdballs verglichen werden" (869 B).

Der Mensch ist Sinn der Welt und erscheint als dieser Sinn im Engel. Später geschaffen als alle Schichten der Genesis, wartete doch die ganze Welt auf den Menschen und sein Verhalten. Niedriger organisiert als die Welten der Engel, stehen doch alle Geister in Spannung über das Verhalten des Menschen. Und der Mensch, für den Gott selber Fleisch annahm, wird die Elemente der Welt zum Heile führen und wird über die Geister der Engel zu Gericht sitzen. Beide aber, Himmel und Erde, sind Sein Ruhm.

> „O heilige Gottheit, Du wirst im Himmel
> von den verborgenen Engeln gerühmt,
> die als Funken Deiner Herrlichkeit wesen.
> Und vom Menschen,
> den Du aus dem Lehm gebildet hast zu Deinem Gewande,
> erfährst Du Lobpreis auf Erden" (237 A).

Adam und die Welt der Engel

Der Mensch Adam war in seiner urtümlichen Ausstattung, seiner „plantatio prima", vertraut mit dem hohen Geistergespräch, mit dem „carmen angelicum". Als der lebendige Feuerhauch, den Gott über den trockenen Lehm gesandt hatte, sollte er ein Freund der Engel sein, lebendig erblühend in einem ständigen Umgang mit den Engeln. Er konnte sich mit der körperlichen wie mit der geistigen Welt ins Einvernehmen setzen. Er hatte lebendigen Umgang mit dem Gotteslob der Engel.

Rühmen lag im Quellgrund seiner geheimnisvollen Veranlagung, seiner „genitura mystica", nicht jenes Rühmen freilich, das Rainer Maria Rilke seinem Dichter zusprechen will, nicht das Vertrautsein mit einem mytischen Orpheus, eher schon das lobpreisende und stiftende Dasein des feiernden Dichters bei Hölderlin, eher der apollinische Habitus, den Walter F. Otto in seiner „Theophanie" gemeint hat. Und doch all dies nicht. Es ist ein einfaches und schlichtes Grundbild, das Hildegard vom Menschen Adam hat, von seiner physiologischen Grundausstattung und vom Verlust seiner ursprünglichen Veranlagung. Für dieses Wesen und solches Schicksal aber sind Engel die Zeichen und Zeugen.

Als der erste Engel aus dem Leben gefallen und verdorrt war, ward der Mensch das volle Werk Gottes, weil Gott beständig in ihm wirksam ist. Nach dem Bild Gottes ist der Mensch vernünftig. In dieser Vernunft hat der Seele Feuer seinen Brand; aus ihr strömt auch das Wort hervor: „Die Vernunft spricht mit einem gewissen Klang und dieser Klang ist gleichsam Denken, und das Wort ist gleichsam das Werk" (980 B). So ist der Engel in Gott ein Lob, die Kreatur in Gott ein Klang, der Mensch in Gott aber ein Werk.

Hildegard will am ersten Menschen aufweisen, wie Gott in gleicher Vernunft Engel, Welt und Mensch verbunden hat. „Da Gott dem Menschen der Engel Schutz zum Beistand bestimmte, machte er sie auch zu seinen Gesellschaftern" (CC 25, 53). In der Welt der Engel ist der Mensch prinzipiell gesellschaftsfähig, wie sehr er auch schutzbedürftig bleibt. Damit ist der Mensch unter einen ungeheuerlichen Anspruch gestellt, einen Anspruch, der nach dem Sündenfall des Menschen eher noch gewachsen ist, der ständig an uns ergeht und der immer stärker und immer dringlicher über die Mission der Engel unsere Vernunft „beanspruchen" wird: „War der Engel im Alten Bunde gleichsam wie eine Stimme, an den Menschen gerichtet, so ist er ihm im Neuen Testament derart verbunden, wie die Stimme dem Wort eingebunden ist" (CC 26, 53). Nicht die Weisung allein sollte es sein, die den Menschen überwältigt und treibt, nicht dieser dunkle Trieb, sondern heller Anspruch von oben, dem verantwortlich entsprochen werden muß.

„Mit engelgleichen Worten sprach der allmächtige Gott zu Adam, der die Engelsprache gut kannte und verstehen konnte. Durch seine ihm von Gott geschenkte Vernunft und den Geist der Prophetengabe besaß er alle Sprachen, die später von den Menschen erfunden wurden, in seinem Wissen. Der Herr begegnete ihm selbst in Seiner unvergleichlichen Herrlichkeit, in der keiner Kreatur Gestalt zu sehen war. Nach dem Fall erschien Er indes, wandelnd im Garten des Paradieses, nur noch in der Flamme des Feuers" (1041 C).

Auch Thomas von Aquin versucht zu belegen, in welch umfassender Weise der Mensch eine Erkenntnis der Engel besaß. „Er kannte die Engel, soweit sie um seinetwillen geschaffen waren. Er wußte nämlich, daß sie Genossen seiner Seligkeit und Diener seines Heils auf dem Erdenwege seien, sofern er den Unterschied der Engelchöre und ihre Dienste weit besser erkannte als wir." Das Wesen der Engel erkannte aber auch er nicht.[112]

Auf die Würde seines Lebens im Urstand soll der Mensch sich zurückbesinnen, um zu seinem endgültigen Heilsstand zu gelangen. „Erhebet euch" – so ruft die heilige Hildegard in einem Sendschreiben ihren geistlichen Mitbrüdern zu – „erhebet euch, so wie euch zuerst gebildet hat das ‚mysticum donum Dei‘, die geheimnisvolle Begnadung Gottes für die Gemeinschaft mit den Engeln" (P. 335). Zum „consortium angelorum", zu einer Schicksalsgemeinschaft mit den Engeln, war der Mensch berufen; in gleiche Gemeinsamkeit versetzt und zu einer angelischen Auseinandersetzung mit der Welt angehalten, zum Gespräch mit den Engeln in einer geistigen Gesellschaftsstruktur, einer „societas angelorum spirituum".

Diesen Geist, Gabe der Vernunft, hat auch Thomas von Aquin als Kriterium genommen, um die Existenz der Engel in einer vollkommenen Welt und des Menschen Einsicht in dieses Reich zu zeigen. Jede höhere Seinsstufe rage nämlich mehr in die Gottähnlichkeit hinein. Da Gott die Welt ebenbildlich schuf, wollte Er mit der Vernunft auch Wesen schaffen, die an Seinem Wesen teilnehmen konnten, und auch dies in allen möglichen Graden. Die höchste Stufe in der Schöpfung aber nimmt unter diesem Gesichtspunkt zweifellos die Ordnung der Engel ein, nach ihm aber der Mensch.

„Gott hauchte dem Menschen den Lebensgeist ein: und so lebendig, ward er Fleisch und Blut. Darauf gab Gott ihm die Gesellschaft der Engel mit ihrem Lobpreis und ihren Diensten: und Er unterwarf ihm die übrige Kreatur. Hatte Gott dem Menschen doch das Licht der Ewigkeit zugedacht." (272 D). „O herrliche Gottheit, die du unzählige Lebenskreise gehabt hast, Du hast den ersten Menschen aus dem Erdenlehm gebildet und ihm den Ort des Paradieses eingerichtet, auf daß er mit der Engel Lobpreis Gemeinschaft habe!" (235 C).

Was die „genitura mystica", den geheimnisvollen und begnadeten Urstand des Menschen, auszeichnet, ist also gerade dieser besonders enge Umgang mit dem Engel. Mit ihren tönenden Organen geben die Engel dem Menschen Antwort, und sie loben Gott, weil er sie in Anspruch nimmt. Die ganze physiologische Ausstattung Adams war von dieser lichten

Geistigkeit durchstrahlt. Der Schlaf war für den Menschen ein Medium prophetischer Schau und in keiner Weise ein Remedium zur Rekreation gegen die ständige Erschöpfung. „Schlaf war eine Ein-Sendung" schreibt Hildegard (CC 81, 4); schlafend tauchte der Mensch in die geistige Welt ein, und Engel sandten ihm lichte Traumgesichte. „Es war vor Zeiten sehr bräuchlich" – schreibt Valentin Weigel – „daß sich die Alten nüchtern und mäßig zu Bette legten und durch ihren Engel zukünftige Dinge erfuhren". In gleicher Weise war die Nahrung nur ein Aufzeigen der Welt (CC 81, 5) und damit das intensive Erleben des Stoff-Wechsels der Welt, in deren Kreislauf wir mit Essen und Verdauen und Ausscheiden leibhaftig eingespannt sind. Nahrung war gleichsam die lebhaft vorgestellte Theorie dieses kosmischen Kreislaufes und in keiner Weise die Restauration gegen den permanenten stofflichen Verfall. Aus seinem „lumen corporis", im engelgleichen Lichte, lebte der Mensch. „Adam leuchtete vor dem Fall noch ohne sein Dazutun wie die Sonne, da er noch kein Werk vollbracht hatte. Nach dem Ende der Zeiten aber werden die Gerechten wieder so leuchten wie die Sonne; mit ihren heiligen Werken werden sie erstrahlen" (CC 46, 33).

In ihrer „Heilkunde" beschreibt Hildegard diesen Lichtkörper des Urmenschen: „Bevor Adam das göttliche Gebot übertreten hatte, leuchtete das, was jetzt als Galle im Organismus existiert, in ihm wie ein Kristall und hatte den Geschmack aller guten Werke in sich; das, was jetzt im Menschen als Melancholie ist, leuchtete in ihm auf wie die Morgenröte und hatte in sich das Wissen und die Vollkommenheit aller guten Werke. Als aber Adam gefehlt hatte, wurde der Glanz der Unschuld in ihm verdunkelt. Seine Augen, die vorher die himmlische Herrlichkeit geschaut hatten, erloschen. Seine Galle wurde in Bitterkeit umgewandelt und die Melancholie in die Finsternis der Gottlosigkeit. So wurde er ganz und gar in eine andere Existenzweise umgewandelt" (CC 145, 27–37).

Und doch ging der gefallene Mensch nicht verloren wie der Engel, sondern blieb in seiner Hinfälligkeit und Bedürftigkeit ein Kampffeld besonderer Spannung im Heilsdrama. „Die Herrlichkeit des ersten Engels ging nämlich verloren und ward vernichtet. Er ist zum Fürsten der Hölle geworden. Damals gab Gott Seinen Glanz einem anderen Sohne, der in so kraftvoller Ausstattung erschaffen wurde, daß alle Geschöpfe ihm dienten. Er wurde aber mit solch starker Macht ausgerüstet, damit er darin seine Herrlichkeit nicht mehr verlöre" (170 A).

Wie ernst Hildegard diese zwar mit der Körperlichkeit beschwerte, im Grunde aber tiefer begnadete Existenz des Menschen nimmt, zeigen die vielen Analogien, wo die exemplarische Seinsweise des Engels zu den Funktionen der deftigsten Leiblichkeit herangezogen wird. In der umfangreichen vierten Vision der „Gottes-Werke", wo die einzelnen Körperteile auf ihren geistlichen Sinngehalt hin ausgedeutet werden, kommt die Seherin auch auf den mächtigen Stamm des leiblichen Gefüges zu sprechen, auf den Rücken und die Flanken, auf die Leisten und die Schenkel und das Gesäß. „Der Rücken und die Seiten des Menschen weisen hin auf die großen Ebenen der Welt. Die Seele aber, die in ihrem Handeln Geist genannt wird, wirkt die heiligen Werke und herrlichen Tugenden, durch die Gott von den angelischen Geistern gelobt wird, mit ebendiesem Menschen. Sie west unsichtbar im Leibe, den sie mit all seinen Funktionen lenkt, wie auch Gott, der die ganze Welt erschuf, den Menschen unsichtbar bleibt. Und wie der Mensch mit Rücken und Flanken kräftig wirkt, so vollbringt auch die Seele all ihre Werke mit dem Leibe" (865 A).

Dieser dem irdischen verhaftete Leib ist es, der sich mit kunstvollen Instrumenten die Erde dienstbar macht. Die ihm geschenkte Fruchtbarkeit kann allerdings auch die diabolische Verführung bringen, mit der die unsterbliche Seele in dieser Zeitlichkeit zu ringen hat. In dieses dramatische Ringen werden nun die Engel hineingezogen. „Alle Engel erstaunen über diesen Menschen, der durch sein heiligmäßiges Wirken wie mit einem überaus schönen Gewande gekleidet wird. Wird er doch dereinst mit ihnen Gemeinschaft haben im Lobpreisen Gottes. Und all sein Tun hält diese Seele zusammen, so wie Schenkel und Gesäß den gesamten Menschen halten" (865 D).

Daß hier keiner naturalistischen Verherrlichung körperhafter Funktionen das Wort geredet wird, beweisen die sich anschließenden Verse aus der Apokalypse, wo das himmlische Jerusalem geschmückt herniedersteigt wie eine Braut zu ihrem Gatten (Offb 21, 2). Was von Hildegard gedeutet wird: „Stieg doch der Sohn Gottes nieder in der Jungfrau Schoß, in welchem Er die neue und heilige Stadt Jerusalem aufgebaut hat. Die Engel aber verwundern sich darob, sie, die Gottes Antlitz schauen immerdar. Sie wundern sich über die Werke der Heiligen, die in unermeßlichem Schmuck vor Gottes Angesicht erstrahlen und zum himmlischen Jerusalem aufsteigen, um dort neue Wohnungen auf ewig zu errichten und die vor ihnen leuchten wie eine goldene Schrift. Daher tönen sie im Klang des Psalters und der Zither und mit jedweder rühmenden Stimme. Gott aber hat den Menschen so geschaffen, daß er leuchtende Werke vollbringen kann, die im Himmel aufstrahlen. Angesichts dieser Werke staunen die Engel wie vor Gottes Antlitz. So steht ja geschrieben: Du hast ihn nur wenig unter die Engel gestellt, mit Ruhm und Ehre hast Du ihn gekrönt und hast ihn gesetzt über alle Werke Deiner Hände (Ps 8, 6–7).

Das soll bedeuten: Gott ist den Engeln, die Sein Ruhm sind, immer gegenwärtig, und so wird Er von ihnen geschaut und erkannt, während der Mensch, der ein leibliches Werk mit seiner Seele ist, ein ‚opus cum anima‘, Ihn lediglich im Glauben, nicht aber in Seiner Gottheit erblickt. Ihn verherrlicht Gott, Er ehrt und schmückt ihn reichlich, da Er ihn zum Gehorsam Seiner Gebote schuf; da Er ihn über alle Werke setzte, die Er geschaffen" (866 A/C).

In ihrem Rühmen, mit dem die Engel Gott Lob singen, preisen und billigen sie auch des Menschen Tun. Sie schauen auf das Menschenwerk gleichsam als Spiegel des Lobpreises als „speculum laudis", weil Gott den Menschen so wundersam aus Leib und Seele gebildet hat, und weil dieser Mensch nicht der Herrlichkeit der Engel entbehren sollte, da er zu ihrer Gemeinschaft berufen war. „Denn der Engel ohne das Werk des Fleisches ist lauter Lob; der Mensch aber ist mit seinem leibhaftigen Werke ein Lobpreis: deshalb rühmem die Engel seine Werke." So hat Gott es angeordnet, daß Gottheit und Menschheit in dem Einen Gott ruhmreich gepriesen werde (1061 C).

Das ist wohl der letzte Sinn der eigenartigen Doppelnatur des Menschen, die uns nicht in zwei Gegensphären zerreißt, wie eine dualistische Gnosis dies meint, die vielmehr auf dieser kreatürlichen Einheit beruht. Noch einmal der Kernsatz Hildegards: Könnten wohl in einer Brust zwei Herzen sein?

So ist der Mensch himmlisch und irdisch, geistig und leiblich, mit den Engeln durch den Geist verbunden und zu ihrer Gemeinschaft bestimmt, auch jetzt schon angelische „laus", aber eben doch schwach und beladen durch das „opus" unserer Tage, durch tagtägliche und werktätige Entscheidung, die verantwortlich in aller Welt vor allen Engeln von uns verlangt wird.

Sicherlich haben um dieser Entscheidungsmitte willen die seligen Geister solche Freude an den Werken der Gerechten. „Die Engel weisen in ihrem eigenen Wesen Gott diese Werke auf und verharren so im Gotteslob und werden niemals dabei müde, obschon sie Sein Lob nimmer zu einem Ende zu führen vermögen. Denn wer könnte die unermeßlichen Wunderwerke, die Gott in der Kraft Seiner Allmacht wirkt, jemals zählen? Niemand! Die Engel leben aber als ein solches Funkeln gleichsam in vielen Spiegeln, in welchen sie schauen. Denn niemand tut solches und ist von solcher Macht wie

Gott. Keiner ist, der Ihm gleicht. Und Er unterliegt keiner Zeit" (745 D).

Die angelische Struktur der Welt ist nunmehr deutlich geworden. Nicht in den Elementen selbst sind die Engel vertreten; sie offenbaren nicht direkt die Naturkräfte; sie stehen vielmehr als geheimnisvolle Spiegel über der Welt, als die großen kosmischen Genotypen. Und so bleibt das Weltall eine Einheit, als Körper und Geist ein kreatürliches Universum. Zwar gingen die Engel der jetzigen Gestalt der Welt voraus; sie hatten ihre einmalige Entscheidung zu Abfall oder Bestand, ihre Krisis zu Rühmen oder zum Hassen. In ihrem Dienst und ihrer Liebe aber liegt auch jetzt noch der letzte Garant der Welt: liebevoller Dienst am Menschen, auf den sie voller Interesse schauen. „Denn Gott schuf nach allen anderen Geschöpfen erst den Menschen, damit er alles, wessen er bedürfe, schon vorbereitet fände. Er erleuchtete ihn mit lebendigem Geisthauch und gab ihm die Flamme der Vernunft zur eigenen Entscheidung" (1001 B).

So wirkt er nun, nach dem Urbild der Engel, seine „opera rationalitatis": Geist als Werk an der Welt.

„Auf diese Weise wollte Gott das Böse durch die überaus liebliche körperliche Gestalt des Menschen überwinden, durch jenen schönen Leib, in dem der Teufel seinen Sieg bereits in der Hand zu haben glaubte. Infolgedessen begann er mit ihm in Versuchungen zu spielen, ahnte aber nicht, daß er gerade durch ihn ganz und gar überwunden werden sollte" (P. 341). In der Menschwerdung, über die Natur des Weibes, hat Gott nämlich eine solche Tat vollbracht, „daß es weder die Engel noch der Mensch noch irgendein Geschöpf der Welt hätten vollbringen können" (P. 352).

Adams erste Tat ist es gewesen, die das Schicksal der Welt ausgelöst hat, die aber auch die Heilsgeschichte in Gang brachte. „Die Herrlichkeit des wahren Lichtes wich von Adam, als er nach dem Rat der alten Schlange sich nach Norden wandte" (990 D). Der gefallene Adam ward ein Fremdling der Welt und klagte laut: „Sollte ich nicht ein Freund der Engel sein, da ich lebendiger Feuerhauch war, den Gott über den trockenen Lehm aussandte!"

Gott aber hat auch den gefallenen Menschen nicht verlassen. „Gott wandte das Angesicht Seiner gerechten Knospe, in Adam entsprossen, zum Osten hin, damals, als Er den Menschen ins Leben gerufen und erhoben hat. Seine Rechte verweist auf die südlichen Gebiete der Glückseligkeit, seine Linke gegen die Grenzen der Finsternis, die man den Norden nennt. Dieser Gestaltung hat Gott die Kräfte der Elemente sowie die Vermögen aller übrigen Geschöpfe eingefügt. Mit ihnen sollte der Mensch sein Werk wider den Norden verrichten, wo die Wohnstätte der gefallenen Engel ist, die von Ihm getrennt wurden. Haben sie doch in ihrem Eigenwillen Gott verleugnet und selber Gott sein wollen" (876 B). Mit der Schöpfung leibhaftig und geheimnisvoll verbunden, „soll der Mensch den Norden und sein finsteres Mysterium links liegen lassen und hinter sich schaffen, um Michaels Kampf für das Lichte tapfer zu kämpfen" (876 C). Damit ist der Weg des Menschen unter Führung der Engel gezeichnet.

Die Engel werden den Menschen nicht mehr verlassen, bis am Jüngsten Tage Richtengel auftreten werden, die den Menschen in ihre Schar aufnehmen. „Immerfort sucht nun der Mensch nach der Stimme des lebendigen Geistes, die Adam im Ungehorsam verlor. Vor seinem Übertritt besaß er ja in seiner Unschuld eine nicht geringe Gemeinschaft mit den Stimmen der lobpreisenden Engel" (220 A). Diese Engelstimme hat Adam zwar verloren, als er in die nüchterne Wirklichkeit seines Tagwerkes erwachte.

Und dennoch geht etwas von dieser paradiesischen Musik weiter durch alle Welt. Mit der Menschwerdung Gottes ist das „canticum laudum" von neuem erwacht und in die Kirche eingewurzelt worden. Der Heilige Geist ist die Wurzel, aus der die himmlische Harmonie ersprießt (221 A). Nicht zuletzt ist auch die menschliche Seele eine solche „anima symphonialis", die ihre Verwandtschaft mit dem Engel nicht verleugnen kann und die mit ihrem wesensgemäßen Klingen an die Klänge der himmlischen Heimat erinnern muß. „Des Menschen Geistigkeit hat von jener ersten Einhauchung, mit der Gott dem Menschen die Seele schenkte, die Weise des Jubilierens in sich verankert. Daher lobt sie Gott in jenem reinen und angemessenen Wissen, welches sich die Schöpfung als Einklang bereitet, in jener süßen und tiefen Weisheit, die alles nach gerechter Aufteilung weise anordnet, wenn sie im Sinn des Menschen das Himmlische weise unterscheidet und wenn sie das Irdische maßvoll ausspürt. Aber auch die Seele des Menschen hat einen solchen Klang (synphonia) in sich und ist klingender Natur. Daher klagt sie oftmals laut auf, wenn sie jenen Urklang vernimmt; erinnert sie sich doch dann daran, daß sie aus einem Vaterland in die Fremde vertrieben ward" (P. 171).

Damit ist das Walten der Engel in der Natur gekennzeichnet: Es ist hingeordnet auf das Schicksal des Menschen, der nunmehr auf seinem Weg von den Engeln begleitet und gehalten wird. Im ursprünglichen Wesen wird die Natur des Menschen angesprochen. Es geht Hildegard um die anthropologische Vertiefung, um die Ausleuchtung menschlicher Existenz. Menschliche Existenz aber kann eben nicht aus sich selber erfahren werden, wird nicht psychologisch auszubreiten oder soziologisch zu orientieren sein, bedarf vielmehr eines großen und objektiven Hintergrundes, eines übergeordneten und damit erst wirklich geordneten Bezugssystems.

Ein solcher Hintergrund aber ist die Welt der Engel, ein großartiger Grund des Menschen, geheimnisvoll lebend im Licht, pfingstliches Brennen im Lebensgrün, Schutz und Geleit, Schichtung und Reifung des Menschen, tiefinniger Zug seiner Führung und Bildung.

Und der Engel selbst?

Alle Namen nehmen ihm nicht sein Mysterium. Mit

großer Zartheit und kühner Keuschheit wird sein Geheimes angerührt, sein lichtes Wehen geht durch die Gewandung der Bilder, zeigt Spuren einer Gestalt und verhüllt den Umriß wieder: ein Augenblick nur erschütternder Begegnung, Begegnung im Nu – mehr ist es nie.

Mit äußerster Verhaltenheit spricht Hildegard vom Engel, mit immer gleichen Worten zwar, doch immer anderen Sätzen. Immer nur ist sie die Tuba – auch diese ein uraltes Engels-Instrument – durch die das geheime Wissen eines anderen tönt. Ganz im Gegensatz zu Elisabeth von Schönau, Hildegards Zeitgenossin, die durch künstliche Erregung „in mentis excessu", den Zutritt des Engels zu erzwingen sucht, betont Hildegard, daß sie nie eine solche Ekstase erlitten habe. Sie will nur beschreiben, was ihr im Schatten des lebendigen Lichtes gezeigt worden ist, was sie geschaut hat im Abglanz des lichten Lebens. Nie ist ein Engel direkt auf sie zugetreten oder hat sichtbar an ihrer Seite gestanden. Nur im Augen-Blick läuft der gewaltige Bilderkreis ab, drehen sich die Chöre der Engel um die lichte Mitte der Inkarnation des Gottessohnes, des Logos des Kosmos, des Herrn aller Geschichte. Die Geschichte aber wird mehr noch als die Natur von der Welt der Engel künden.

II.

ENGEL ALS PROTOTYP DER GESCHICHTE

Das Verhältnis des Menschen zum Engel der Geschichte zeigt Hildegard von Bingen in ihrer Deutung des Gleichnisses vom ungetreuen Verwalter.

„Ein Mann, das ist der Gottmensch, der den Menschen erschaffen hat, war sehr reich, so daß ihm in der Fülle der Güter nichts fehlte. Er hatte nun einen Verwalter, der hieß Adam. Ihm hatte er das Paradies und damit die gesamte Schöpfung anvertraut. Dieser Verwalter ward beschuldigt, und zwar über die Engel, weil Gott am Wesen der Engel wie auch an der Natur der Geschöpfe unsere Werke erkennt, er ward beschuldigt, daß er seine Güter vergeude, was heißen will: daß er die Ehre Gottes, die keiner aufteilen kann, bei sich selbst teilen wolle gemäß dem Spruch der Schlange: Ihr werdet dann sein wie Gott, was heißen will: Gott machte euch nach Seinem Bild, also seid ihr Götter, weshalb denn auch die Menschen sich selber in ihren Götzenbildern zu kleinen Herrgöttern machten!"

Der Herr nun rief den ungetreuen Verwalter zu sich und stellte ihn zur Rede; er verlangte Rechenschaft von seiner Verwaltung.

„Da sprach jener Verwalter, eben Adam, dem Gott das Paradies und alle Welt anvertraut hatte, bei sich selber, in seinem Gewissen nämlich, da er ja schon elendiglich aus dem Paradies verwiesen war: Was soll ich tun, da Gott, mein Herr, mir die Verwaltung nehmen will, all diese Ehre, die Er mir im Paradies in aller Unschuld geschenkt hat – all das soll ich verlieren, da ich Sein Gebot übertrete?

Was soll ich nur tun? Graben kann ich nicht, d. h. ich bin nicht dazu in der Lage, mir noch einmal die Schöpfung so in Botmäßigkeit zu unterwerfen, wie sie mir im Paradiese ergeben war; anderseits kann ich aber auch nie diese Ehre vergessen, die mir damit im Paradiese zuteil ward. Zu betteln schäme ich mich, indem ich nämlich jetzt diese mir einst unterworfene Welt mit Jammern und Wehklagen erfüllen sollte. Ich weiß, in der Ergriffenheit meiner Seele, was ich tun muß, damit sie mich nach dem Verlust meiner Verwaltung, jener Paradiesesehre nämlich, aufnehmen; damit all diese Geschöpfe, die einst mir ergeben waren, mich in ihre Wohnungen, das heißt in ihre kreatürliche Lebensgemeinschaft nehmen, damit wir alsdann gemeinsam auf Erden leben und uns regen."

In dieser seiner Notlage verbindet sich der ungetreue Verwalter – Bild für Adam und jeden Menschen in seiner Hinfälligkeit und Unzulänglichkeit – mit den übrigen Geschöpfen und kommt über sein Werk an der Welt (opus cum creatura) zu seinem Kulturauftrag. Er ruft seine Schuldner, die ganze Schöpfung, zusammen und erläßt ihnen einen Teil der Mitschuld: den Vögeln zuerst, die vor ihm geschaffen waren, aber doch in der Kraft ihrer Eigennatur dem Menschen dienen sollten; sie sollen ihm und seiner Menschlichkeit mit seinen fünf Sinnen dafür entgegenkommen und auf die Hälfte ihres Flugvermögens verzichten. In gleicher Weise schenkt er dem Vieh und aller Kreatur Nachlaß und gewinnt dafür die Welt. Da lobte Gott den ungetreuen Verwalter, weil er klug gehandelt habe.

„Aus diesem Grund erscheinen die Menschen klüger als die Kinder des Lichts, das sind die verlorenen Engel, die im Lichte der Klarheit und Wahrheit erschaffen wurden. Als diese nämlich ihren himmlischen Glanz verloren, machten sie keinerlei Anstalten, Gottes Gunst wiederzuerlangen, noch gingen sie in sich, blieben vielmehr verstockt und stürzten so in das unauslöschliche Dunkel ihrer Unglückseligkeit. Und deshalb sind die Menschen klüger als jene, und zwar kraft ihrer Zeugungsgabe, das heißt in ihren Söhnen, die in dieser Welt zeugen und gezeugt werden, um so auch weiterhin Gutes und Böses wirken zu können.

Und so sage auch Ich, Christus, euch Menschenkindern: Machet euch Freunde, und das sind die guten Engel wie auch die Menschen in Gerechtigkeit und Wahrheit, auf daß sie euch eurer guten Tagen wegen gern haben und euch einstmals aufnehmen in die ewigen Wohnungen" (P. 318–320).

Der gefallene Adam als ein ungetreuer Verwalter ist klüger gewesen als die erstgeborenen Lichtgeister der Engel; er schließt in seiner Notlage einen Vertrag mit der Welt. Er kommt gerade aus seiner Mangelposition zu einer besonderen Bestimmung innerhalb der natürlichen Kreaturen, er kommt zu seinem Kulturauftrag an der Welt und soll darin die verletzte Schöpfung zum heilen Ende bringen.

Mit Adams Kindern hebt nunmehr der verhängnisvolle, aber auch heilträchtige Lauf der Menschengeschichte an. Engel und Teufel werden ihn begleiten und das Geschlecht der Menschenkinder nicht zur Ruhe kommen lassen bis an den Jüngsten Tag.

Zur Dämonisierung der Natur ist die Diabolisierung der Geschichte getreten, und es ist ein verhängnisvolles Signum, daß diese Geschichte mit einem Mord beginnt, mit dem Brudermord. Und doch ist – zum Erschauern und Entzücken der Engel – selbst dieses erste Stigma zum Symbol der Heilsgeschichte geworden.

Engel um Abels Tod

Am blutigen Tage, da Abel ermordet wurde, schrie der Satan in teuflischem Jubel auf: „Haha, nun bring ich es doch noch fertig, daß der Mensch mir auf Erden dient." Mord ist nämlich das Diabolische an sich, weil hier der Mensch den Menschen

147

vernichten will (destruere), so wie der Satan Gott vernichten wollte. Wird doch hier im Mord ein Geschöpf des Allerhöchsten von einem anderen Geschöpf gleicher Art getrennt. Und so jauchzt und jault der Teufel auf:

„Ich konnte zwar den Allerhöchsten selbst nicht überwinden, weil ich an Ihm so etwas nicht erblicken konnte wie einen Wirbel, eine faßbare Extremität; aber nun habe ich Sein Geschöpf, dem ich das Rückgrat gebrochen, das meinen Willen tut, indem es einander mordet; damit kommt es auch meiner übrigen Verfügung bereitwilligst entgegen: welch eine Macht für mich!" (P. 343).

Erschüttert fällt Hildegard in die Klage ein, die vom Gotteslicht selbst ausgeht: „Ach, ach, ach! Weh dem Mord, der auf Anstiftung des Satans entstand, der das gute Werk vernichtet hat. O weh solchem Übel, wo die Unschuld ihren heilen Urstand (integritas) verlor. Daher wehklagt die Erde, weil ihr Schweiß Blut trinkt, wenn ein Mensch einen Menschen tötet. Darüber klagt auch der Himmel, und alle Elemente des Kosmos trauern mit" (P. 344).

Die Elemente der natürlichen Welt müssen aufbegehren, wenn sie Blut trinken, das der Mensch vom Menschen vergossen hat. Von der Ermordung Abels an bis in den letzten Tag wird die Erde Menschenblut trinken. An der Untat des Mordens glaubt Satan den Hebel ansetzen zu müssen. Immer neu kreischt er auf wie damals an der Leiche Abels. „Ecce opus Dei" – da seht ihr das Werk Gottes, das ich aus dem Paradies jagte, da seht ihr es liegen – gespalten auf der Erde!" (273 B). Abels Tod wird dem Satan zum Merkmal für das bereits in seinen Anfängen gescheiterte Gotteswerk. Dieses satanische Stigma wird auf der Menschheit haftenbleiben durch alle Zeit: Wer weiß denn wirklich, ob nicht morgen bereits wieder der Brudermord einsetzen wird, der gestern erst aufgehört hat?

Wir müssen die Frau Hildegard bewundern, wie sie angesichts dieser satanischen Brutalität eine durchgehende Diabolisierung der Geschichte vermeiden konnte, eine Diabolisierung, wie wir sie bei den späteren Theologen so häufig finden. Luther glaubt: „Wo Gott auch nur an einem Tage die Welt durch die Engel *nicht* regierte, so würde bald in einem Hui das ganze menschliche Geschlecht gar vergehen, der Teufel würde alles verderben. – Daß du aber noch lebest, sollst du dem Schutze und Schirm der heiligen Engel zuschreiben."

Hildegard ist weit mehr vom Hintergrund dieses Schlachtfeldes der Geschichte angezogen worden. Sie sieht neben dem Verderber und Verwirrer und Unruhestifter zu allen Zeiten die Boten der versöhnlichen Heilsgeschichte überwiegen. Sie sieht im Häßlichen und Schlechten und Faulen und Halben, in all dieser „diversitas" der Welt, in allen Krankheiten auch, neben dem Diabolischen das Heile, neben dem Häßlichen das Schöne, neben dem Morbiden das Lebendige. Nur das, „was mit Ihm nicht in Berührung kommt und kommen will, das tötet und vernichtet Gott" (182 B).

Das ist ein Gedankengang, der uns erstaunen und erschauern läßt: Auch all der Haß auf der Welt hat seine Funktion in der Heilsgeschichte und dient nur der Liebe. Auch dieses Häßliche auf Schritt und Tritt hat seine Note und Stimmung im Welt-Bild und dient letztlich der Schönheit. Der Schatten ist deutlicher Hinweis auf das Lichte: Nie könnte er Bestand sein oder standhalten, niemals ein Zweck oder Prinzip. Und so weisen auch die Dämonen nur hin auf die Engel.

Auf dem Wege zwischen Urgrund und Endziel haben wir uns mit diesem Phänomen auseinanderzusetzen. Der Schatten ist es wohl, der uns bedenklich macht und nachdenken läßt: Schatten in uns, der erhellt sein will, Schatten um uns, der nicht umgangen werden kann, aller Schatten aber – Hinweis auf die eine Lichtquelle, auf das endgültige Heil.

Mit Abel hatte Hildegard die christliche Heilsverkündigung beginnen lassen. In ihm sah Gott bereits jene geheimnisvollen Planeten voraus, die zu Ihm standen und Seinen Weg vorauszeigten: „und das ist das Lob der Engel und der

Menschen". Noë erhob in der Folge deutlicher den Bogen der Versöhnung, „in dem Gott anzeigte, daß Er den Menschen in bezug auf Sein Lob, also den Engel-Anteil, erhalten wollte". Abraham war unter den Patriarchen schließlich „das gewaltige Haupt des Gehorsams, das den Hals der alten Schlange mit der Beschneidung verwundet hat", ein eindeutiger Hinweis auf das „reine und jungfräuliche Werk". So nämlich hat es im Plan des großen Ratschlusses gelegen, wunderbarer Rat, den weder Engel noch Mensch noch ein ander Geschöpf aus sich heraus hätte begreifen können (P. 353).

Engel sind es gewesen, die als „Spiegel des Antlitzes Gottes" allem Volk dieses Heil verkünden. „So haben die Engel auch dem Abraham und Jakob, auch im Stab des Aaron, dem Volke Heil vorausverkündet". Und so soll auch der geistliche Mensch Nachahmer des „ordo angelicus" sein (P. 339).

Der „ordo angelicus" hatte in Adam schon einen Vorläufer gehabt, seinen eigentlichen Beginn aber findet er erst in Abel, der sein unschuldig Blut auf die Erde vergossen hat. Abel und Noë und Abraham – das sind hinfort für Hildegard die ältesten Zeugen des Heils, die Väter der Geschichte der Stadt Gottes, die Gründer des Gottesreiches.

Die Engel aber als die Mitwisser um das Geheimnis der Menschwerdung sind geheimnisvoll beteiligt am verborgenen Aufbau Seines Leibes in der dahinschwindenden Zeit, sie bauen mit an diesem Reiche des Heils, sie dienen Christus in lebendiger Gliedschaft, Ihm, dem „Haupt der Engel".

Im Anbeginn der Heilsgeschichte schon wird somit über das Blut Abels der Bogen auf die endgültige Gemeinschaft ausgespannt, in die uns Paulus im Hebräerbrief (12, 22) eingeführt hat: „Ihr seid hingetreten zum Berge Sion und zur Stadt Gottes, des Lebendigen, zum himmlischen Jerusalem, und zu Zehntausenden von Engeln, zur Festversammlung und zur Gemeinde der Erstgeborenen, aufgeschrieben in den Himmeln, und zu Gott, dem Richter aller, und zu den Geistern der vollendeten Gerechten, und zum Mittler eines Neuen Bundes, zu Jesus, und zum Blute der Besprengung, das da stärker redet als das des Abel."

Engel bei Abraham und seinem Samen

Während er um die heißeste Tageszeit am Eingang seines Zeltes saß, erschienen dem Abraham im Haine Mamre bei den Terebinthen drei Männer. Mit Vorliebe sind von der altchristlichen Kunst diese drei Männer als Abrahams Gäste dargestellt und als Engel gedeutet worden. Das Motiv in seiner Tiefgründigkeit mußte sich der Frömmigkeit eines Künstlers anbieten: die Mittagsstimmung im Haine, das Fluidum um drei fremde Gestalten, der aufstaunende Abraham und die dienende Sarah, die Gäste hinter einem gedeckten Tisch, Tücher und Geräte, Speis und Trank, Anteilnahme und Mitteilung eines hohen Gesprächs, Verkündigung noch im Abschiednehmen.

In späterer Zeit tragen die drei Männer Flügel als Emblem der Engel. Jüdische Schriftsteller haben sie als die drei Erzengel beschrieben. Justinus Martyr und Chrysostomus erblickten in ihnen Christus mit zwei begleitenden Engeln, Athanasius und Augustin sahen in den drei Personen die Eine Trinität. Abraham sah die drei Männer mit leiblichen Augen und betete im Geiste den Einen und Unsichtbaren an.

Das ist der Ausgangspunkt, vor den sich Hildegard in ihrer Lösung der Frage nach der körperlichen Erscheinung in den berühmten „Solutiones quaestionum" gestellt sieht.

„Die drei Engel, die dem Abraham erschienen, da er am Eingange seines Zeltes saß, zeigten sich ihm in menschlicher Gestalt, wiewohl Engel vom Menschen an sich in keiner Weise gesehen werden können. Einen unveränderlichen Geist kann nämlich der Mensch in seiner wesensmäßigen Veränderlichkeit nicht erblicken. Das hat seine Ursache in Adams Ungehorsam. Seines geistigen Auges im Paradiese beraubt, stürzte Adam das gesamte Menschengeschlecht in Blindheit. Jedwede Kreatur, das heißt ein jeder Mensch, hat nun ihren Schatten. Er ist Hinweis darauf, daß der Mensch erneuert werden soll zu einem Leben ohne Beeinträchtigung. Und wie der Schatten des Menschen seine Gestalt aufweist, so erscheinen auch die Engel, die naturgemäß unsichtbar sind, durch ihre ,Leiber', die sie aus einem Luftstoff (de aere) nehmen; sichtbar wie mit Menschengestalt erscheinen sie allen jenen, zu denen sie als Boten gesandt sind.

Auch gleichen sie sich in etwa menschlichen Gewohnheiten an; sie sprechen nicht mit Engelszungen zu ihnen, sondern mit Worten, die dort verstanden werden können. Sie essen wie Menschen, aber ihre Speise geht wie Tau ab, der beständig aufs Gras sinkt und von der Sonnenglut im Nu weggesaugt wird. Auch die bösen Geister können sich der Gestalt jedes Geschöpfes bedienen, um die Menschen zu verführen. Sie wählen dabei jene Natur eines Geschöpfes aus, das dem Laster gleicht, durch das sie den Menschen angreifen wollen. Sie glauben so am ehesten zum Ziel zu kommen, wie ja auch der Erzvater durch die Schlange verführt worden ist" (1043 A/C).

Engel und Dämonen sind Hinweis auf dem Wege des Menschen, wie auch ein Schatten Hinweis ist auf die Schönheit; sie tragen eine geheime Signatur in ihrem Wesen und begegnen dem Menschen in einer gewissen Wahlverwandtschaft. Aber sie sind keine autonome Nebenkraft zu Gott als Reich eines Bösen oder auch nur als Schatten im Sinne einer psychologischen Qualität; diese Auffassungen gehen fraglos auf gnostische Überlieferungen zurück und wären mit Hildegards Erfahrungen und Erschauungen nicht zu vereinbaren. Was Hildegard schaut, sind nur Hinweise für den Erlösungsweg.

Der Vergleich wird an anderer Stelle noch einmal aufgenommen, ausgemalt und vertieft, als Hildegard vom Schicksal der heiligen Ursula und ihrer Gefährtinnen erzählt. „Als die Stimme des Blutes der Ursula und ihrer unschuldigen

Schar vor Gottes Thron erscholl, da eilte die uralte Prophetengabe hinzu, die schon im Haine Mamre wahrhaftig die Dreieinigkeit geoffenbart hatte, und sie sprach: Jenes Blut hat uns berührt; des freuen wir uns alle!" (P. 456).

Wie Hildegard ist auch Thomas von Aquin der Frage nachgegangen, in welcher Weise die Engel im Alten Testament dem Abraham und seiner Familie erschienen sind. „Da die Engel weder Körper sind noch Körper haben, die ihnen von Natur aus verbunden sind, so bleibt nur, daß sie bisweilen Körper annehmen."[113] Die Engel bedürfen bisweilen eines Körpers, nicht um ihrer selbst willen, sondern um unseretwillen, „um im vertrauten Verkehr mit dem Menschen die geistige Gemeinschaft zu bekunden, deren Mitgenuß die Menschen für das zukünftige Leben erwarten"[114].

Mit dieser „societas intelligibilis" deutet Thomas auf ein Bild, das bereits Hildegard in seiner leuchtenden Konsequenz zum Mittelpunkt ihrer ganzen Engellehre gemacht hatte: Die Verkörperung der Engel im Alten Testament war nämlich nichts anderes als „ein vorbildliches Zeichen dafür, daß das Wort Gottes einen menschlichen Körper annehmen würde, denn alle Erscheinungen des Alten Bundes sind auf jene Erscheinung hingeordnet gewesen, in welcher der Sohn Gottes im Fleische erschienen ist".[115]

Während Thomas den Gedankenkreis mit allen Einwänden und Zeugnissen und nationalen Auflösungen durchexerziert, bleibt Hildegard bei den Bildern ihrer Schau, die lediglich auf eine mystische Vertiefung der Engelerscheinung hinaus will. So kann sie auch die Erscheinung im Haine Mamre ohne Gewaltsamkeit dem Märtyrertod der Ursula zuordnen, indem sie von der Kostbarkeit ihres vergossenen Blutes übergeht auf das Opfer Abrahams an seinem Sohn Isaak. Mit Ursula und ihren Gefährtinnen tritt vor den Thron eine heilige Vereinigung des Lammes, Hinweis wiederum auf den Widder, der in den Dornen hing. Beide aber bilden einen „Lobpreis in Jerusalem durch die Röte des Blutopfers" (P. 456).

153

Wie die Erscheinung der drei Männer im Haine Mamre, so ist auch das Opfer Isaaks durch seinen Vater Abraham immer wieder in die Engelsmystik eingegangen; es ist nach Augustinus ein so außerordentliches Ereignis (factum ita nobile) gewesen, daß es in allen Sprachen besungen, an allen Orten gemalt wurde und Ohren und Augen gleichermaßen hingerissen hat. Mehr als hundertmal ist es in der altchristlichen Kunst dargestellt worden, auf Goldgläsern und Glasschalen, Ringsteinen und Elfenbein, in Mosaik und Bleiplatten, vor allem auf Sarkophagen und alten Katakombengemälden[116].

Das ergreifende Schauspiel wird vor allem in der dramatischen Szene zum tiefsinnigen Gleichnis, wo der Patriarch über dem gefesselten Knaben schon zum Streiche ausholt, indes ein Engel ihm in den Arm fällt und auf den Widder in der Dornenhecke verweist.

„Auf Gottes Geheiß hat Abraham sein Fleisch verwundet und damit den Teufel zuschanden gemacht, den Teufel, der jenes Mysterium nicht kannte und der an genau der gleichen Stelle in Verwirrung gestürzt wurde, an der er auch den Menschen hintergangen hatte." Und so befahl Gott dem Abraham das Sohnesopfer als Gleichnis für das Opfer der Erlösung durch Seinen Sohn. Ein Engel aber hatte die Aufopferung verhindert und auf den Widder hingewiesen (238 A). Damit kommt dieses Geschehen in geheimnisvolle Beziehung zur Menschwerdung Christi. „Dieses Mysterium als ganzes ist im Widder vorgeformt, der in den Dornen hing. So sprach der Herr schon zu Adam: Wenn du arbeiten wirst an der Erde, wird sie dir Dornen und Disteln tragen" (238 C).

Sogar die Dornen der verfluchten Erde sind Hinweis auf die Dornenhecke, in welcher der Widder sich verfing, der Symbol ward für das Erlösungswerk. Der Widder in der Dornenhecke – in Hildegards Vision erscheint er in einer Engelswolke, rötlich schimmernd in der Morgenglut –, ein Lieblingsbild, das in ihren Visionen häufig wiederkehrt:

„Ich sah eine Wolke, schimmernd wie Morgenrot, und

darin einen Widder, der in einer Dornenhecke hing, ganz in der Weise wie der Widder, der für Abrahams Sohn geopfert wurde. So hing er da: seine Hörner glänzten in saphirner Bläue und gaben das Leuchten eines Topas von sich, und sein ganzer Körper hatte die Farbe einer weißen Wolke.

Dieser Widder, das ist Jesus Christus, Sohn des lebendigen Gottes. Ohne Beimischung eines natürlichen Übels, ganz rein ward Er geboren aus jungfräulicher Natur. Seine saphirnen Hörner bezeichnen die überaus süße und ewig bestehende Herrlichkeit, durch die Er in wahrer Demut das Menschsein zur Befreiung des verlorenen Menschen annahm. Im Heiligen Geiste ging Er, aus Maria der Jungfrau geboren, als Gott und Mensch hervor –, was durch den Glanz des Topas, der in den saphirfarbenen Hörnern widerleuchtet, ausgedrückt wird. Die Wolken aber, die wie Morgenglut rötlich schimmern, bezeichnen die Menge der Engelscharen, die dem Sakrament des Leibes und Blutes Jesu Christi dienen. All dies geschieht in der Kraft des Allerhöchsten" (223 D-224 A).

Das Bild wird noch weiter herausmodelliert und mit all seinen Einzelheiten erklärt: Die Dornen sind die Nägel am Crucifixus. Die Schafnatur des Widders bedeutet Geduld, Demut, Langmut des Opfers, seine Reinheit. Sie erinnert an das Tierfell der gefallenen Stammeltern, an die Brunst der alten Schlange. Sie ist das Gewand der Menschwerdung Gottes. Deshalb werden die Priester beim Opfer als die „Engel des Herrn der Heerscharen" bezeichnet, weil ihr Wort gleich der Verkündigung des Engels Gabriel die Menschwerdung immer neu vor sich gehen läßt: „und so blüht in den Worten des Priesters das Fleisch des Wortes auf" (225 B).

„Jenes Gewand der Menschwerdung aber hat der Engel der Einfalt der Jungfrau verkündet, in der er das Fundament der Demut vorfand, damals, als sie sich die Magd des Herrn nannte, da der Engel zu ihr sprach" (211 D). Der Engel der Verkündigung erprobte den Gehorsam der „unschuldigen Erde", der Jungfrau Maria, so wie er den Gehorsam Abrahams beim

Opferversuch des Isaak erprobt hatte, „und der Gottessohn nahm in ihr auf dieselbe Weise Fleisch an, wie dies der in den Dornen hängende Widder vorherbezeichnet hatte". Und wenn damals der Engel dem Abraham den Segen der Geschlechter verhieß, dann besagte das nichts anderes, als daß Gott nie aufgehört hat, mit Engel und Menschen auf die Vollzahl der himmlischen Gemeinschaft zu rechnen (750 C).

Dieses Geheimnis um die Vorsehung Gottes in der Herrlichkeit des Vaters ist so abgrundtief, daß kein Engel und kein Mensch es messen und erwägen könnten. „Gott ist ja die Fülle ohne Maß: und so können sich die Engel nie ersättigen, Ihn anzuschauen, weil sie immer wieder Unbekanntes und Neues in Ihm finden in herrlichem Frohlocken" (239 A). Nicht der Engel hat Gott sich angenommen, sondern des Samen Abrahams nimmt Er sich an. Das ist die Frohbotschaft, über die sich schauend zu neigen die Engel begehren (1 Petr 1, 12).

Engel werden deshalb von Hildegard auch im ferneren Verlauf der Geschichte als jene begnadeten Wesen der Schöpfung hingestellt, die vom Elend und der Verheißung wissen und künden. Bei Isaias (4, 2) ist von einem Tage die Rede, „da der Sproß des Herrn zu Schmuck und Preis dienet, des Landes Frucht zum Stolz und Ruhm dem Reste Israel, der noch gerettet wird". Hildegard deutet diesen Spruch in der letzten Vision ihrer „Gottes-Werke" auf die Verkündigung der Engel auf dem Felde: „An jenem Tage, als die Engel den Menschen das Friedensgeschenk verkündeten, ward Mein Sohn aus der Jungfrau geboren. Er ward gepriesen von ebendiesen Engeln, ward gerühmt von den Hirten, die Ihn mit frommer Ehrfurcht suchten. Und die Frucht der Erde, welcher der Friede zurückgeschenkt war und der die Luft in Milde diente, wogte über, und Freude herrschte unter den Menschen" (1021 A).

Es war jener Frieden gekommen, „den die Engel bei der Menschwerdung des Gottessohnes den Menschen verkündet haben, ein Ereignis, über das eitel Freude ward, weil Gott sich so der Erde verband, daß die Menschen Ihn in menschlicher Gestalt anschauen konnten, die Engel aber Ihn als Mensch und Gott vollkommen erschauten" (806 D).

Je mehr sich die Verheißung des Neuen Bundes verwirklicht, um so mehr verschwindet die Macht des Diabolischen, die alle Welt in Schrecken versetzt. Die erste Hoch-Zeit des Satans hatte vor der Sintflut gelegen. In seinem Haß versuchte sich damals der Teufel an der Vernunft des Menschen, jenen überaus schönen Flügeln der „rationalitas", die Satan den Menschen verachten lehren möchte, wenn er spricht: „Was ist doch das, was der Alte schuf? Grad das stimmt doch mehr mit meinem Plan als mit seinem überein. Und deshalb will ich den Menschen in seinem Werden (plasmatio) schon unterkriegen!" (965 B). Die vernünftige Stimme mit ihrem natürlichen Wohlklang und Anspruch soll pervertiert werden; im Zeugen und Keimen schon soll die Verführung einsetzen und die Versuchung ins Werk geleitet werden.

Aber nicht nur in diesem Punkte sind im Verlaufe der Geschichte die Täuschungen der Schlange schwer zu unterscheiden gewesen von den natürlichen und notwendigen Prüfungen, schwer zu trennen auch von den Strafen der Engel, die gerechterweise mit Blitz und Ungewitter, Pest und Hungersnöten das Menschengeschlecht heimgesucht haben (P. 26). Ward doch ein Schwarm von Geistern in die Welt gesetzt und unter die Menschen gehetzt, Geistern auch, die das Widerwärtige bringen, die nach Opposition und Widerspruch trachten, die zur Lust der irdischen Welt verführen wollen (P. 41).

Ihnen treten mit wachsender Deutlichkeit die guten Engel entgegen und ordnen das Gewissen der Menschheit. Erschienen im Alten Bunde diese Lichtwesen als Bilder, als Spiegel, als Gesetze, als Repräsentation, als die Engel, die den flüchtenden Jakob begleiten und trösten, als Würgeengel, die den Auszug aus Ägypten erzwingen, so greifen sie in der Fülle der Zeit mit großer Eindeutigkeit in das Rad der Geschichte ein. Zwar nimmt der Engel nie unvermittelt Gestalt an, die er nicht hat; er läßt sich auch nicht über magische Manipulationen oder als eine okkultistische Manifestation hervorrufen. Der Engel erscheint, verkündet und entschwindet wieder. „Keiner der Geister kann in seiner Eigennatur dem Menschen erscheinen. Der Mensch ist ja lebendiger Geisthauch aus Gott. Er stärkt in seinem Leben sein Gewand, den Leib nämlich, und er hört nicht auf, mit ihm zu wirken, bis er sich von ihm scheidet, sei es ins Licht der Seligkeit oder zur Finsternis ewiger Strafe" (1051 D).

Ist doch Christus selbst in all Seiner Herrlichkeit diesem Gesetz der Leiblichkeit unterworfen worden. Auch zu Ihm kamen die Engel nur in weltlicher Erscheinung, da sie Ihm dienten. Sobald der Satan von Christus in der Wüste abgelassen hatte, eilten die Engel herbei und strömten über im Lobpreis über die Wunder der heiligen Gottheit. „Die Menschheit nämlich, die bei unseren Urvätern im Paradiese besiegt ward, hat im Menschen Christus alle Versuchungen des Teufels siegreich abgeschlagen. Und deshalb eilten die Engel diesem Einen zu Diensten, in dem sie Gott und Mensch wesenhaft erkannten" (1047 A).

Die Engel als Himmelsbürger (cives coelorum) dienten in Anbetung und Erkenntnis und erfüllten Seine Wünsche (P. 275). Engel nahten in der Fülle und Vollkommenheit der Liebe und dienten im Lobpreis himmlischer Harmonien, in der sie ohn Ende Gott loben werden (P. 277).

„So hat Gott den Engel und den Menschen in einer Vernunft verbunden. Er hat bestimmt, daß der Engel Schutz den Menschen begleite. So tat Er es im Alten Bund wie im Neuen. Mit weit größerer Liebe aber hat Er im Neuen Testament die Menschen mit den Engeln verbunden (consociavit). Denn im Alten Testament war der Engel den Menschen wie eine Stimme, im Neuen Bunde aber ist er ihm so verbunden, wie die Stimme dem Wort eingebunden ist" (P. 26).

Und so mehrt sich im Verlaufe der Heilsgeschichte ständig das Wissen um das Heil, die Einsicht in die Mysterien der Inkarnation, ein Geheimnis, von dem die Apostel mehr wissen als die Propheten und auch hier die Jüngeren mehr Einweihung erfahren haben als die Älteren. Thomas von Aquin führt für diesen Sachverhalt den Psalm 118, 110 an: „Super senes intellexi!" Mehr als die Alten habe ich Einsicht gehabt. Ähnlich ist Gregor der Große der Ansicht, daß durch die Abfolge der Zeiten die Mehrung der göttlichen Erkenntnis immer mehr gewachsen sei[117].

Und ist das nicht letztlich Lehre und Sinn aller Geschichte, daß sie uns in dieser Erfahrung reifen läßt, daß sie uns teilnehmen läßt am alten Wissen um das Heil wie sie auch teilhaftig macht neuer heilsamer Erkenntnis: daß sie uns fromm macht!

In einem Brief will Hildegard von Bingen im ehrfürchtigen Bedenken der Geschichte alle Zeiten auf die menschlichen Lebensalter bezogen wissen und damit den jetzigen Zeitpunkt in seiner Krisis, den Kairos der eigenen, persönlichen Entscheidung treffen.

„Der erste Engel fiel auf der ersten Lebensstufe, gleichsam im Kindesalter, durch seinen Übermut und ging zugrunde. Im zweiten Alter, der Jugend, wollten viele Gläubige und Ungläubige sich zum Himmel emporrecken; in ihren Reden brachten sie mancherlei aus eigenem Dünkel zur Sprache: daher kamen sie auch zu Fall. Im dritten Lebensalter, der Zeit männlicher Kraft, kamen die Propheten, die aus der Furcht des Herrn redeten: Nicht um uns geht es hier, sondern um Dich, o Gott. So hatten diese Bestand und erfüllten die ganze Welt mit Freude. Im vierten Alter endlich, der Lebensstufe reifer Beständigkeit, werden sich mehr und mehr durch den Hauch des heiligen Geistes unter den Menschen die Kräfte im Eifer nach guten Werken erheben; und so wird die Welt weitergehen."

Hildegard hält in diesem Dahinrinnen der Zeit auf ihren letzten Tag hin inne und betrachtet sorgenvoll den Kairos der heutigen Entscheidung.

„Die jetzige Zeit aber hat noch nicht diesen Augenblick in der Hand, daß sie sich ein Urteil über das Ganze erlauben könnte. Alle Arten von Dämonen schütten noch ihre Irrtümer über den Menschen aus und beben in Angst vor ihrer Niederlage." Es ist noch nicht die Zeit des totalen Wissens und des totalen Planens gekommen; solches steht dem Menschen auf seiner Pilgerschaft nicht zu. Deshalb mahnt Hildegard standhaft zu bleiben in Festigkeit: „Höre auf die Worte der Philosophen und Weisen wie auch derer, die im Heiligen Geiste reden, damit du lebest in Ewigkeit" (354 D-355 A).

In ungewöhnlich scharf gehaltenen Briefen, in aufrüttelnden Predigten und öffentlichen Aufrufen hat Hildegard ihr eigenes weibisches Zeitalter angeprangert, ein „tempus muliebre", das tragische Schlachtfeld der Geschichte, in welcher Engel und Dämonen im Kampf um das „opus", die Entscheidungstat des Menschen, verstrickt sind. Nur so kann man die herzzerreißende Klage der Seherin um diese weibische Zeit verstehen: Sind denn keine Männer mehr da, in dieser Zeit, die von allen guten Geistern verlassen erscheint? Verlassen? Nie und nimmer: denn Gott hat Seinen Engeln das Geleit aufgetragen. Sind Engel doch uns zu Diensten gesandt worden und haben doch auch manche von uns Engel beherbergt, ohne es zu wissen!

Das weibische Zeitalter äußert sich vorzugsweise im Schisma: es ist Zeit der Spaltung und Zwiespältigkeit, Zeit der Intoleranz und Selbst-Herrlichkeit und Verblendung, Zeit der Vergötzung wie des Trübsinns. So schreibt Hildegard an einen Bischof: „Das Licht gibt Leben, die Finsternis das Schisma, die nachtartige Zeit aber den Trübsinn. Ein Mensch, der das Leben haben will, soll demnach keine Spaltung dulden ... Wer dies gleichwohl tut, sucht seinen eigenen Zirkel, das heißt die Gunst der Welt auf. Wer aber gewährt ihm diese Gunst? Niemand, es sei denn, daß der Zeiten Zeit sich erfüllt. Denn Gott hat den Menschen gemacht, der aber schwindet dahin, sobald er an Gott zweifelt.

Diese nächtliche Zeit aber macht einen traurig. Verbindet sich nämlich der Mensch im Eigensinn seines Sehens und Wollens der Sünde gleichsam als einer schwarzen Nacht, dann ergibt er sich dem Trübsinn (tristitia), da er keinerlei Hoffnung mehr auf freudiges Wirken setzen kann. Unterwirf du dich aber dem Gesetze Gottes, so weit du es sehen kannst, du Kämpfer Christi, und halte die Rute der Zucht in deiner Hand entsprechend den Vorschriften des göttlichen Gesetzes, damit du auf ewig lebest. Fliehe die nächtlichen Stürme, weil Gott es so will. Und halte die Augen gerichtet auf jene Engelwesen, die allüberall Augen haben, damit du in all deinem Angelegenheiten Gott erblickest und ein treuer Sohn Gottes heißen darfst" (P. 565/566).

Dieses Schisma war damals entstanden, als eine teuflische Überheblichkeit die „angelica concordia" zerrissen hatte; Zwiespalt sollte sein, wo alles in Eintracht geschaffen wurde! Deshalb ist dies Schisma die Trauer einer jeden Zeit und ihr großer Schmerz die diabolische Spaltung der Menschheit in feindliche Gruppen, aus Prinzipien heraus, die kein „principium" sein können, Spaltung bei gleichem Glauben, gleichen Völkern, gleichem Wollen: die große Intoleranz auf beiden Seiten, die prinzipielle Ablehnung der Mitte und aller Vermittlung: fürwahr eine satanische Schicht der Welt!

In diesem Zwiespalt ist es dem Menschen ein Bedürfnis, die Engel als Schutzmacht anzuflehen, sagt Thomas von Aquin[118]. „Engel sind den Menschen angewiesen zum Schutz; durch sie werden sie geleitet und zum Guten angewiesen. Denn die Gedanken der Sterblichen sind, wie es in der Weisheit 9, 14 heißt, zaghaft, und unsere Vorsorge ist schwankend." Thomas hat sogar die Frage zur Debatte gestellt, ob das Verdienst Christi, das Er aus Güte für uns Erdenpilger erworben habe, auch den Engeln zugute komme. Er ist in gewisser Hinsicht davon überzeugt: „in gewissem Sinne sind sie aber doch Pilger, nämlich mit Rücksicht auf den akzidentellen

Lohn, sofern sie für uns Dienste leisten, wozu ihnen das Verdienst Christi verhilft"[119].

Damit aber ist eine Frage aufgeworfen, die bei Hildegard von Bingen die innigste und schönste Deutung erfahren hat, die für uns oft peinliche und doch beseligende Frage nach dem Schutzengel des Menschen, jenem Engel, von dem es im Gebet der Ostkirche heißt:

„Den Engel des Friedens laßt uns vom Herrn erbitten, den treuen Führer, den Hüter unserer Seelen und Leiber!"

Schutzengel und Plaggegeister

Mit deinem Engel und meinem Engel hätte ich diese Untersuchung über die Welt der Engel beginnen müssen, weil nur in solcher persönlichen Bezogenheit, im Wechselspiel von Urdistanz und Beziehung, wirklich von Welt hätte gesprochen werden können. Denn es geht ja weniger um die Mitteilung des Sachlichen als um das Anteilnehmen an den wunderbarlichen Dingen, die hier zur Sprache gekommen sind; es geht um das Interesse. Welt im Ganzen, an der man dabei sein kann, inter – esse, dazwischen, dabei und mitten darin in inniger Welthabe und offener Kundgabe.

Haben wir diese Welt noch? Künden wir in diesem Sinne von Welt? Ist es überhaupt noch Welt, was im Horizont unseres treibenden Lebens flutet? Und speist sich dieser Horizont noch mit merk-würdigen Erscheinungen und den Schätzen aus ewigen Speichern? Hätten wir nicht mit diesem Selbst anfangen müssen und seinen Erfahrungen und Begegnungen, mit seinen Fragen und Versuchungen, mit seinen Reichtümern und Versagungen und Sehnsüchten innerhalb dieses Horizontes?

Nein, nicht wir hätten so beginnen können! Auch Hildegard von Bingen, in deren Welt wir uns bewegen, geht von vornherein über den eigenen Gesichtskreis hinaus und informiert sich an jenseitigen Bezügen; vielleicht übt sie deshalb die ständige Wiederholung und Variierung, um damit allmählich an das heranzukommen, was unser Eigenstes, Innerstes, Geheimnisvollstes und Persönlichstes anspricht: die „conversatio angelica", in der wir stehen, unser Umgang mit dem Engel, was immer nur heißen möchte: Gespräch mit deinem und meinem Engel!

„Die Seele begreift kraft ihrer Vernunft, daß sie Gemeinschaft hat mit den Engel-Geistern" (939 A). Ehe wir uns aber dieser „Gesellschaft angelischer Geister" (societas angelorum spirituum) im nächsten Abschnitt zuwenden, einer Gemeinschaft, die unmittelbar durch unsere persönliche Heilsgeschichte hindurch in den Endzustand des Menschen, in dem er Umgang mit den Engeln haben soll, überleitet, müssen wir uns mit der ewigen Bestimmung in unserem Aspekt selber befassen, mit der „conversatio angelica".

Hildegard läßt keinen Zweifel darüber bestehen, daß die Welt der Engel nicht als ein abgeschlossener Jenseitsbezirk zu betrachten ist, daß sie vielmehr lebendig und persönlich in jedes Leben des Menschen hineinreicht. „So sehr hat Gott den Menschen geliebt, daß Er ihn für den Platz, aus dem der gefallene Engel geworfen ward, bestimmte und daß Er ihm alle Herrlichkeit und Ehre, die jener mit seiner Seligkeit verloren hatte, zuordnete" (744 C).

Gleich im Aufgang von „Scivias" sieht Hildegard den Lichtherrlichen auf einem Berge thronen. Von ihm gehen viele lebendige Funken aus, die zwei Gestalten vor ihm mit sanftem Glühen lieblich umfließen: die „Furcht des Herrn" und die „Armut im Geiste".

Ohne diese beiden Tugendkräfte würde es sinnlos sein, sich weiter mit rationalen Methoden oder auch irrationalen Mitteln in die Engelwelt vertiefen zu wollen. Was diese Anfangsvision besagen will? „Daß vom allmächtigen Gott mannigfaltige, überstarke und in göttlicher Herrlichkeit leuchtende Kräfte kommen, um die wahrhaft Gottesfürchtigen und die, welche getreulich die Armut im Geiste lieben, helfend und stützend zu umgeben und sie mit der sänftigenden Glut ihres Wirkens zu umfangen" (Sciv. I, 1).

Diese helfenden Wesen, die entgegenkommenden Geister bei einem solch schwierigen Problem, einem Fragenkreis, in dem die Helfer selber zu Führern und Lösern werden müssen, diese Wesen sind die Schutzengel: brennende Leuchten vor der Herrlichkeit Gottes und beständige Schützer im Kampf des Menschen wider die Geister der erloschenen Sterne. „Denn Gott bestimmte eine Gattung von Geschöpfen, dem Irdischen verhaftet zu bleiben, andere, im Himmlischen zu weilen. Deshalb bestimmte Er auch selige Engel-Geister zum Heil des Menschen wie zur Ehre Seines Namens. Einige schuf Er nämlich so, daß sie den Bedürfnissen der Menschen entgegenkämen, andere wiederum, daß durch sie die Rechtssprüche Seiner Geheimnisse am Menschen offenkundig würden" (437 D).

Zwischen Schutzengeln (angeli custodes) und Botenengeln (angeli nuntii) wird unterschieden, wobei beide zum Dienste und Schutz des Menschen bestimmt sind, wie es von den Hirten auf dem Felde heißt, daß ihnen der Engelschutz (angelica custodia) zur Seite stand (P. 247). Auch den Hirten sind von den Engeln nur die Hemmungen weggenommen worden, damit sich die göttliche Vorsehung verwirklichen konnte. So sagt auch Thomas, daß die Schutzengel den Menschen freimachen von dem, was das Vordringen zum Ziele hemmt.[120]

Das Wesen dieses Schutzengels ist für den heutigen Menschen nur unter Überwindung größter Hemmungen zu erfassen. Selbst von den Theologen haben wir trotz des Schutzengelfestes und aller Schutzengelhefte wenig Aufschluß zu erwarten. In der protestantischen Theologie bildet sich neuerdings wieder ein scharfer Affront gegen die Vorstellung eines persönlichen Schutzengels heraus. Karl Barth schreibt in seiner Dogmatik[121], die im übrigen einen beachtlichen Respekt vor dem Wesen und Walten der Engel zeigt, daß die Engel an sich schon „im Leben jedes Menschen die Sachwalter des Reiches Gottes und eben damit die besten Bürgen für dieses Menschen eigene Sache" seien. Auch Guardini hat sich neuerdings energisch dagegen verwahrt, im Schutzengel eine Art von „himmlischer Aufsichtsperson" zu sehen, oder gar so etwas wie „Doppelgänger seiner irdischen Existenz im Himmel", wie Schniewind dies formuliert hatte.

Hildegard ist von scholastischen wie aufgeklärten Vorurteilen frei, darum auch in diesem schwierigsten Kapitel so erfrischend klar. Gleichwohl ist die Frage nach Zahl und Funktion und Spezifizität dieser Schutzengel auf eine je spezifische Person nicht eindeutig beantwortet. Vor allem hat sich Hildegard nicht zu den definitiven Positionen eines Thomas von Aquin durchringen können. Wir müssen auch hier aus älteren und verschleierten Quellen schöpfen.

Eine Begegnung mit dem Engel kann nicht in einem psychologischen oder soziologischen Bereich stattfinden; sie schreitet vielmehr durch beide Bereiche hindurch auf eine Erfahrung zu, die eben nicht gestellt und selbst nicht im asketischen Medium konstruiert werden kann, die vielmehr von selber kommen muß: Eine Konfrontation mit dem Selbst aber ist es gleichwohl, Konfrontation mit der eigenen Erfahrung, mit der persönlichen Berufung, mit der eigenen Reifung – Begegnung immerzu mit einem Verwandten! Nicht von außen herangetragen oder einfach dazugestellt wird dieser Schutzengel: Er richtet vielmehr von innen her alle menschliche Kraft auf. „Woher käme dir sonst eine Wahrheit über die Engel", fragt Petrus Hispanus und gibt die Antwort: „Ein Schutz liegt für dich schon tief in ihrem Wesen, weil alles, was nur in ihnen west, lauter Kraft ist"[122].

Im Drama „Der seidene Schuh" von Paul Claudel nennt der Schutzengel Doña Proëza seine „Schwester im Licht", und er spricht: „Wäre ich erkoren worden sie zu hüten, ohne daß zwischen mir und ihr eine geheime Verwandtschaft bestünde?" Und er spricht sie an: „Wo, sagst du, ist der Duft?

Wo, meinst du, schwingt der Klang? Und wo berühren sich Duft und Klang? Sie sind zu gleicher Zeit vorhanden. So bin auch ich mit dir." Doña Proëza aber bestürmt ihren Engel, den herzlosen Fischer, nicht so wild an seiner Schnur zu reißen, worauf der Engel nur in seiner Ruhe erwidern kann: „Meine Schwester Proëza im Licht, das Gotteskind, das ich grüße. Jene Proëza, auf welche die Engel schauen, die ist es, die unbewußt auch er erblickt." Ist er es doch, der aus seiner Schwester im Licht ein Flammengestirn im Sturm des Heiligen Geistes bilden will!

Hildegard von Bingen greift das Problem des Schutzengels von einem zentralen, wenn auch zunächst überraschenden Begriff aus an, vom menschlichen Gewissen. Im Bösen muß der Mensch immerfort vernichten, zerstören, und zwar nach dem Archetyp des ersten Engels, ein Vorgang, der das Wesen Gottes und des Guten nicht berührt. „Denn es wäre unzulässig, anzunehmen, Gott würde sich selbst zerstören. Seufzt nun der Mensch zum Namen Seines Vaters auf, ruft er Ihn in rechtem Verlangen an, dann eilt der Schutz der Engel ihm zur Seite, damit er nicht weiter durch die Feinde belästigt werde." So wird der Mensch beschützt, erhalten, genährt, erneuert, wenn auch immerfort dabei bestürmt und bedrängt. „Der Teufel indes will nur eins: die Seelen dem Tode ausliefern. Er sucht nur das zu tun und kann nichts anderes wirken und kann es kaum ertragen, bis er das, was er tun will, ausgeführt hat (898 B/C).

Mit seinem Gewissen als dem Organ des Heiligen Geistes, in dem kraft der „viriditas scientiae" die Engel um den Weg sinnen, der zum Heile weist, mit diesem Gewissen und seiner genuinen Antwort auf das Höchste, ist der Mensch das Kennzeichen der vollen Ehre Gottes. „Sein gutes Gewissen weist auf die Streitkräfte der Engel hin, die Gott rühmen und Ihm dienen. Das böse Gewissen aber offenbart Gottes Macht, da Gott das besiegt, was den ersten Menschen aus dem Paradiese vertrieben hat. So ist die allgemeine Entscheidungssituation in jedem Menschen. Wer in gutem Gewissen sich entscheidet und handelt, zeigt damit Gottes Güte. Wer sich aber nach dem bösen Gewissen ausrichtet, der beweist damit Gottes Macht. Denn Gott ist Der, der bald richtet, bald verzeiht" (898 D).

Der Engel steht in dieser Situation ständiger Entscheidung bereit, die irdischen Widerfahrnisse auf das Himmlische zu übertragen. Dabei wird vom Engel nicht das rein weltliche Wirken aufgenommen und dargebracht, sondern nur das in all unserem Tun integrierte geistliche Leben der Selbstüberwindung und des Gehorsams. Dieses allein ist das Manna auf dem Tisch des Lebens! „Gott hat ja den Menschen gemacht, nicht dieser sich selber. Deshalb muß das geistliche Reich, die Engel, Gott in Gehorsam dienen. Luzifer hat dies verachtet, und er ist es, der auch den Menschen den Ungehorsam gezeigt hat" (P. 366). Engel und Teufel wissen um den feinen Ausschlag dieses Gewissens zu Gehorsam oder Unbotmäßigkeit hin. Das Gewissen bleib dabei die letzte und geheimste Instanz, in der selbst der Engel Distanz wahren muß, in der der Mensch allein bleibt mit seinem Schöpfer. Im Gewissen hat der Mensch Verantwortung zu zeigen und sich als tätig zu erweisen.

In seiner genuinen Werktätigkeit ist der Mensch das Wesen, das den Neid der Teufel und die Bewunderung der Engel hervorruft. „Wirkt doch der Mensch mächtiger mit Seele und mit dem Leib, als wenn er ohne die körperliche Beschwerung existierte. Er streitet in seinem Selbst unter vielen Gefährdungen und vollbringt die tapfersten Kämpfe. Er erweist sich darin als der Sieger mit Gott, seinem Herrn, wenn er getreulich für Ihn den Kampf führt. So kommt er in seinem Streiten zur Erkenntnis Gottes, indem er seinen Leib züchtigt. Dem Engel hat diese Beschwernis mit einem irdischen Leib gefehlt; er war lediglich ein Streiter der himmlischen Harmonie und als solcher leuchtend und lauter und beständig in der Schau Gottes. Der Mensch aber, beschwert mit dem erdhaften Kör-

per, ist der Tapfere, ein ruhmreicher und ein heiliger Soldat"
(586 D).

Der Mensch ist ein Streiter für Werte, ein Kämpfer in ste-
tiger Entscheidung, ein Soldat höchster Verantwortung. Er ist
der heilige Krieger, der weiß, wofür er kämpft und wie man zu
einer Sache überzeugt dastehen und für sie eintreten kann,
was gerade einem Soldaten heute schlechterdings in aller
Welt unmöglich geworden ist.

Bisher war nur von den Schutzengeln im allgemeinen die
Rede. Die Schutzfunktion erstreckte sich zunächst nicht auf
die einzelne christliche Seele, nicht auf die lieben Kinderlein,
sondern auf den Menschen an sich und darin erst auf jedes
Menschen persönliche Reifung. Im späteren Mittelalter ging
diese Schutzfunktion über den einzelnen Menschen hinaus
auf bestimmte Gemeinschaften über. So wurde Michael der
Schutzherr der Kirche, der Engel des deutschen Volkes, der
Schutzpatron der armen Seelen im Fegefeuer. Bestimmte Ge-
sellschaftskreise, Kongregationen, Bruderschaften, erhielten
ihren eigenen Schutzengel, ja sogar heilige Orte und Gegen-
stände, wodurch natürlich immer wieder auch die magische
Betrachtung und Manipulation des ehrwürdigen Themas nahegelegt wurde.

Auch Hildegard spricht nur vom Schutz der Engel, von den
„angelica praesidia" (898 B). Es bedarf äußerster Umsicht und
Behutsamkeit, aus den Texten nunmehr die wichtigsten anthropologischen Fundamentalkategorien dieses Schutzengels
herauszuholen. Im Begriff des Schützens liegt nämlich nur
eine vorläufige und erst aus einem Hintergrund zu erhellende
Bedeutung. Hier wird nicht in naiver Vorstellung vor Leid
oder Unfall oder Schmerz oder Mißgeschick bewahrt. Hier
geht es um die Wahrung und Hut des ewigen Heiles, um
nichts anderes, um Behütung auch vor dem Diabolischen, das
uns ständig nachstellt in seiner sehr persönlichen Aufdring-
lichkeit. Dies ist die Schicht, in die „Schutz" getragen werden
muß. Dieser Schutz bleibt auch dort maßgebend, wo der

Mensch sich in Schuld verstrickt hat und im Diabolischen verfangen scheint.

Thomas von Aquin betont ausdrücklich, daß die Schutzengel die Menschen niemals ganz verlassen. „Nur insofern kann man es sagen, als sie ihn auf Grund des gerechten Gerichtes Gottes der Schuld oder der Strafe verfallen lassen."[123] Auch die Sünder sind nicht von der Vorsehung und Behütung ausgeschlossen. Aber aus Mangel an Einsicht gesellen sie sich zu der niederen Kreatur und gleiten freiwillig in eine andere Ordnung hinab. Es ist keineswegs so, als kümmere sich die Vorsehung nicht mehr um die schlechten Menschen, aber Gott ordnet ihre Akte nicht mehr auf ihre Förderung hin, wie Thomas das nennt. Der Schutzengel steckt nunmehr nicht mehr im Kern jeder tiefen menschlichen Erfahrung, was doch seine geheimnisvollste und intensivste Funktion ist. Alle Erfahrung ist ja auf die Förderung aus, sucht immer nur weiterzukommen und erfährt auf ihrem Weg im Grunde nichts anderes. Verlust dieser tiefen Förderung auf dem Wege –: das ist wahrhaft ein „mysterium iniquitatis"!

Gott ordnet das grundlegende „opus", die menschliche Wirklichkeit und Verantwortlichkeit, auf unsere Förderung hin – und ebendies durch den Engel. Das ist die erste Aussage Hildegards über den Schutzengel. „Zu allem, was uns frommt, wirken die Engel mit", sagt auch Thomas von Aquin[124], der sogar von einer „cooperatio" der Engel spricht. Nicht im Negativen erschöpft sich demnach das Amt des Engels bei Schutz und Hut, in Vorhut und Schutzmaßnahme. Es trägt im Gegenteil eine originäre, fruchtbare und schöpferische, ungemein dynamische Tendenz in sich aus: Das Heil selber ist es, zu dem der Hüter anleiten will, anhalten zum richtigen Verhalten, zu einem wahren Wohl-Stand. Das ist eine Hilfe, die das Leben begleiten kann von der Geburtshilfe bis zur Sterbehilfe, lebenslange Lebenshilfe. Im Begriff der Schutzengel ruht ja zunächst das Phänomen der menschlichen Schutzlosigkeit, unserer Bedürftigkeit und unseres

Preisgegebenseins, das Phänomen auch der immensen Bedrohlichkeit in der Welt und durch die Welt. So ist es zu verstehen, daß endlich der Mensch von den Engeln in Abrahams Schoß getragen wird (Luc 16, 22). Der Engel informiert unausgesetzt unseren menschlichen Lebensstil; er führt gewissermaßen das Buch des Lebens. Er entwirft den Heil-Plan und zeigt alle heilsamen Maß-Nahmen auf.

Auf eine dritte und letzte Aufgabe der Schutzengel wird schließlich vorbereitet, über die man freilich nur noch auf menschliche Weise und in einem psychologischen Medium sich ausdrücken kann. Schützend und heilend, ringend um einen menschlichen Lebensstil, begleitet der Engel unsere Fahrt und schenkt uns auf dem Wege unsere Erfahrung, mehr noch: er ist die Lebenserfahrung selber, indem er über das Gewissen und in aller Entscheidung die Reifung des Menschen will. Der Schutzengel ist deshalb auch nicht allein Engel des zarten Kindesalters, vielmehr in gleich starker Weise der Engel des wachen Menschen, der verantwortlich in der Krisis des reifenden Lebens steckt, Engel über den Taten des werkstätigen Menschen, des schöpferischen Menschen, Engel über den Künsten und der Wissenschaft, Engel der reifen Lebenskultur, Engel der Erfahrung. So laufen wir in diesem Wettkampf, wahrhaftig umgeben von einer dichten Wolke von Zeugen (Hebr 12, 1).

Vielleicht war deshalb in Hildegards Einleitungsbild zu den Schutzengeln von der „Armut im Geiste" die Rede und von der „Furcht des Herrn"? Um in aller Einfalt und im Ernst der Bewußtheit zu einem tiefen, geistigen und kindlichen Wissen zu kommen? Welche Einfalt und welche Vielfalt im Wesen des Engels: vom Lichtengel der puren Repräsentanz bis zum Richtengel der letzten Gerechtigkeit. Boten, die über der Weltgeschichte als Heilsengel walten oder als Sühneengel wirken, in allem und jedem aber Beistand und Hilfe bedeuten: Schutz-Engel!

„Daher wird auch ein Mensch, der Gutes tut, durch Gottes

170

Huld und ihm selber kaum bewußt, von den Menschen geliebt. Er macht auf seinem Wege solche Fortschritte, daß er
immerfort nur danach trachtet, weiter Gutes zu wirken, wie
auch die Engel, die Gottes Antlitz schauen, nicht müde werden in solcher Betrachtung" (830 D).

Der Schutzengel verbindet sich mit seinem Wissen und
Sehnen den Schöpfungsplänen Gottes, soweit diese das Heil
des Menschen betreffen. Er greift ein in die Vernunft des Menschen, die in ihrer engelhaften Geistigkeit wie auch ihrer lebensfrischen Grünkraft zu einem Organ wird, das den Menschen über sich selbst hinaus auf das Vernehmen einer
höheren letztgültigen Wirklichkeit führt. Auch hier gibt der
Engel Führung und Geleit. Er weckt über die Vernunft das Gewissen des Menschen, welches in Ehrfurcht entscheidet und
im Werk an der Welt fromm macht. Der Schutzengel läßt in
dieser Erfahrung das Heimweh nach dem Ursprung der Freude
aufblühen und weist den Menschen an, in Freude mit seinem
Tun die Welt zu vollenden.

Hildegard faßt diese Gedanken in einfachen Bildern zusammen: „Und so gibt es eine große Zahl von Engeln, die mit
Gott geheim im Himmel lebt und der menschlichen Natur
verborgen bleibt, es sei denn, sie werde durch lichtvolle Zeichen erkannt. Diese Engel sind mehr mit Gott als mit den
Menschen vernünftig verbunden, und sie erscheinen dem
Menschen nur selten. Doch zeigen sich auch andere Engel. Sie
stehen im Umgang mit den Menschen, und sie erscheinen,
wie Gott es will. Da Gott diese für verschiedene Ämter ausgerüstet hat, bestimmte Er auch, daß sie mit den Geschöpfen
dementsprechenden Umgang haben sollten. Wiewohl sie nun
verschiedene Aufgaben haben, verehren sie doch im Kult und
im Wissen alle den Einen Gott.

Wie sollte auch das Wissen, wenn es nicht im Klang seines
Rühmens zu Dem aufflöge, von Dem es stammt, vielmehr
aus sich selbst etwas sein wollte – wie sollte dieses Wissen anders bestehen können, da es in sich selbst keinen Grund hat.

Es liegt ja im Wesen der Vernunft, daß sie den Klang ihres Rühmens immer auf einen anderen bezieht und somit vom anderen erfreut wird; würde sie in sich selber erklingen wollen, so würde sie wenig Ehre einernten. So machte es Satan nämlich, sobald er zu existieren begann. Er hat mit seinem Lobpreis keine Rücksicht auf seinen Schöpfer genommen; er wollte vielmehr auf sich bestehen und stürzte, von der Gottheit abgeschnitten und zertreten, zertrampelt wie ein Halm, der im Grase abgerupft wird. Daher soll jedwedes Geschöpf, das Leben hat, auf seinen Schöpfer Rücksicht nehmen und nicht danach trachten, aus sich selbst heraus seine Ehre zu finden. Die volle Freude kann ja der Mensch nicht aus sich selber haben; sie muß ihm vielmehr von einem anderen geschenkt werden. Erkennt der Mensch aber diese Freude, die ihm vom anderen entgegenkommt, dann empfindet er in seinem Herzen ein großen Entzücken. Denn dann erinnert sich die Seele, wie sie von Gott geschaffen ist; sie schaut andächtig zu Ihm auf, wie auch ein Mensch auf sein Antlitz im Spiegel blickt, wie es wohl ausschaute.

Der allmächtige Gott schuf Sein Werk so, daß es mit Engelslob auf Ihn blicken könnte, da Er dies Werk so gewaltig und schön zu Ende führt" (959 C-960 A).

Von den Schutzengeln aus können wir erst die Plagegeister verstehen, die im kosmischen und soziologischen Bereich wie auch in der persönlichen Sphäre des Menschen zur Geltung kommen: keineswegs bloße Gegenspieler des Engels mit einem autonomen Herrschaftsbereich, vielmehr aus der Nichtigkeit des Teufels zu betrachten und zu erklären. Karl Barth hat dies[125] deutlich gesehen: „Der angelische und der dämonische Bereich gehören ihrer Herkunft und ihrer Art nach nicht zusammen. Die Dämonen sind auf keinen Fall so etwas wie die armen, bzw. bösen, übelbeleumdeten und lästigen Vettern der Engel." Sie sind vielmehr nur die Widersacher der himmlischen Botschafter und ihrer Herkunft nach aus dem

Nichts, dem Chaos, der Finsternis ohne produktive Kraft. Stammen sie doch von dem Vater der Lüge und sind nichts anderes als die „Kräfte" der Lüge!

Ist es bei Hildegard schon zweifelhaft, ob sie einen eigenen persönlichen Engel des Menschen annimmt, eine Vorstellung, die vielleicht aus der Idee des antiken Genius oder des sokratischen Daimonion herrührt, in der Theologie des frühen Christentums jedenfalls nur mit schwachen Argumenten[126] vertreten worden ist, so ist die Existenz eines besonderen Plage-Engels mit Sicherheit abzulehnen. Aus orientalischen Quellen genährt, hat sich diese Vorstellung zwar lange halten können. So schreibt der „Hirte" des Hermas: „Zwei Engel sind beim Menschen: einer der Gerechtigkeit, einer der Bosheit." So auch Origines, Gregor von Nyssa, so Tertullian und Cassian. Und so noch im Islam, wo heute noch auf muslimischen Gräbern zwei Säulen diese beiden Engel symbolisieren.[127]

Plagegeister, Schadeengel, Schadensdämonen sind es wohl auch, die in allen Jahrhunderten nach vielfältigen Überlieferungen vom Individuum spezifischen Besitz ergriffen und so das Phänomen der Besessenheit, eine so unheimliche wie rätselhafte Erscheinung, auch noch für moderne wissenschaftliche Fragestellungen hervorgerufen haben[128]. Auch hier haben wir bei Hildegard alles andere als eine diabolische Umkehrung des Schutzengels vor uns.

Hildegard bringt zum Phänomen der Besessenheit keine Systematik, aber einen interessanten Fall.

Der Bischof Arnold von Trier fragte bei Hildegard an, was wohl aus jenem Fall von Besessenheit geworden sei, der kürzlich die ganze Gegend in Aufmerksamkeit und Unruhe versetzt habe. Hildegard spricht in ihrem kurzen Antwortschreiben zunächst von der heilsamen Wirkung Christi, der als der „summus medicus" gepriesen wird, und zieht eine knappe Epikrise über den Fall der „Domina Sigewiza".

„In dem erwähnten Fall von Besessenheit konnten wir

viele wunderbare Dinge erleben, die man kaum in einem Brief unterbringen kann. Aber wir haben erkannt, wie der teuflische Anhauch von Tag zu Tag nachließ und schließlich aufhörte. So wurde diese Frau von der Belästigung des Teufels befreit. Sie ward zwar vorübergehend noch von einem körperlichen Leiden befallen, das sie vorher nicht gekannt hatte. Nun aber erhielt sie die Kräfte des Körper wie der Seele in voller Gesundheit wieder" (183 A).

Um was hatte es sich in diesem Fall gehandelt?

Eine vornehme Dame am unteren Rheinlaufe, mit Namen Sigewiza, galt als besessen. Wir wissen nur wenig über die Krankengeschichte und kaum etwas über die ersten Symptome des Leidens. Im siebenten Jahr ihrer Besessenheit wird die Frau in die Abtei Brauweiler bei Köln gebracht. Unter Anrufung des hl. Nikolaus war exorzisiert worden, aber ohne jeden Erfolg. Der böse Geist, der aus der Besessenen sprach und schimpfte, hatte sich lediglich herabgelassen, den Namen einer Frau zu bekennen, die allein als wirksame Gegenkraft auftreten könne. Der böse Geist hatte diesen Namen verdreht und verspottet und von einer „Scrumpilgard" gesprochen, was die Mönche von Brauweiler unschwer auf die damals schon bekannte Seherin vom Rupertsberg auslegen konnten.

Hildegard kommt nun den Bitten des Abtes von Brauweiler entgegen und verspricht Hilfe: Sie bittet die ganze Gemeinde um Gebet und Mithilfe, weil nur eine gemeinschaftliche Hilfstat in Demut solche Not wenden könne.

In ihrem Antwortschreiben an den Abt von Brauweiler gibt sie nähere Einzelheiten über den bösen Geist und schließt mit praktischen Anweisungen. Der Brief lautete:

„Nachdem ich durch die Geißel Gottes so lang und schwer an einer Krankheit darniedergelegen, wage ich es kaum, auf Eure Bitte zu antworten. So spreche ich nicht aus mir heraus, sondern aus Dem, der ist. Es gibt verschiedene Arten böser Geister. Der Dämon, von dem Ihr sprecht, hat die Eigenart, in seinem Laster sich den Sitten der Menschen anzupassen. Des-

halb weilt er gern bei den Menschen und verspottet und ver-
lacht dabei sogar das Kreuz des Herrn, die Reliquien der Heiligen und anderes mehr, was zum Dienste Gottes gehört, und
befindet sich dennoch in großer Furcht. Er liebt dies nicht und
verheimlicht sein Unbehagen, so wie einem Stümper und
dummen Menschen die Worte und Haltung, die ihm Klügere
zeigen, nicht passen wollen. Um so schwieriger ist es, gerade
diesen Dämon auszutreiben. Er kann nur durch Fasten,
Geißeln, Gebet und Almosen und auf Befehl Gottes ausge-
trieben werden." Es folgen Anweisungen zum Exorzismus,
die zunächst mit Erfolg angewandt worden waren; aber schon
nach kurzer Zeit kehrte der vertriebene Geist zurück und
brachte die Frau in noch schlimmere Raserei als zuvor. Man
beschließt, die Besessene auf den Rupertsberg zu bringen und
vor Hildegard zu führen.

Hier wäre nun der Ort, über die mittelalterlichen Anschauungen von Wesen und Formen der Besessenheit auszu-
holen. Dazu ist zunächst festzustellen, daß sich schon die
mittelalterliche Theologie einer äußersten Zurückhaltung
befleißigte und allerstrengste Kriterien angelegt hat.[129] Hier
ist es jedenfalls nicht, wie im späten Mittelalter, wie vor allem im 17. und 18. Jahrhundert, zu den Massenerscheinungen
einer regelrechten Dämonomanie gekommen. Im Missale Romanum[130] heißt es ausdrücklich: „Damit keiner leichtfertig
dem Glauben huldige, es sei jemand von einem Dämon besessen, soll man zunächst einmal sein Augenmerk auf jene
Symptome richten, in denen ein Besessener unterschieden
wird von denjenigen, die an schwarzer Galle oder sonst einer
Krankheit leiden."

Wir haben selbstverständlich immer zunächst einmal nach
psychischen Abartungen und pathologischen Reaktionen,
nach einer Geisteskrankheit oder Seelenstörung, zu suchen.
Wirkt doch der Teufel, wenn überhaupt hier von einer „Wirk-
samkeit" die Rede sein kann, nur über den Leib, den er überdies nur äußerlich und mechanisch zu bewegen vermag. Des-

halb auch vielleicht der absurde Habitus und der abrupte Gestus dieser Befallenen.

In einer früheren Vision hat Hildegard bereits Kenntnis von einzelnen Symptomen im Fall der besessenen Sigewiza erhalten. Sie selbst beschreibt diese Erscheinungen: „Ich sah in einer wahren Schau, wie diese Frau unter Zulassung Gottes von einer gewissen Schwärze (nigredo) und von einem zusammengeballten Rauch (fumus diabolicae conglobositatis) besessen und umschattet war, der ihr die Besinnung der vernünftigen Seele unterdrückte, selbst das Erheben und Aufstreben jeglicher Vernunft verhinderte. Etwas wie ein Schatten eines Menschen oder eines Gegenstandes oder ein widriger Rauch zog ihr entgegen und umhüllte sie so, daß sie gesundes Denken und Tun verlor und öfters Unpassendes tat und sprach. Wurde dieses Unheil durch den Willen Gottes gemildert, fühlte sie sich auch erleichtert. Wie ich darüber nachdachte und grübelte, sah und hörte ich die Antwort, daß der Teufel nicht in seiner wirklichen Gestalt in den Menschen einfährt, sondern ihn mit dem Schatten und dem Rauch seiner Schwärze (cum umbra et fumo nigredinis) umschattet und bedeckt. Führe er in seiner wirklichen Gestalt in den Menschen ein, so würden dessen Glieder schneller gelöst, als Stroh vom Sturm fortgewirbelt wird. Darum läßt Gott es nicht zu, daß er in seiner wahren Gestalt einfährt. Er überschüttet den Menschen aber mit üblen Dingen und treibt ihn zur Unvernunft und Ungehörigkeit. Er schreit durch ihn wie durch ein Fenster. Er bewegt seine Glieder von außen, wenn er auch nicht in seiner wahren Gestalt in ihm steckt. Der Geist des Menschen ist gleichsam eingeschlummert und weiß nicht, was das Fleisch des Körpers tut."

Hildegard beschreibt mit einfachen und treffenden Worten die Bewußtseinstrübungen und Wesensveränderungen der Befallenen, den phasischen Verlauf der Anfälle und Ausbrüche sowie auch den Tatbestand, daß von einer direkten Besessenheit durch den Teufel nicht gesprochen werden könne, daß dessen Einwirkung vielmehr begrenzt und auf den Umkreis der Symptomatik eingeschränkt sei. Schließlich wird betont, daß von freier Verantwortlichkeit in diesem Zustand nicht mehr die Rede sein könne, wie ja auch diese Besessenheit nur indirekt als Folge der Sünde, der Erbsünde nämlich, angesehen wurde, nicht aber als persönliche Schuld und Strafe. Hierzu führt Hildegard weiteres aus:

„Ich sah eine große Schar böser Geister, die diese Künste und diese Bosheit betrieben. Sie ziehen durch die ganze Welt und suchen und spähen nach Menschen, durch die sie Spaltung und Zwietracht hervorrufen. Zu Anfang, von der Erschaffung an, verachteten sie Gott im Gegensatz zu den guten Engeln und sprachen: ‚Wer ist es, der so viel Macht über uns hat?' Sie sprachen aus Neid, Zorn und Haß, und darin verbleiben sie auch und tun darum alles, weil sie als erste dem Geist des Widerspruchs verfielen. Gott aber will gerade durch sie das Volk reinigen. Sie bewegen mit Seiner Erlaubnis und unter Seinem Befehl die Stürme der Luft und durch den Schaum der Luft bringen sie Pest und Überschwemmung und Gefahren des Wassers; sie erregen Kriege und Terror. Gott läßt dies geschehen, da die Menschen sich durch ihre Frechheit in Untaten und Mord verwickelten. Weil Gott sein Volk so gereinigt haben will, führt sie der Geist in Verwirrung, wie es der ebenerwähnten Frau geschah" (123 C/D)[131].

„Bei der Ankunft dieser Frau waren wir sehr erschrocken. Wir konnten sie sehen und hören, und das Volk nahm an dem ganzen Treiben starken Anteil. Gott jedoch ließ den Tau Seiner Süßigkeit über uns herabfallen, und wir konnten sie ohne Furcht und Schrecken, ohne männliche Hilfe, in die Räume der Schwestern bringen. Trotz allen Schreckens, mit dem der Dämon die Überfallene wegen der Sünden überhäuft, trotz aller höhnischen und schmutzigen Worte, mit denen er uns überwinden wollte, trotz seines üblen Atems, sind wir nie von ihr gewichen. Und ich sah, wie er in der Frau dreimal Kreuzespein erlitt." Hildegard erzählt alsdann, wie sie und ihre Nachbarn beiderlei Geschlechts sich für die Arme durch Fasten, Gebet, Almosen und körperliche Buße vom Fest der Reinigung Mariä bis zum Ostersamstag bemüht hätten. An diesem Tage aber, als der Priester über den Taufbrunnen hauchte und die Worte sprach: Der Geist des Herrn schwebte über den Wassern – da war auch die besagte Frau Sigewiza anwesend.

„Sie zitterte in äußerster Furcht so stark, daß sie mit den Füßen die Erde stieß und den Zorn des furchtbaren Geistes, der sie bedrückte, wiederholt ausließ. Ich sah und hörte in einer wahren Schau, wie die Kraft des Allerhöchsten, die über der heiligen Taufe schwebte und noch immer schwebt, gegen die Teufelserscheinung, unter der die Frau litt, ausrief: Weiche Satan, aus der Leibeswohnung dieser Frau: gib Raum dem Heiligen Geiste. Da fuhr der unreine Geist in furchtbarer Weise mit der Ausscheidung durch die Schamteile der Frau aus. Und sie blieb frei und blieb gesund an Leib und Seele, solange sie in dieser Welt lebte" (126 B/D).

Das Gerücht von der Heilung der Frau verbreitete sich schnell durch die rheinischen Lande. Wenig später fragen die Kölner Geistlichkeit und der Dekan Philipp von der Apostelkirche bei Hildegard an, ob die Nachricht von einer Heilung der Frau Sigewiza wohl wahr sei, jener leidenden Dame, die ihnen seit vielen Jahren bekannt gewesen sei. Hildegard gibt die klassische Antwort: Gott tat Sein Werk, aber Er tat es nicht auf einem einzigen Wege. Er wirkt auf vielerlei Weise, in der Frühe als Morgenröte, gen Mittag unter Gluten, am Abend in milder Wärme, und Er verbirgt sich zur Nacht. So wollte Er auch mit dieser Frau in vielerlei Hinsicht ein Zeichen geben. Hoch und niedrig, arm und reich haben sich an diesem Fall mit Mühen und Beten hilfreich vereinigt: mit Nachtwachen und Almosen, Fasten und Kasteien, nicht zuletzt mit einer Umstellung ihres inneren Lebenswandels: im ganzen durch ein soziales Sühneopfer, die sittliche Tat einer Gemeinschaft. Und das ist es im Letzten ja auch, was Gott an einem solchen exemplarischen Heilungsvorgang dokumentieren will: nicht das physiologisch Sensationelle oder religiös Wunderbare, sondern des Menschen Umkehr! Barmherzigkeit will der Herr, und gar nicht das Tun selber (259 B/C). „Denn Gott läßt seine Freunde durch Unglück und Krankheit schlagen, um sie vom Bösen zu reinigen und durch sie die Feinde zugrundezurichten, während die Auserwählten rein werden und glanzvolle Steine vor Gott" (123 D).

III.

ENGEL ALS ARCHETYP DER GESELLSCHAFT

Die grauen Mönche zu Eberbach lassen durch ihren Prior bei Hildegard, der Prophetin auf dem benachbarten Rupertsberg, anfragen, was es mit ihrer „conversio", mit der Umkehr vom weltlichen zum geistlichen Leben, auf sich habe und in welcher Weise man sich den Ehrentitel eines Umkehrenden, eines „conversus", verdienen könne.

Hildegard holt zu einem langen Schreiben aus. Sie kommt dabei auf ihre eigene Leidenszeit und ihre lebenslange Umkehr zu sprechen: Sie, die armselige Gestalt, die von Kindsbeinen an mit Krankheiten und Schwächen zu kämpfen gehabt habe, sei in einer geheimnisvollen Schau angehalten worden, den Mönchen eine Antwort zu geben. Noch immer liege sie schwerleidend darnieder und ringe um das rechte Schreiben, in dem sie verantwortlichen Menschen und Lebensführern einen Spiegel vorhalten könne: Spiegel menschlicher Gemeinsamkeiten und Vorbild einer humanen Sozietät.

Was hat Hildegard in einem Schreiben mit solch persönlichem Ernst über die menschliche Gesellschaft und ihre Bezüge zur Welt der Engel zu sagen?

„Ich armseliges Weib, mehr denn zwei Jahre auf das Lager des Leidens gefesselt, habe folgendes geschaut, und ich habe vernommen, was eine Stimme vom Himmel zu mir gesprochen: Gott hat die großen heilkräftigen Werke, die Er in Seinen Heiligen und Erwählten wirkt, durch die vier lebendigen Wesen der Geheimnisse Gottes symbolisch dargestellt."

Damit ist ein neues Thema gegeben und die Methode vorgezeichnet. Von der Ordnung der heilen Gesellschaft ist die Rede und von ihrer Verschlüsselung durch ein Bild der Apokalypse. Im vierten Kapitel der Geheimen Offenbarung spricht der Seher Johannes von den lebendigen Wesen, die, voller Augen hinten und vorne, um den Thron Gottes stehen. Was Menschen getrennt besitzen und auch als Gruppe nur isoliert verwalten und gestalten können, ist in diesen hohen Geistesgestalten der Geheimen Offenbarung vollkommen vereint: die Allheit der Augen rundum, eine Menge von Flügeln, das Gehen nach allen Richtungen, Aufrauschen der Schwingen wie brausendes Wasser und donnerndes Tosen hinter dem Flügelschlag.

Die vier Lebewesen entsprechen in der uralten Tradition der Sumerer und Babylonier den vier Weltrichtungen. In der Geheimen Offenbarung halten vier Engel an den vier Weltenden die vier Winde fest. Seit dem Kirchenvater Irenaeus werden diese vier Wesen auf die vier Evangelisten gedeutet: der Löwe auf Markus, der Stier auf Lukas, der Mensch auf Matthäus und der Adler auf Johannes; alle vier aber umstehen Christus den Pantokrator.

Bereits in der Johannes-Apokalypse war mit diesem gewaltigen Bild die gesamte irdische Gesellschaftsordnung in eine himmlische Hierarchie einbezogen worden. Die Engel gelten dabei als die verbindenden Glieder dieser zwei Gemeinden in einer Gottesordnung, dieser zwei Kreaturen, der Engel und der Menschen, die beide dem Allerhöchsten zu dienen haben und zu einer Gemeinsamkeit berufen sind. „Auch du, wenn du willst, tritt ein", schreibt Klemens von Alexandrien[132], „und du wirst den Reigen mit den Engeln führen um den wahrhaft ohne Ende lebenden Gott, in dem der Logos mit uns Hymnen singt".

Die ganze frühchristliche Welt ist durchstimmt von dieser Einladung, am Reigen der Engel teilzunehmen. Überall im Neuen Bundes begleiteten Engel die Erscheinung des Christus, der das Haupt der Engel bildet. Die Engel stehen um den

Thron des Lammes. Ihr Stehen ist Zeichen für das Geschöpf und für den Dienst an der Schöpfung. Legionen von Engeln umringen den Thron. Der gesamte Kosmos ist von geistigen Wesen durchwaltet. Sie sind die Diener und Botschafter und damit die gewaltige Gefolgschaft des Herrn. Über jedes Ding in der Natur ist ein Engel gesetzt; in jeder Naturkraft waltet ein geistiges Gesetz. Jeder Wandel der Geschichte ist in Fürsorge der Engel mit Gott verbunden. Alle Gemeinsamkeit des Menschen hat ein angelisches Band.

Gerade in dieser Verbindlichkeit bleibt die Einheit der Welt bewahrt. Gott erfüllt das Universum: Himmel und Erde – beide sind Sein Werk, beide in Seiner Hut.

Während in der spätantiken Gnosis die Geister zu selbständigen Medien guter oder böser Natur werden, die den Kosmos dämonisieren und schließlich zu einer Spaltung des Weltgrundes und einer Entfremdung mit Gott geführt haben, betont die frühchristliche Engellehre gerade die personale Bindung an den menschgewordenen Gottessohn, diese einzige zentrale Tatsache der Heilsgeschichte, in deren prophetischer Schau und Vorausschau die Engel selber bereits ihre Prüfung – zu Dienst oder Rebellion – erlebt hatten. Wie die Engel nun in der Natur lebendige Gotteskräfte repräsentieren und als der preisende Mund der Kreatur verstanden werden, so tritt ihre immer reicher sich differenzierende Klassifizierung auch mehr und mehr in Beziehung zu den gesellschaftlichen Verhältnissen der Welt. Völkerengel als Schutzmächte von Gemeinschaften sind schon im späten Judentum benannt worden. Michael galt als der Engelfürst Israels. Mit Vorliebe konnten deshalb die Kirchenväter Engel als die Archetypen der menschlichen Gesellschaft vor Augen führen, wobei die erleuchteten Engel ihre „societas civium supernorum" in vollkommener Harmonie geordnet haben und daher absolut vorbildhaft erscheinen.

In der Engellehre des Klemens von Alexandrien spielt dieser Gedanke von einer angelischen Ordnung im Aufbau der menschlichen Gemeinschaft eine hervorragende Rolle. Es ist geradezu die Grundeigenschaft der göttlichen Macht, daß sie alles in eine Ordnung und eine Aufsicht gebracht hat, wobei jedes sich auf den höchsten Ordner dieses Alls zu beziehen habe. An der Spitze dieser kreatürlichen Welt aber steht das selige Engelheer. Auch die Engel stehen in diesem dynamischen System eines lebendigen Zuges nach oben: Wie Eisenteile vom Geist des Magnetsteins in Bewegung versetzt werden, so wird alles, was mit Tugend begabt ist, vom Heiligen Geiste angezogen. Ist es doch von Anfang an ein geltendes Gesetz, daß die Tugend Sache der freien Wahl ist. Der natürlichen Trieblehre wird also unter diesem Gesichtspunkt eine helle und lodernde Zuglehre entgegengehalten; an ihrem Ende stehen die Engel, deren Haupt wiederum Christus ist. So beschreibt es Klemens in seinen „Teppichen":

„Gottes Sohn herrscht über die Engel, ganz Geist, ganz väterliches Licht, ganz Auge, alles sehend, alles hörend, alles wissend, mit Macht die Mächte durchforschend. Ihm ist das ganze Heer der Engel und Götter unterworfen, da Er als der Logos des Vaters die heilige Weltregierung erhalten hat."[133] Die politische Verfassung der Welt wird ganz konsequent von dieser Sicht her durchkonstruiert. Mit vielen Vätern glaubt Klemens von Alexandrien, daß einzelne Völker und Städte, vielleicht auch einzelne Personen, unter die Oberaufsicht von Engeln gestellt seien. So sei den Hellenen die Philosophie durch einen niederen Engel geschenkt worden, gemäß der Ansicht, daß die Engel völkerweise verteilt seien. Tiefsinnigerweise herrschte demnach in Hellas – der Engel der Philosphie!

Gott bedient sich in Seiner Ordnung allenthalben solcher Mittel: Gesundheit gedeiht durch die Arzneikunde, Reichtum durch Handel. Und so helfen auch die Engel Gott in der Verwaltung des Irdischen und vermitteln Ihm alle Kunde vom Irdischen.[134] Auch die Stände der Kirche, die Würden der Bischöfe, der Presbyter, der Diakone sind Nachbildungen der Herrlichkeit der Engel und der jenseitigen Welteinrichtung. „In Siebenheiten kreist die ganze Welt aller lebendig gezeugten und wachsenden Geschöpfe: sieben Vorsteher der Engel, sieben Planeten, sieben Plejaden, sieben Tage der Woche ..."[135]

Einen Schritt weiter ist Origines gegangen, wenn er unter den Engelfürsten gleichsam alle Ministerien der Weltherrschaft verteilt sehen will: Gabriel für den Krieg, Michael für das Kultusministerium, Raphael für das Medizinalwesen und so fort.[136] Damit ist ein Gedankenkreis angeschnitten, der die so stabilisierte Ständeordnung der hochmittelalterlichen Welt nach allen Richtungen hin befruchten und zu einem großen Teil auch verzerren konnte.

Hildegard von Bingen hat sich von all diesen Spekulationen der Überlieferung und der Zeitgenossenschaft weitgehend freigehalten; sie bleibt auch in diesem Punkte ihrem Bilde treu, das vor ihrem geistigen Auge abläuft. Im Bild der vier Lebewesen vor dem Throne wird auf die Heilsbotschaft als Ganzes hingewiesen, auf das Woher und Wohin der Heilsgeschichte, darin eingeschlossen aber auf die Struktur der Gesellschaft.

Die vier Lebewesen als Vorbild der Sozietät

„Gott ist Feuer. Sein feuriges Werk tun Engel den Menschen kund. Wunder Seines Thrones, das sind die glühenden Geister, die vor Seinem Antlitz leuchten. So sehr brennen sie in Seiner Liebe, daß sie nichts anderes wollen können als was Er will."

Auf diesem Hintergrund will die folgende Vision verstanden werden; dafür entwirft nun die Seherin immer neue und herrlichere Engelbilder, die sich selbst überleuchten und durchstrahlen –: wirklich eine Welt der Engel! Nicht um ihrer selbst willen ist diese Welt zu denken, keine angelische Aristokratie, sie ist nichts als Zeichen der Güte Gottes, sie ist

Zeuge für das kommende Heil des Menschen. Mit einem schlichtem Gebet beginnt Hildegard ihre Aussage über die Engel:

„Allmächtigter Gott, Du bist Der, der sich Seine Boten erschuf, jene Engel nämlich, die zum Heil der Menschen auf Dich ausgerichtet sind. Geister sollten es sein mit einer Sendung, weiland vor Deinem Angesicht in einem unauslöschlichen Leben, und wiederum Deine Botschafter, indem sie zur Erfüllung Deiner Geheiße ihre Botendienste tun. Denn Engel sind Boten. Eine jede Inspiration von jenem Geisthauche, den Gott in den Menschen sandte, melden sie zu Gott zurück. Auf diese Weise sind die Engel um der Menschen willen im Amt, weil sie wegen ihrer Werke alles sammeln und unterscheiden. Um der Werke der Menschen willen, die im Geiste ausgeführt werden, werden sie denn auch Geister genannt, heißen Engel. Denn sie werden immer neu von ihrem höchsten Lenker angehalten, ihre Richtlinien zur Ausführung zu bringen."

Eine wesentliche anthropologische Einsicht kündigt sich in diesem andächtigen Aufblick der Seherin an: Das Heil offenbart sich in der Menschenwelt, und um des Menschen willen üben die Engel ihre Aufgabe aus, ihr einziges Amt, das ihr Wesen ist: Botschafter Gottes zu sein und im Lobpreis Gott zu dienen. Denn: „propter homines officiales sunt"! Gottes Minister sind die Engel, Diener Gottes, beständig im Anblick Seines Angesichtes: Gleich einer Flamme lodern sie, und dergestalt auflodernd schauen sie die göttlichen Wunderwerke; sie erkennen sie, indem sie aufstaunen und rühmen.

„Und so ist glühenden Brennen ihr Wesen. Aus Gott brennen sie, der des Feuers Wurzel ist. Durch keinen anderen können sie entzündet oder ausgelöscht werden. In Liebe zu Gott brennt unauslöschlich dieses Brennen. Er selber nämlich, Gott, angetan mit dem Gewande der Menschheit, zieht immerfort die Engel an, die Wunder anzuschauen und dieses Heilswerk zu bestaunen. Mit dem Gewand Seiner Zeugungskraft hat Gott sich nämlich umgürtet, durch welches Er den

Menschen zum Spiegelbild Seines Ruhmes und Seiner Wundertaten erschaffen hat. Und so sollte der Mensch den Kampf gegen den Satan aufnehmen und ihn überwinden, und so sollte er zu einer stetigen Existenz im göttlichen Lobpreis werden. Im gleichen Geist schuf Gott jene Wesen, die Seine Botschafter sind, Geistwesen, die den Kindern Seiner Kirche die Worte des Heiles verkünden sollten."

Hier sind wir bereits am Höhepunkt dieses gewichtigen Schreibens an die Mönche zu Eberbach angelangt: Die Botschaft der Engel von der Menschwerdung ist eine Mission, welche die Engel selber leidenschaftlich gepackt hält, sie nicht mehr loslassen kann und die sie mit all ihrem Dienen und Glühen und Schauen zu Musterbildern der menschlichen Gemeinschaft macht. „Denn Gott hat in Seiner Vorsehung vorausgeordnet, daß die Wunder und Geheimnisse, die in den Engeln sind, auch in den Menschen zeichenhaft gewirkt würden. Und so ließ Er den Engel zum Menschen reden, wie dies bei Abraham und Jakob geschah, und wie auch der Esel des Balaam zu sprechen anhub."

„Gott hat nun die Engelgeister, die Ihm dienen, indem sie Sein Angesicht ehren und rühmen, mit Seinen Geheimnissen gewissermaßen wie mit einem Gewande bedeckt, und deshalb werden sie auch ‚Brennendes Feuer' geheißen. Mit diesen feurigen Dienern, die mit den Geheimnissen Gottes wie mit einem Gewand bekleidet sind, sind auch die Eremiten gemeint, die sich selbst verleugnen, die leben, als seien sie keine Menschen, die die menschliche Gemeinschaft fliehen. Gott nämlich wirkt große Wunder durch Sein Werk, welches der Mensch ist. Er hat sie in den Engel-Geistern vorgezeichnet, und sie erstrahlen vor Ihm in Lobpreis und wunderbarer Ehre."

Hildegards Gedankengang geht nunmehr von der vorbildhaften himmlischen Ordnung auf die Ordnungen der menschlichen Stände über und kehrt damit wieder an den Ausgangspunkt zurück, die Interpretation der Geheimen Offenbarung des Johannes, die von den vier lebendigen Wesen spricht:

„Das erste Wesen glich einem Löwen, das zweite Wesen glich einem Stier, das dritte Wesen hatte ein Antlitz wie ein Mensch, das vierte Wesen glich einem auffliegenden Adler" (Offb 4, 7). Was ist damit gesagt?

Der *Löwe* ist ein Sinnbild für den Ordensstand in der menschlichen Gemeinschaft. Die Mönche sind es, die in der Kraft ihres Glaubens der Welt entsagt haben. Den Engeln gleichen sie in feuriger Glut und in der beständigen Kontemplation ihres Herrn. Ihre Kapuze ist ein Kleid nach Engelart: Es läßt nur zu Gott aufschauen und nichts anderes mehr erblicken; es nimmt weder nach rechts noch nach links Rücksicht. Breit und leuchtend wie eine weiße Wolke ist diese Kapuze, da auch die Engel oftmals wie auf Wolken erschienen sind. Auch Adams Kleid der Unschuld ist eine solche leuchtende Wolke gewesen.

Diese innere, aber auch äußere Verbindlichkeit, die Gott mit den Engeln begründet hatte, ist durch den Sohn Gottes im Menschen versinnbildet. Ist doch der Gottessohn Gott und Mensch. „Und so ist Gott und Mensch *ein* Gott. Gott ist ja Mensch, und dieser Mensch ist Gott. Aber auch die guten Werke der Menschen und das Rühmen der Engel verbinden sich; und sie sind ein einziges in Gott" (262 D).

In gleicher Engelordnung schließt sich den Kuttenträgern die Schar der Jungfrauen an. „Jungfrau", das bedeutet frei von einem Manne sein. Weder unter der Fürsorge noch unter der Gewalt des Mannes steht sie, ist vielmehr frei von ihm, wie auch der Mönch von der Welt gelöst ist und damit nicht mehr dem Weibe hörig, vielmehr frei von ihm bleibe. Die Jungfräulichkeit findet ferner ein Sinnbild in der Sonne, die die ganze Welt erleuchtet. Gott hat sich der Jungfräulichkeit verbunden, die frei vom Manne Jenen gebar, den der Strahl der Gottheit durchströmt und der alle Welt regiert. Der König aber aller Herrschaft, das ist Gott, und jene Jungfräulichkeit verband sich mit Ihm, als Gott und Mensch aus der Jungfrau geboren ward.

Jungfräulichkeit ist wie eine neue Sonne im All erschienen; mit ihr hat Gott sich verlobt, nachdem der erste Engel gefallen war. „Wie Gott durch Sein Wort alles schuf, so hat die Jungfräulichkeit durch die Glut der heiligen Gottheit den Gottessohn geboren. So ist nun die Jungfräulichkeit nicht ohne Fruchtbarkeit, da die Jungfrau Mensch und Gott gebar, durch den alles geschaffen." Alle Tugendkräfte des Alten und Neuen Bundes, die Gott in seinen Auserwählten gewirkt, kommen in der Jungfrau zu einer geläuterten Sammlung und werden ein güldenes Schmuckwerk, da sie nie ein Mann gefesselt hat. Auch das mysterienreiche Rad, das der Prophet Ezechiel geschaut hatte, ist eine solcher Hinweis auf die Jungfräulichkeit, die bereits vor der Menschwerdung im Alten Gesetze vorgebildet war. Nach der Erscheinung des Heiles aber wird diese Jungfräulichkeit geradezu zum Fundament aller öffentlichen Ordnung, indem sie Altes duldet und Neues festigt und so Wurzel und Grundlage aller gegliederten Institutionen wird. Ist die Jungfrau doch Jenem anverlobt, der ohne Anfang ist und ohne Ende.

Der *Stier* ist Sinnbild für die Geistlichen in der Welt, die dort den Weinberg des Herrn pflegen und in gleicher Weise wie die Engel des Herrn der Heerscharen leben. Auch sie sind Umgekehrte, „conversi", weil auch sie ihre Lebensweise ganz und gar geändert haben. Nach dem Falle Adams hatte Gott noch einmal die Ordnung der Engel und die Ordnung der Menschen festgelegt. Adam war die Kultur der Erde aufgetragen. Abel sollte dem Herrn opfern, Noë war der Baumeister der neuen Welt – ein jeder hatte sein Amt, und jedes war ausgerichtet auf Christus, den Hohenpriester, der hinwiederum durch die Beschneidung des Abraham und das Gesetz des Moses vorgeprägt war. So bleibt für die menschliche Gesellschaft eine feste Ämterverteilung und eine einheitliche Ausrichtung maßgebend. Der Bauer hat den Priester, der Schüler seinen Lehrer zu respektieren. So will es die große Heilsordnung, die sich im Laufe der Heilsgeschichte herauszubilden hat (264 C).

Im gleichen Sinne hatte Hildegard auch einer Äbtissin in Andernach Vorhaltungen über die gültige Ordnung einer Gemeinschaft gemacht: „Wer möchte seine ganze Herde in einem Stall sammeln und Ochsen, Esel, Schafe, Böcke hineintun, so daß er sich nur schadet? Darum soll eine klare Unterscheidung stattfinden, damit nicht verschiedenes Volk, zu einer Herde zusammengepfercht, im Stolz der Überhebung und ob der Schmach der Verschiedenartigkeit auseinanderfällt. Auch deshalb soll es so geordnet sein, damit die Ehrbarkeit in der Gesittung nicht zugrundegeht, wenn sie sich gegenseitig voll Haß zerfleischen, indem der höhere Stand über den niederen herfällt und der niedere gegen den höheren rebelliert. Denn Gott hat das Volk auf Erden genauso unterschieden, wie Er auch im Himmel Engel, Erzengel, Throne, Herrschaften, Cherubim und Seraphim unterscheidet" (338 B).

Damit ist wieder der Entwurf der ständischen Gliederung einer Welthierarchie nach dem Modell einer Engelhierarchie aufgenommen, wie es seit Dionysius Areopagita das Mittelalter durchgeformt hat. „Die himmlische Hierarchie und die kirchliche Hierarchie haben nämlich genau die gleiche Grundhaltung und in ihrem hierarchischen Walten das gleiche Ziel. Hierarchie ist der umfassende Inbegriff der heiligen Dinge, sei es in dieser, sei es in jener Welt. Hierarch bedeutet den Gotterfüllten, den göttlich Erhabenen, der weise über alles hierarchische Wesen Kunde besitzt und in dessen Person auch die ganze ihm unterstellte Gemeinde gipfelt und erkannt wird. Er ist ihre Spitze."[137]

So ist auch den geistlichen Würdenträgern nach dem Vorbild der angelischen Hierarchie eine klar umgrenzte Aufgabe zugesprochen worden: sie haben zu lehren, zu pflegen, zu heilen. Sie tragen Sorge für das Heil des Menschen; sie dürfen die heilige Taufe spenden; sie haben die Wunden zu salben und die Gestrauchelten zu trösten. Und sie haben dieses Amt direkt von Gott. Wem aber ein solcher Auftrag auferlegt ist, der kann sich in prinzipiellen Fragen nicht mehr teilen: Es kann einer nicht mehr die Sorge der Welt wollen, wenn er sich einmal ein solches geistliches Amt aufgebürdet hat. „Wohl gibt es Menschen, die das Irdische und das Geistliche gleichzeitig wollen, was schlechterdings unmöglich ist. Beim Raffen und Festhalten von Reichtümern wird man ebensowenig frei von Hochmut und Eigengier bleiben können, wie wenn man sich auf den Gipfel eines Berges stellte und dort nicht vom Wind belästigt sein möchte ... Wer sich dem geistlichen Leben verschrieben hat und außerdem noch die Sorgen der Welt will, der gleicht einem Esel, der unter seiner Last zusammenbricht ... Menschen in solcher Zwielichtigkeit und Widersprüchlichkeit ahmen die verlorenen Engel nach, die auf ihre eigene Kraft vertrauten und damit aus der himmlischen Herrlichkeit stürzten" (265 D-266 A).

Die dritte Gestalt, der *Mensch*, meint die Menschen dieser Welt, die ihre Werke mit der Sorge für Leib und Seele verrichten, dabei aber zu Gott aufblicken. Sie bleiben gewiß nicht von Schuld frei, aber gerade ihre reumütige Gesinnung ist es, die das Angesicht der Erde erneuern wird. In ihrer Reue liegt eine gewaltige, eine die Welt verwandelnde Kraft, liegt ihre ständige „conversio", ihre Umkehr in der Welt, nicht von der Welt. Denn in der Welt müssen sie bleiben, und in der Welt bleiben sie nicht frei von Schuld. Würden sie aber nicht in Schuld fallen, so könnten sie auch nicht erneuert werden. „Wie nämlich die Erde in der Zeit ihrer Grünkraft nicht vergessen kann, daß sie Frucht zu bringen hat, und wie sie in der Periode der Dürre austrocknet und alles welken läßt, um wiederum zu ihrer Lebensgrüne zurückzukehren, so hat auch Gott den Menschen ausgestattet, daß er in seinen Werken sich aus sich selbst heraus erneuerte" (266 C/D). So lebt der Mensch in der Welt seine wache Existenz, in der er immer wieder sein Tun betrachtet und bedenkt und damit das Wesen und den Sinn seines Lebens und auch die Art und Weise seines Schuldigwerdens im Tun. Er lebt somit in der Furcht des

Herrn; er kann im Irdischen verweilen, ohne doch das Himmlische zu verleugnen.

Auch Thomas hatte in solcher beseligenden Schuldhaftigkeit eine Begnadung gesehen, die den Menschen dem Engel ähnlich macht. „Die Engel" sind nämlich ihrer natürlichen Rangstufe nach den Menschen überlegen, wenn ihnen auch, den Gnadengaben nach, die Menschen gleichstehen können; darum braucht ihnen nicht notwendig gewährt zu werden, was dem Engel von Natur aus zukommt. Im Stande der Unschuld aber ist der Mensch gleichsam ein anderer Engel genannt worden um der Fülle der Gnade willen."[138]

Das vierte Wesen, der *Adler*, gleicht in seinem Dahinflug jenen Menschen, die in dieser Welt leben, aber sich innerlich ihrer enthalten können und so wie Kinder leben, oder die sich in Reue gewandelt haben wie Maria Magdalena oder wie viele Väter des Alten Bundes, die der Welt überdrüssig wurden. Ihnen allen konnte diese Welt nicht geben, was ihr Herz suchte. Wie der Adler suchten sie die Sonne, die neue Sonne des Christus, und sie schimmern nunmehr in der Morgenröte der Heiligkeit.

Sie alle sind es, die in Wahrheit jene beiden Flügel der Seraphim gebrauchen, von denen Isaias gesprochen hatte: den Glauben und die Hoffnung. Und mit noch zwei anderen Flügeln fliegen sie auf, mit der Gottesliebe und der Nächstenliebe. In ihrem leidenschaftlichen Sehnen nach vollkommenen Werken schmücken sie das himmlische Jerusalem wie mit kostbaren Steinen. „Auf dem freudenvollen Pfade der Gebote Gottes schlafen diese Menschen nie ein, sie erklingen vielmehr im immerfort erneuerten Sehnen ihrer Seele wie eine tönende Tuba. – Die seligen Menschen hören ja nie auf, Gutes zu tun und Gott zu loben. Und wenn ihr Werk einmal getan sein wird, dann werden sie auch nach dem Ende ihres Lebens nimmerdar aufhören mit dem Lobpreis ihres Schöpfers." – „Das aber ist es" – so schließt Hildegard die Schau –, „was ich armselige Frau, krank und hinfällig von Kindsbeinen an, in einer geheimnisvollen und wahren Vision gesehen habe und zu schreiben gezwungen bin. Auf mühseligem Krankenlager habe ich es mit Gottes Beistand zusammengestellt, um es den Vorstehern und Lehrern, die zum Dienste Gottes gezeichnet sind, zu zeigen; wie in einem Spiegel sollten sie in diesem Schreiben betrachten, wer und was sie seien; sie sollten es weiterzeigen und denen kundtun, die ihnen im Gehorsam verbunden sind" (260 B-268 C).

Die soziale Gliederung der menschlichen Gemeinschaft nach dem Vorbild der Engel hat sich nicht nur in der geistlichen Gemeinschaft, sondern auch in jeder anderen Gesellschaft zu bewähren. Es ist gewiß kein Zufall, daß das Diabolische sich mit Vorliebe in den menschlichen Gruppen und in allen Versuchen und Planungen menschlicher Gemeinsamkeit manifestiert. Die Probleme einer adäquaten Gliederung der Massen sind uns Beweis genug dafür. Hildegard von Bingen glaubte aus ihrem ständischen und aristokratischen Bewußtsein heraus gerade mit einem Modell geistlichen Ordnungsgefüges diesen Fragen eine Antwort geben zu können. „Und weil Gottes Wort Mensch geworden ist, hat es Gott gefallen, daß alle Ordnungen der Engel, die mit ihren Namen den Menschen bekannt sind, unter dem geistlichen Volke auf geistliche Weise bezeichnet werden, so in Bischöfen und Erzbischöfen und in anderen Ämtern der Geistlichkeit. Damals erschien in der Gestalt der Geistlichen die Kirche wie eine Morgenröte" (248 D).

Ohne die strenge Strukturierung im Aufbau menschlicher Gemeinschaften und mehr aus einem mütterlichen Herzen heraus bringt Hildegard den geistlichen Schwestern[139] mit ihrer Engellehre auch das Leben in christlicher Gemeinsamkeit nahe. Das ganze Glaubensleben in seiner reichen Fülle aber kann sie nirgendwo verkünden, ohne die zentrale Rolle der Engel für den Menschen zu betonen und zu beschreiben. Als eine liebende Mutter will sie sprechen, die ihren unmündigen Kindern die Brust der Weisheit nicht versagen will. Daß ihre

Schwestern die Liebe untereinander behalten mögen, ist ihre Mahnung, daß sie im vielgeliebten Lichte mit den Engeln wandeln mögen, daß der Heilige Geist unter ihnen in Weisheit wohne.

„Und so spricht in der Weisheit die Liebe: Von Anbeginn an ward ich geordnet, ich war bei der Bildung des ersten Menschen, da ich gestaltet wurde von Gott, der Himmel und Erde und das All weisheitsvoll um des Menschen willen erschuf, auf daß dieser von aller Kreatur gehalten und umsorgt werde" (1067 B). Diese Weisheit ist es, die man mit Recht den Schöpfer nennen kann, einen produktiven Künstler, der alles nach Maß und Zahl und Gewicht ordnet, nicht zuletzt auch die Verhältnisse im menschlichen wie im sozialen Organismus.

„Durch die beiden großen Wirkkräfte, durch Weisheit und Liebe, gehorchen in aller Demut Engel und Menschen ihrem Gott ... Mit diesen Grundkräften bildete Gott den Menschen, damit er nicht zugrunde gehe, wie auch die Engel nicht verkommen sind, da ja viele zu ihrem Gott standen, während andere mit der alten Schlange vernichtet wurden." Auf dem Hintergrund des Heilsdramas wird abermals der Mensch in seiner lebendigen Gemeinschaft und in seiner ebenso lebendigen Eingebundenheit in die Welt der Engel vorgestellt.

„Gott erschuf den Menschen in Weisheit. In der Liebe machte Er ihn lebendig. Er geleitete ihn in Demut und Gehorsam, auf daß er einsehen möge, auf welche Weise er zu leben habe.

Der erste Engel aber wollte just das nicht einsehen, daß er nicht aus sich selbst existieren könne, da doch das Leben an sich nur eines ist, ein Lebensquell, aus dem alles Lebendige lebt. Deshalb fiel er aus dem Leben heraus und ward dürre. So geschieht es ja auch draußen in der Natur, bei Bäumen und Kräutern und anderen Gewächsen, daß verdorrt, was abgeschnitten ward, weil es den Lebenssaft nicht mehr kostet.

Auch der Engel hat sein Leben aus Gott. Der Mensch aber ist das volle Werk Gottes, weil Gott immerfort in ihm am

Werke ist. Diese Wirklichkeit seiner Existenz vermag der Mensch einzusehen, er, der zeit seines Lebens nicht aufhört, irgend etwas zu planen und zu schaffen, an welcher Stelle es auch immer sei. Hat er aber dieses sein Leben vollendet, dann beginnt er in einem anderen Leben und unaufhörlich zu leben.

Tut somit der Mensch in seiner jeweiligen Lage Gutes, so wird er den guten Engeln gleich. Will er indes die große Ehre seiner Bildung aus Gott nicht begreifen, versucht er sich der rechten Botmäßigkeit zu entziehen, mit einem Wort: will er nicht wirken in der Demut, sondern aus sich selbst was sein, dann macht er sich den schlechten Engeln gleich. Wie Satan fällt er aus dem Leben und verdorrt" (1067 C-1068 A).

Das ist noch einmal in aller Kürze und Klarheit die Lage des Menschen unter dem Aspekt der Engelwelt und im Hinblick auf eine menschliche Sozietät. Er ist der werktätige Mensch in einer lebendigen Gemeinschaft; sein Wirkfeld aber ist ein Operationsraum, der von vornherein unter die Entscheidung gestellt ist. Will der Mensch autonom, in Selbst-Herrlichkeit, sein Werk tun? Will er in Demut und Dienen sein Tagwerk schaffen? Das ist die Kardinalfrage, die Ordnungsfrage auch aller Gesellschaft, eine Frage, die selbst die Engel erregt.

„Denn das Dröhnen, das seit dem Höllensturz des Satans von Gottes Feinden her erscholl, da sie in ihren Freveln nicht enden wollten, dieses Dröhnen tobt weiter. Und die Blitze zuckten selbst unter zahlreichen Christen, die im Glauben wankend wurden, und verbrannte viele katholische Menschen" (1069 D). Engel preisen die Taten des Menschen, mit denen er sich herrlich wie mit einem prächtigen Gewande umgibt; in den höllischen Sumpf aber fährt, wer sich mit seinem bösen Tun der diabolischen Horde beigesellt.

Als werktätiger Mensch muß er in seiner Leiblichkeit die „opera" der Vernunft wirken, ein „homo operans", dem die ganze Natur einverzweigt ist wie die Äste dem Baum, ein

Mensch in der vielschichtigen Gliederung geselliger Verhältnisse aber auch, der in seiner intensiven Gottbezogenheit wie
seiner extremen Weltverbundenheit Spiegel der engelhaften
Ordnungen bleibt. Das ist der wunderbare Dreiklang aller
Schöpfung, der durch die Natur und durch die Geschichte
und in alle Gemeinschaft des Menschen klingt, ein Urklang,
den Hildegard immer neu anstimmen muß, um diese Verhältnisse und Zielsetzungen ins rechte Licht zu setzen: „Und
so tönt die Natur ihr Lob zu Gott, weil sie von Ihm geschaffen ist. Und der Engel in Gott ist lauter Lob. Der Mensch aber
ist in Gott sein Werk. O wie herrlich ist die Gottheit, die
schaffend und wirkend sich durch die Kreatur selber enthüllt" (1079 A).

Des Engels Amt im Leben der Kirche

Die innige Verbindlichkeit von Engel und Mensch, wie sie im
„carmen angelicum" des Urstandes ihren Ausdruck fand und
sich in der „conversatio angelica" des Endstandes wieder rea-
lisieren wird, kann im jetzigen Mißstand nur schattenhaft
und sehr verschlüsselt aufgefunden werden. Zwar weisen
auch jetzt noch, wie alle Zeugnisse der Geschichte, der Kunst,
der menschlichen Kultur, der Musik, der Mythen, der Dichtung erhellen, die Engel auf die urtümliche Beziehung hin, die
zwischen beiden Bereichen der Schöpfung herrscht, mehr aber
noch zeigen sie die erschreckend große Distanz, die das
menschliche Bewußtsein aufgerissen hat. Innerhalb einer solchen Distanz wollen die Engel neue Beziehungen setzen
durch die Vermittlung der Sakramente, die geradezu als die
Heilmittel, als eine Medizin für den gefallenen physischen
wie geistigen Menschen gedacht sind: ein „tutamentum mentis et corporis".

Hinzu kommt, daß sich der vertraute Umgang mit dem Engel nicht auf ein Individuum beziehen kann, wie uns ei-

gentümliche „Begegnungen mit Engeln" allzu leicht glauben lassen möchten; sie würden nur ausarten in einen privaten Dialog um das Heil, was in einer so streng soziologisch durchstrukturierten Welt wie der Hildegards von Bingen ausgeschlossen wäre. Im Gegenteil sind es gerade die Engelwesen mit ihrer Bedeutsamkeit als Botschafter und Zeugen, die aus den Mysterien der werdenden Heilsgeschichte notwendig überleiten müssen in die Gesellschaft und damit in das Gebilde höherer Gemeinsamkeit, in die „Ecclesia", in welcher die Vereinigung, die „communio", allein zu garantieren ist. Kirche bekommt durch diesen Engeldienst ihre besondere Weihe: alles liturgische Tun des Menschen im „opus Dei" wird durch das Gotteslob der Engel erst sanktioniert.

Denn der Engel Amt bleibt Gotteslob, während der Mensch mit der Aufgabe des „opus" betraut ist. Mit dem heiligen Handeln hat er es zu tun und eben nicht mit dem frommen Singsang moderner Sentimentalität. Auch hier gilt es klar zu unterscheiden. Kein besseres Kriterium als der Engel, wie überhaupt die Engel nirgendwo im Weltbild Hildegards auszuklammern wären, vielmehr auf jedem Feld des Glaubenslebens ganz und gar beteiligt sind.

Von ihrer ursprünglichen Sendung her ist der Botendienst der Engel schon auf die wachsende Kirche gerichtet, auf den Aufbau Seines geheimnisvollen Leibes in der dahineilenden Zeit. Liturgie und Diakonie der Kirche dienen diesem Aufbau des Leibes Christi, der zum Gegenstand aller Engelsbotschaft geworden ist seit Urbeginn: Türme der Stadt Gottes sollen sich bilden, Steine, die leben im himmlischen Jerusalem, lebendige Glieder am Corpus mysticum.

„Engelschutz umgibt deshalb die Kirche, damit der Teufel sie nicht zerstöre und niederreiße, während die Synagoge von Gott verlassen wurde und schwarz daliegt in ihren Lastern." Als ein Weib erscheint die Synagoge, von der Leibesmitte bis zu den Füßen in unförmiger Schwäre. Die Füße selber sind blutigrot. Der Augen beraubt, hält diese Frau die Hände unter den Achseln. Sie steht neben dem Altare Gottes, berührt ihn aber nicht. Demgegenüber wird die Kirche als der Sauerteig der Schöpfung geschaut, einer Welt, die auf Ausreifung und Verklärung wartet, und die in diesem Reifen und Harren dem eigenen Schutz der Engel untersteht. Die Kirche schmückt sich indes zur Königshochzeit: Ist sie doch die Genossin der Engel, die Burg der Heiligen (P. 449).

„Dieses Jerusalem hat Gott erbaut durch die heiligen Werke der Menschen, geschmückt wie eine Braut dem Manne; Er hat es zum Ruhm Seiner Menschheit entstehen lassen, wie Er zu Ruhm und Ehre Seiner Gottheit die Engel erschuf" (228 A).

Am innigsten treten die Engel zu den Menschen im Leben der Kirche selber in Kontakt, im Dienst an der Liturgie und in den Sakramenten. Dionysius Areopagita sah bei jedem Vollzug eines Sakramentes die Engel mitwirken, und er glaubt, daß sie die materiellen Substanzen der Sakramente zubereiten helfen, das Wasser und das Salz, Brot und Wein, die Früchte des Feldes, alles Opfergut des Menschen. In gemeinsamer Liturgie vereint sich das „opus" der Menschen, mit der „laus" der Engel, indes der „sonus" in der Natur allem sakramentalen Geschehen eine kosmische Stimmung verleiht: Die ganze Schöpfung ist der göttlichen Glorie voll (wie es in dem ersten Clemensbrief geheißen hat), alles Leben der Welt wird zu einer Eucharistie, wird jubelnde Danksagung der Schöpfung, wird Engelamt.

Engel bei der Taufe

Die Gestalt der Kirche, großmächtig aufgebaut als eine Stadt Gottes, breitet ihren Glanz wie ein schimmerndes Gewand aus und läßt ihre Stimme vernehmen: „Ich muß empfangen und gebären. – Allsogleich eilte wie der Blitz eine Schar von Engeln herbei. Sie bereiteten Stufen und Sitze für die Menschen, durch die diese Gestalt vollendet werden sollte." Dies sind die lebendigen Bausteine, die in der Taufe in das kommende Reich Gottes eingegliedert werden und deshalb die fürsorgende Aufmerksamkeit der Engelwelt erregen.

„Denn die Kirche umgürtet sich im Sakrament zum Schutze der gläubigen Völker, und in diesen entsteht sie selber im Aufbau der lebendigen, im reinsten Bade weiß gewordenen Steine … So eilt denn auch allsogleich eine Schar von Engeln herbei, um Stufen und Sitze in ihr für die Menschen zu bereiten, durch die sie vollendet werden soll. Allen Gläubigen bieten die seligen Geister ihre ehrfurchtsvollen und liebeerweckenden Dienste an. Sie bereiten Stufen des Glaubens und Sitze seliger Ruhe für die, in denen die glückliche Mutter Kirche einst zu ihrer vollendeten Schönheit gelangen wird" (Sciv. II, 3).

Bei den Kirchenvätern, so bei Tertullian[140], ist oftmals von einem direkten Engel der Taufe die Rede. In einem östlichen Taufritus, dem Ordo des Jakobus von Edessa, erleben wir, wie das himmlische Heer sich rings um das Baptisterium drängt, um die Gott ähnlich gewordenen Söhne in Empfang zu nehmen. Auch Hildegard singt in ihrem Responsorium über die unschuldigen Kinder: „Unser König ist bereit, aufzunehmen das unschuldige Blut. Daher stimmten die Engel ein in den Klang und rühmen im Lobpreis" (P. 449). Die Getauften wandern im Atrium des Herrn: Sie ahmen die himmlische Harmonie nach und der Engel Ordnung, den geheimnisvollen „ordo angelicus" (P. 169). Im Rituale Romanum wird der gleiche Engel angerufen, der den Täufling behüten und zur Gnade der Taufe geleiten soll. Petrus Hispanus vergleicht der Engel Amt mit dem Amt des taufenden Priesters: „Wie es der Engel Amt ist zu reinigen, zu erleuchten und zu vollenden, so reinigt auch der Bischof oder Priester nach dem Vorbild der Engel, wenn er tauft, nicht aus eigenem Vermögen, sondern im Dienen; er erleuchtet, indem er predigt, und er macht vollkommen, während er hinangeleitet …"[141]

War schon der Satan durch das vorbereitende Geschehen der Heilsgeschichte verwirrt worden, weil er jene Geheimnisse, die Gott im Herzen hegte, nicht fassen konnte, so wird er vollends bestürzt und erstickt in der Taufe, durch die der Tod besiegt und tödlich verwundet wurde. „Von diesem Augenblick an hat die Kirche ein neues Geschlecht auf einem anderen Wege erzeugt. Denn Eva trug unfruchtbares Leben aus, Maria aber erwarb eine höhere Gnade als jene, die Eva verletzt hatte" (248 C). Von oben ist der Mensch gepflanzt worden in ein neues Leben, auf dessen Wachstum Engel hoffen.

Engel bei der Firmung

Was bei der Taufe als ein neues Geschlecht zum Aufbau des geheimnisvollen Leibes Christi im rollenden Rade der Zeit begründet war, das erfährt in der Firmung des wachen und reifenden Menschen seine lebenslange Kräftigung, seine Inspiration, seine geistige Stärkung. „Deshalb erheben die Engel mit ihren Stimmen den Lobgesang zu Gott ob der guten Werke der Menschen, die noch im Leibe leben, einen Lobpreis über die ständig sich mehrenden Werke. Vor Gott steigen sie über den güldenen Altar auf, der vor Seinem Antlitz steht. Und auf diese Werke stimmen sie Gott zu Ehren immerfort das neue Lied an" (236 C).

In die Gebrechlichkeit eines Geschöpfes aus Fleisch und Geist, das zu Asche wird ohne den Geist, mit dem Geist und im Fleische aber auferstehen soll, ist die Kraft des Heiligen Geistes ausgesandt, die das leibhaftige Angesicht der Erde erneuern wird. Das ist der Engel Interesse an jedem Firmling, der zum Kampf gerüstet werden soll, dem die Seherin die trostvollen Worte vermittelt: „Gott wird das Angesicht der Erde erneuern, das heißt, daß Leib und Seele in einem Erkennen und in einer Vollkommenheit sein werden. Das wird Gott tun, Er, in dem weder Anfang noch Ende ist. Denn Gott braucht auf niemanden Rücksicht zu nehmen, weil Er das Ganze ist" (252 D).

Engel konzentrierten sich auf die Fülle der Zeit, in der die Erneuerung des irdischen Angesichts durch den Geist ihren Anfang nahm, in der die Firmung der hinfälligen Welt begonnen wurde. „Und was geschah? Christus erschloß das Mark des Gesetzes und verwandelte dadurch das Wasser des Gesetzes in den Wein des Evangeliums und machte Ströme von Kräften fließen." Aber auch der wahnwitzige Menschenmörder, der Sohn des Verderbens, führt seitdem verdoppelt seinen erbitterten Verzweiflungskampf, bis die letzte Zeit versinkt und die Welt ihren Halt und ihre Feste verliert (Sciv. II, 11). Satan versucht den Menschen im Fleisch als der vermeintlich empfindlichsten Stelle des schwachen Menschen; dort glaubt er seinen Herrschaftsbereich begründen und festigen zu können, ahnt aber nicht, daß Gott gerade im Fleische des Menschen Schwäche weggenommen und alle Sündenlust reingewaschen hat. Mitten in der Nacht kommt Gott mit Seinem streitenden Engel und besiegt den Feind! (988 B).

So bleibt die Welt im Kampf, der im Grund schon entschieden ist durch Christus, den Fürsten der Engel, den „rex angelorum" (735 A; P. 456 et al.), entschieden durch den Sohn Gottes, „der da ist der Herr der Menschen, der Herr der Engel, der Herr aller Kräfte" (994 B). Der Dienst der Engel aber besteht in diesem Ringen darin, daß unser Aufstieg zur Höhe in die Wege geleitet wird. So schon der Kirchenvater Hilarius[142] über diese Gnade der menschlichen Firmung. Dienende Geister sind ausgesandt zum Schutze derer, die das Heil erben sollen, wie der Apostel sagt (Hebr 1, 14). Mit dem Vertilgen der Sünde in der Kraft des Geistes ist eine schöne Blume hervorgesproßt, die weiter sprießen wird als „pulcher flos" zum „socius angelorum", zur Genossin der Engel (349 A).

Engel über der Buße

Wie die Engel gleichsam die Taten des Menschen Gott in einem Buche vorlegen, so tun dies auch die Priester, wenn sie die Sünden der Menschen bei der Buße annehmen und sie der Barmherzigkeit Gottes empfehlen (273 D). In bevorzugter Weise gelten in der gesamten Überlieferung die Engel als Diener der Barmherzigkeit. Bei Hildegard kommt hinzu, daß die Bußgesinnung selber, die Reue als „poenitentia", die große verwandelnde Kraft in der Welt ist. Die Engel als Botschafter des Heils – sie wissen darum.

Des Teufels aber ist, wer in seiner Verhärtung die Buße verweigert. Ein solcher stellt sich freiwillig „unter die Fahne der alten Schlange. Sie hat den ersten Menschen im Paradies betrogen, da sie zu sich selber sprach: Umsonst habe ich mit meinen Engeln gegen das Heer des Allerhöchsten gekämpft. Wir vermochten nichts wider Ihn. Ich bin besiegt und aus dem Himmel verstoßen. Aber auf der Erde habe ich jemanden gefunden – den Menschen. An ihm will ich meinen Zorn auslassen und meine Rache kühlen. In ihm will ich auf Erden vollbringen, was ich im Himmel erstrebt habe: dem Allerhöchsten gleich zu sein. Wenn Gott gerecht ist, kann Er mir diese Macht nicht nehmen; denn der Mensch hat sich ja freiwillig auf meine Seite gestellt und Gott den Geborsam verweigert" (Sciv. II, 6).

Der folgenschweren menschlichen Verhärtung steht mit noch gewaltigeren Folgen die menschliche Reue gegenüber, die nicht nur die Seelen erschüttert, sondern Himmel und Erde und die Welt der Engel in Bewegung zu versetzen vermag. „Drum sollen die Himmel es hören, und die Erde erbebe: Gott nimmt den Menschen in seiner Buße auf, und alle Engel erkennen und verehren ihn im Lobpreis. Darum wehe auch jedem Menschen, der einen Sünder verachtet, da doch der Sohn Gottes ihn mit Seinem Blut erlöst und den Reuigen wieder aufgenommen hat. Denn das ursprüngliche Werk des Wortes

Gottes begegnete in Seiner Stimme sich selbst: Und so ward alles. Darauf errichtete dieses Wort die Wände des geplanten Gebäudes: So wurde die Welt. Alsdann erblickte Gottes Auge des Menschen Gestalt, des Lebens Geist entsandte Er in ihn, und Weisheit tränkte sein Herz. Da ward der Himmel vollkommen und hatte allüberall Augen und diente seinem Herrn" (P. 361).

Engel bei der Eucharistie

„Als nun der Priester, mit den heiligen Gewändern bekleidet, zur Feier der göttlichen Geheimnisse an den Altar trat, fiel plötzlich heller Lichtglanz vom Himmel. Engel stiegen herab, und Licht umflutete den Altar. Das blieb so, bis sich nach Vollendung des heiligen Opfers der Priester entfernte. Nachdem das Evangelium des Friedens verlesen und die Opfergabe für die Konsekration auf dem Altar bereitgelegt war, sang der Priester den Lobpreis des allmächtigen Gottes: „Heilig, heilig, heilig Herr Gott Sabaoth!" –, und er begann das unaussprechliche Mysterium. In diesem Augenblick öffnete sich der Himmel. Ein feuriges Blitzen von unbeschreiblich lichter Klarheit fiel auf die Opfergaben nieder und durchströmte sie ganz mit seiner Herrlichkeit, wie die Sonne den Gegenstand, die sie bestrahlt, mit ihrem Lichte durchdringt. Und der blitzende Schein trug die Opfergabe in unsichtbare Höhen bis in das Innerste des Himmels empor und ließ sie wieder auf dem Altar hernieder. Das aber geschah so, wie ein Mensch beim Atmen die Luft einzieht und sie wieder aushaucht.

Obgleich nun die Opfergaben für das Auge des Menschen noch das Aussehen von Brot und Wein hatten, waren sie doch in wahres Fleisch und wahres Blut umgewandelt. Deshalb erschienen auch sogleich vor meinen Augen wie in einem Spiegel die Sinnbilder der Geburt, des Leidens, des Begräbnisses, der Auferstehung und Himmelfahrt unseres Erlösers, des eingeborenen Sohnes Gottes, wie sich all dieses während Seines irdischen Lebens zugetragen hatte. Aber als der Priester das Lied von dem unschuldigen Lamme sang, das hinwegnimmt die Sünden der Welt, und als er sich zum Empfang der heiligen Kommunion anschickte, da zog sich das feurige Blitzen zurück. Der Himmel schloß sich, doch hörte ich aus seinem Innern eine Stimme: Esset und trinket den Leib und das Blut Meines Sohnes, daß die Sünde Evas getilgt werde und ihr in euer rechtmäßiges Erbe eingehet" (Sciv. II, 6).

In atemloser Spannung und leidenschaftlicher Anteilnahme verweilen die Engel Tag für Tag an allen Enden der Erde bei diesem großen Herzschlag der Heilsgeschichte, in der Erneuerung des Gottesopfers bei der heiligen Messe. Mit besonderer Liebe und Andacht weilt auch die Seherin Hildegard bei der Schau dieser heiligen Handlung und Wandlung. „Engel steigen herab, und das Licht umflutet den Altar … Himmelsgeister neigen sich zum heiligen Dienst. Denn nun vollzieht sich für die Gläubigen die Wiederherstellung der Seelen zum Heile." Engel dienen dem feurigen Geheimnis, das der sterbliche Mensch nicht schauen kann. „Der Mensch empfängt die Gabe unsichtbar. Denn Mein Eingeborener, der jetzt unsterblich ist, stirbt fürderhin nicht mehr. So übergebe ich dir, o Mensch, Seinen Leib und Sein Blut in der Opfergabe von Brot und Wein" (Sciv. II, 6).

Das frühe Mittelalter hat die Engel als die Gäste und Zeugen bei der Hochzeitsfeier gesehen, die Gott mit Seiner Braut, der Kirche, hält. „Denn wer von den Gläubigen möchte daran zweifeln", schreibt schon Gregor der Große[143], „daß gerade in der Stunde des Opfers die Himmel sich öffnen und die Chöre der Engel zugegen sind? Unten und oben verbinden sich, Himmel und Erde, Sichtbares und Unsichtbares werden eins."

Im „Cherubikon" der byzantinischen Liturgie, die im sechsten Jahrhundert weitverbreitet war, werden die Cherubim mystisch dargestellt, mit denen der Dreieinigkeit der dreimal heilige Hymnus gesungen wird. Und dann heißt es: „Wir wollen alle Sorgen des Lebens ablegen, um den König des Alls zu empfangen, der unsichtbar von den Scharen der Engel geleitet wird."

Die beiden Lobgesänge des Sanctus und des Gloria werden von Engeln angestimmt: Walafried Strabo[144] ist der Ansicht, daß der Anfang dieses Gloria von den Boten des Himmels stammen müsse, und auch seine Fortsetzung sei voll göttlicher Weihe. Die Kirche habe dieses Gloria den Engeln geradezu vom Munde weggenommen, schreibt im 12. Jahrhundert Rupert von Deutz[145].

Der angelische Hochgesang verkörpert sich am hellsten im Sanctus, das nach hochmittelalterlicher Auffassung von Engeln und Menschen gemeinsam gesungen wird. Ende des 13. Jahrhunderts noch schreibt Durandus: „In den Präfationen kommen Menschen und Engel zusammen, um dem König den Lobpreis zu singen; deshalb wird er auch mit lauter und schöner Stimme gesungen, weil darin der Lobpreis der Engel zur Darstellung kommt." Auch Honorius von Regensburg spricht um die Mitte des 12. Jahrhunderts von einem „concentus angelorum"[146]. In einem Hymnus vereinigten sich die Worte der Menschen und die Worte der Engel: beider Lob stimmt zusammen in einem Lied, zu einem „hymnus seraphicus".

Niemand möge an der Gegenwart des Engels zweifeln, wenn Christus zugegen ist, Christus geopfert wird, mahnt auch der heilige Ambrosius in seinem Lukaskommentar[147]: „Das ganze Heiligtum und der Raum um den Altar sind angefüllt mit himmlischen Heerscharen. Dem zu Ehren, der auf dem Altare liegt." „Uns Armen aber" – schreibt Hildegard – „uns aber geziemt, aufzuschauen auf den Opferrauch, der aus der Hand des Engels hochsteigt. Dies aber ist nichts anderes als das Gebet, das hochsteigt aus unserem Herzen" (P. 558).

Unser Beten am Altare steigt wie Opferrauch in der Hand des Engels vor das Angesicht des Allerhöchsten. Deshalb jubeln Engel und Menschen einstimmig und im endenlosen Jubel. Es ist der erhabene Engelgesang, der erst im Herbst des Mittelalters aus dem streng liturgischen Dienst herausgelöst und in persönliches Erlebnis umgemünzt wurde. Engel fallen jetzt auf wunderbare Weise, aber rein äußerlich, in die Psalmen ein und fordern nach mancher Legende die Kirchenbesucher zum Mitsingen auf. Engel des Meßopfers erscheinen jetzt den melancholischen Seelen und spenden ihnen Trost. Schalmeien spielen die Engel und singen „in dulci jubilo" und tanzen dabei. Der Gesang wird mehr und mehr vertraulicher, traulich auch und lieblich, „schön", süß und tröstend. „Aus dem liturgischen ist der privatidyllische Anlaß geworden. Die Engel sind teilweise zu Knaben, d.h. Kinderengeln, geworden."[149]

Wie anders das frühchristliche Bild des Engels mit seinem erhabenen Standort und mit seinem festen, sicheren, seligen Auftrag! In seinem „Reden" hatte der armenische Kirchenvater Johannes Mandakuni ausgerufen: „Weißt du nicht, daß in dem Augenblick, wo das heilige Sakrament auf den Altar kommt, der Himmel droben sich öffnet und Christus herniedersteigt und ankommt, daß englische Heerscharen vom Himmel schweben und den Altar umringen, wo das heilige Sakrament des Herrn ist und alle mit heiligem Geist erfüllt werden."[150]

Das ist auch das Bild Hildegards und die Schau, zu der die Seherin sich nicht ersättigen kann. Ein Schauen, das nicht in einem geistigen oder seelischen Bereich aufgenommen und verarbeitet und erlebt wird, ein Erleben vielmehr, das sich im Schauen schon objektiviert hat und im Gesehenen teilnimmt am Geschehenen selber. „Deshalb erstaunt auch die himmlische Harmonie, indem sie Gott lobt, weil der irdische Mensch, das Gebild aus Erde, gläubig in jene Höhe aufblickt, in der Gott ist. Und ein Lobpreis klingt auf mit aller Art von Musik hoch über die Himmel hin ob der Wundertaten, mit denen Gott im Menschen am Werke ist" (941 A).

Mit himmlischem Licht wird der Mensch übergossen, mit

Leib und Seele überflutet, wenn er an diesem Engelsmahle teilnimmt. „Kostet darum wieder und wieder diese wahrhafte Arznei! Trinket in Hoffnung von diesem Weinstock! Ergreift den Becher des Heils!° Berauschet euch in der Liebe, ihr meine Liebsten!" David wird zitiert und sein Psalm: „Brot der Engel aß der Mensch; Speise sandte Er ihnen im Überfluß." Das soll in der Vision Hildegards bedeuteten: „Er gab ihnen die Speise der Himmel, in deren gläubigen Genuß sie die Fülle der Freude, alle Seligkeit und alles Glück kosten sollen. Das Brot, an dessen Süßigkeit sich die seligen, Gott schauenden Engel nicht ersättigen können, empfing der Mensch in der Menschheit des Sohnes Gottes. Die Speise der Seligkeit sandte der Himmlische den Menschen zur Überfülle geistlicher Freude" (Sciv. II, 6).

Das zentrale Geheimnis unserer Welt, und auch das der Welt der Engel, ist aufgetan und wieder geschlossen worden: Es bleibt beseligendes Mysterium in den Augen der Engel und in den Herzen der Menschen. „Als sich nach Vollendung des heiligen Geheimnisses der Priester vom Altare entfernte, zog sich auch der helle Lichtglanz, der den Altar bis dahin umstrahlt hatte, wieder nach oben in die Verborgenheit des Himmels zurück" (Sciv. II, 6).

Engel bei Jungfrauen und Eheleuten

Mit der Weihe zum Priester des Herrn sieht Hildegard den Menschen in erster Linie in die lichte Jungfräulichkeit eingehen. Jungfräulichkeit aber ist der edelste Sprößling des himmlischen Jerusalem. „Auf der Stirn dieser Menschen wird das Gotteslamm sichtbar, an ihrem Halse erscheint eine Menschengestalt, an ihrem rechten Ohr ein Cherubim, an ihrem linken ein Engel. Das deutet auf die innere Haltung der Jungfräulichkeit hin: die ehrfürchtige Unterwürfigkeit, die zu ihrem Wesen gehört, ist eine Nachahmung der Sanftmut des

Sohnes Gottes. Sie erhält das Bewußtsein von der Gebrechlichkeit der menschlichen Natur und beugt die Keckheit des stolzen Nackens. Sie macht das Ohr geneigt zum Horchen. Bedeutet dieses Horchen der Seele Heil, so wendet sie sich ganz dem ewigen unvergänglichen Wissen zu. Bringt es ihr Widerwärtigkeiten, so ruft sie den Schutz der Engel an" (Sciv. II, 5).

So ist die Jungfräulichkeit in ihrem Wesen Horchen, Horchen und Gehorchen, die Haltung der Antwort. Ihre Keuschheit ist die Freundin der Engel (angelica socia), die besonders geschmückt wird beim himmlischen Hochzeitsfest (P. 461). Jungfräulichkeit ist die Musik der Himmelsbürger. In der Haltung von Engeln, ihrer ewigen „speculatio", spiegelt sie auf Erden den Willen des Vaters wider. „Der Heilige Geist stimmt Sein Lied an im Zelte der Jungfräulichkeit, weil sie Gottes Wort wieder und wieder erzählt" (667 C).

Mit der gleichen Wesenshaltung selbstloser „speculatio" wird nicht nur der Priester und die gottgeweihte Jungfrau gekennzeichnet, sondern auch die „speculativa forma" der Frau in der Ehe. Auch sie ist das Wesen, das Antwort gibt. „Im Kusse der wahren Liebe hat Gott dem Menschen kraft seiner Vernunft gestattet, Ihn zu preisen und zu loben. Aber dafür fehlte ihm noch eine Gehilfin, die ihm darin gleich sei. Deshalb gab Gott dem Manne in Gestalt der spiegelhaften Figur des Weibes eine Gehilfin, in welcher das ganze Menschengeschlecht verborgen war. In der Zeugungskraft Gottes sollte es schöpferisch erstehen, wie Gott auch den ersten Menschen mit der Kraft des Zeugungsvermögens gebildet hatte. Mann und Frau aber sind bei diesem schöpferischen Verhalten derart miteinander vermischt, daß einer das Werk des anderen ist" (885 B). Dem Engelsdienst entspricht auch die Frau in ihrem naturhaften Gehorsam, in ihrer lebendigen und lebenslangen Bereitschaft zur Antwort, in ihrem „Fiat mihi"! Tertullian hatte wohl deshalb angenommen, daß Engel bei der kirchlichen Schließung des Ehebundes anwesend sein müßten.[151]

Engel der Krankenölung

In seiner Vision „Der Tod eines Engels" berichtet Jean Paul von seligen Geistern, die sterbende Seelen geleiten: „Da die Schlachtfelder voll Blut und Tränen standen, und da der Engel der letzten Stunde zitternde Seelen aus ihnen zog, so erfloß sein mildes Auge, und er sagte: „Ach, ich will einmal sterben wie ein Mensch, damit ich seinen letzten Schmerz erforschte und ihn stille, wenn ich sein Leben auflöse."

Das ist eine moderne Vorstellung psychologisierender Romantik vom Engel, aber es steckt doch eine alte Überlieferung in dieser Geschichte, ein Wissen davon, wie der Engel in die menschliche Erfahrung eintaucht und wie er mit dem Tode erfährt um „die Schmerzen, mit denen die Menschen ihre Tugend und ihre Not erkaufen". Seinem Wesen als Schutzengel gemäß hat der Engel gewissermaßen am eigenen Leibe erfahren, was ihm bereits aus Gottes Gnade bekannt war: sein Mitsein mit dem Menschen bis zum letzten Tage dieser Pilgerfahrt.

Aus ihrer mittelalterlichen Welt hat Hildegard noch ein anderes Wissen um die Engel am Rande des Todes. Sie kennt das Lächeln des Stephanus, der vor seinem Sterben wie das Antlitz eines Engels leuchtete (Apg 6, 15). Sie sieht den Armen sterben, der von den Engeln in den Schoß des Abraham getragen wird (Luc 16, 22). Wie der Arzt nach der Diagnose den Wein der Zerknirschung und das Öl der Barmherzigkeit reicht, so sorgen sich die Engel bis zum letzten Tage um die Buße, um die Umkehr des Menschen zur Heilung. So nehmen auch die Seligen in ihrer himmlischen Heimat Anteil am Schicksal der irdischen Welt: „Alles nämlich, was auf Erden geschieht, sei es im Richterspruch Gottes, sei es im tönenden Lobpreis der Engel, erscheint vor Gott" (1052 B).

Kommt es dann zum Sterben, so sind „gute und böse Engel zugegen, die Zeugen all der Werke, die Menschen in und mit dem Leibe vollbracht haben. Sie erwarten das Ende, um sie nach der Auflösung mit sich zu führen" (Sciv. I, 4).

Den Engeln wird der Mensch anvertraut in der „Commendatio animae" der Liturgie. „Nimm in Dein Reich Deinen Knecht auf. Es nehme ihn in Empfang der heilige Michael. Es mögen ihm entgegenteilen die heiligen Engel Gottes und ihn geleiten in die himmlische Stadt Jerusalem." So eilt der Seele, die aus dem Leibe zieht, im Sterben die glanzvolle Schar der Engel entgegen.

„Sind sie nicht alle nur dienende Geister, denen zum Diener gesandt, die bestimmt sind, das Heil zu erben?" Mit diesem Wort des Apostels (Hebr 1, 14) wird auch der Engel Amt in der Kirche umschrieben, das Wesen ihres Dienstes an den Sakramenten der heiligen Gliedschaft. Im Weltbild Hildegards von Bingen kommt in jedem Teil wie im Ganzen das Wesen der großen Schöpfungsgruppen zum lichten und leuchtenden Ausdruck: das Lobsingen der Engelscharen in der LAUS wie das Tönen der schwingenden Kosmossphären mit seinem SONUS wie besonders das Mitsingen und Mitschwingen und Mitwirken des Menschen im OPUS. Das ganze rühmende liturgische und diakonische Sein der Engel aber ist Gotteslob um der Erlösung Christi willen.

„Denn da der Vater den Sohn in Sein Herz zurücknahm, von wo Er ausgegangen war, ohne jemals weg gewesen zu sein, da Er ihn so einnahm, wie der Mensch seinen Atemzug wieder einzieht, da sahen die Scharen der Engel und alle himmlischen Mysterien Ihn zugleich als Gott und als Mensch" (976 B). Auch das Mysterium der Engelschöpfung erschließt sich in der Fülle der Zeit, da das geheimnisvolle Sein seine glühende Mitte offenbart: „Denn das Leben lag inmitten der Allmacht verborgen und hielt sein Schweigen, bis die weiße, so lange umdunkelte Wolke erstrahlte – Morgenröte brach an: das Reich des Lichtes erwacht. Da erschien die neue Welt im Feuer, eine Welt, die aus dem Wasser ausfloß, Berge und Hügel lagen übergossen! Und der ganze Kosmos sang der Engel Lied" (P. 157).

Mönchtum als Engeldienst

„Anmutige Rosen und Lilien, die ohne menschliches Zutun auf dem Acker sprossen, sind seine Scharen vor Mir, weil sie den engen Weg wandeln, ohne daß ein Gesetz sie dazu verpflichtet. Freiwillig haben sie ihn betreten, sanft getrieben von Meinem Gnadenhauch, und sie vollbringen mehr, als das Gebot von ihnen verlangt. – Sie sind die hochaufstrebenden Tempel Gottes. Sie singen Sein Lob wie die Chöre der Engel und tragen das Leiden, den Tod und das Begräbnis des Eingeborenen an ihrem Leibe" (Sciv. II, 5).

Sie gleichen dem duftenden Balsam, der lieblich aus dem Baum quillt. Lebendiger Wohlgeruch sind sie, da sie den Pfad einer geheimnisvollen Wiedergeburt geloben. „So werden sie durch ihr ganzes Beispiel allen Menschen ein hellstrahlendes Licht sein und zugleich die Chöre der Engel getreulich nachahmen. Denn dadurch, daß sie alles Weltliche abschütteln und wie die Engel nichts Irdisches suchen oder begehren, folgen sie ihnen auf wunderbare Weise."

Diese Mönche sind der Gürtel, der die Herde Christi fest umschließt. „Sie versehen den Dienst der Engel, indem sie unablässig, Stunde um Stunde dem Gebete obliegen, sei es, daß sie im Chore singen, sei es, daß sie in Zerknirschung des Herzens, nicht mit lautem Geschrei, das ohne die lebensspendende Kraft der Reue wie unnützer, trockener Staub ist, still für sich beten." (Sciv. II, 5). In ihrem Dienen sind die Mönche hier schon LAUS geworden!

Auch die Anschauung vom Engeldienst der Mönche ließe sich leicht bis auf urchristliche Quellen zurückverfolgen, obgleich bei Hildegard nirgendwo direkte Entlehnungen nachzuweisen sind. Bei Bessarion[152] hieß es: „Der Mönch muß ganz Auge sein wie die Cherubim und Seraphim." Augustinus sagt: „Wer keusch und ohne Schuld die Nachtwachen beständig nutzt, übt ohne Zweifel das Engelleben" (angelica vita). Noch Papst Pius XII. sprach bei der Berufung zum Or-

densstand von einer „vocatio angelica", vom Engelberuf der
Mönche.

„O schöne Blüten und Freunde der Engel", redet Hildegard
die Mönche an, die im „ordo angelicus" die alte Schlange
überwinden sollen (P. 334). Ein engelhaftes Antlitz sollen sie
zeitlebens zur Schau tragen (P. 570). Demut und Liebe um-
grenzen ihren Gesichtskreis. Sie sind die Kampfordnung
geistlicher Menschen, gebildet nach der Schlachtordnung der
Engel, die immerfort ein engelgleiches Gotteslob zu pflegen
haben (1004 D). Das geistliche Gewand umkleidete den
Mönch wie mit einem schimmernden Licht, dem Licht der
himmlischen Geister, und erhebt ihn wie auf leichten
Schwingen (487 C). Mit ihrem Gewand haben sie das Abzei-
chen der Engel empfangen. Unwillkürlich denken wir daran,
daß der Papst sich im Mittelalter in einen Mantel hüllte, auf
dem die neun Chöre der Engel dargestellt waren, während der
Kaiser seinen Sternenmantel trug. Symbolisch für die Struktur und Ordnung des Universums.

Jungfrauen und Mönche bilden mitten in der Welt den
„ordo angelicus": Sie wünschen nichts anderes als nach dem
Beispiel der Engel immerfort Gottes Angesicht zu schauen
(P. 380). Daher gleichen sie sich nach und nach den Engeln an,
die Gott stets zu Diensten stehn (971 D). Durch Mönche und
Jungfrauen wird die Kirche erst schön, weshalb auch alle Völker von jenen wie von Engeln sprechen (P. 355). Die Menschen
dieser Welt sollen auf ihre engelgleichen Meister hören, die sie
wie Schutzengel zu begleiten haben. „Deswegen freut sich
auch der geistliche Stand ihretwegen oftmals, wie auch die Engel Freude über sie haben, wenn sie in ihrer Gesellschaft weilen" (941 C). So werden sie nach Gottes Willen zu Beschützern
des Volkes. „Daher sollen auch solche, die sich in heiligem
Wandel bewährt haben, als Hirten Meiner Kirche aufgestellt
werden. Denn auch die Engel, die von keinem Makel irdischer
Strebungen berührt werden, sind die Wächter Meines Volkes.
Gleich ihnen stehen die Mönche vor Gott zu doppeltem Eh-

rendienst. Die Engel dienen Gott im Himmel ohne Unterlaß und beschützen zugleich die Menschen auf Erden vor den Nachstellungen der Teufel. So machen auch die Mönche sich frei vom Irdischen, um täglich dem Dienste Gottes obzuliegen, und halten zugleich durch ihre Gebete Tag und Nacht die bösen Geister von ihren Mitmenschen ab. Wenn daher der Kirche Gottes die rechte Hilfe fehlt, so sollen die Chöre der Mönche ihr mit Flehen und Tränen zu Hilfe kommen" (448 C).

Dem „Ordo angelicus" ist eine äußerst wichtige Stellung in der menschlichen Gesellschaft zugesprochen worden. Nach innen legen sie Zeugnis ab für die Umkehr von der Welt zu geistigen Dingen. So hat der Apostel Paulus schon das Heer der angelischen Lobgesänge nachgeahmt, als er sich zu seinem geistlichen Amt bekehrte (1009 A). Im unversehrten Gewande Christi werden die Mönche und Jungfrauen zu Fenstern im himmlischen Jerusalem, der Stadt Gottes, die aus reinstem Golde in der Sonne Kraft erstrahlt (P. 572).

Auch nach außen hin ergeben sich für sie in der menschlichen Gemeinschaft bestimmte Aufgaben und Ämter, die „officia ordinis angelici" (P. 446). Die Mönche haben sich nämlich zu den obersten Rangordnungen hinaufzudienen und die Belange des Reiches Gottes vor der Welt zu vertreten. „Da Gottes Wort Fleisch geworden ist, hat es Gott gefallen, daß alle Ordnungen der Engel, die den Menschen mit ihren Namen bekannt sind, im geistlichen Stande auch geistig bezeichnet wurden, in den Priestern und Bischöfen wie in den übrigen geistlichen Ordnungen" (248 D).

Ausdruck dieses doppelten Amtes in der Kirche ist der Gesang der Mönche, der von der alten christlichen Tradition immer als engelgleich bezeichnet wurde. Er durfte sich deswegen auch keiner Instrumente bedienen, wie auch die instrumentenseligen Engelskonzerte bereits einer säkularisierten Epoche angehören. Rein greift der Mönche Gesang über in das Tönen des Kosmos (sonus); er wird rein gehalten von der Engel Lobpreis (laus).

„Ihr selber seid Tuba und Psalter", wie Augustinus[153] sagt, „Zither, Tympanon und Chor, Saitenspiel und Organon und die Zymbel des Wohlklangs. Ihr seid dies alles, nichts soll gleichgültig sein, nichts vorübergehend, nichts als Kurzweil gedacht".

„Was sind wohl solche Engelszungen", wird Hildegard einmal in einem Schreiben von Wibert von Gembloux, ihrem späteren Mitarbeiter und Altersbiographen, gefragt; und die Antwort ist einfach und einleuchtend: „Die Engel, die Geister sind, können nicht mit verstandesmäßiger Sprache reden, es sei denn in besonderer Mission zu einem Menschen. Sind doch ihre Zungen lauter tönendes Lob. Der Mensch aber, der alles, was ertönt, durch ebendiesen Klang versteht, zeigt die Liebenswürdigkeit seines Herzens im Ton seiner Stimme, die er geistig gehoben (cum spiramine animae) beseelt" (1045 A). Höchste Erhebung dieser Art ist solcher Gesang der Mönche, in welchem Gottes Geheimnisse betrachtet und gespiegelt werden. „Der Gerechten Ruhm besteht demnach bei den Engeln und mit den Engeln Gottes. Mit ihnen betrachten sie der Gottheit Antlitz in einem Spiegel" (P. 39). Was nach außen hin so vielschichtig gebunden ist, aller Ausdruck der Seele, jedes Produkt der Kultur, aller Staat der Gemeinschaften, – das will innen einfältig gehalten sein im Rühmen geistiger Ordnungen.

„Und so hat das Feuer seine Flamme, und es ist Lobpreis vor Gott. Und der Wind bewegt die Flamme: Gott zu Lob. Und in der Stimme lebt das Wort: auch das ein Lob Gottes. Und das Wort, es wird gehört. Und auch das ist lauter Lobpreis für Gott. Deshalb ist alle Welt Lob Gottes" (P. 352).

Wir sind ausgegangen von der so überraschenden wie herausfordernden Aussage, daß der Mensch das Interesse der Engelwelt finde, daß er berufen sei zum angelischen Gespräch in der verklärten Schöpfung. Daß ausgerechnet der Mensch die Verwunderung und Faszinierung der Engel hervorgerufen habe, freilich nicht durch seinen Geist und in seinem Intellekt, sondern daß er als Leib-Seele-Wesen Vorbild und Vorform wurde für die Inkarnation des göttlichen Sohnes.

Um dieser Menschwerdung willen ist auch alle menschliche Gemeinsamkeit tief in der Welt der Engel begründet: Nach dem himmlischen Vorbild gruppiert sich die irdische Hierarchie. Und weltliche wie geistliche Gruppen und Institutionen werden im Einklang mit dem Lob der Engel teilhaben am Aufbau Seines geheimnisvollen Leibes.

Das ist der große durchgehende Ton all dieser Visionen der heiligen Hildegard: Das zeigen die Engelchöre, das bedeutet das Rauschen der Natur, das schafft des Menschen Tat. Alles will den Einen großen Lobgesang der Schöpfung – Heil der Welt!

DRITTER TEIL

ENGEL AM ENDE DER WELT

*„Nicht Engeln hat Er die
künftige Welt unterstellt, von
der wir reden" (Hebr 2, 5).*

Mit der Geschichte des Menschen tobt ein gewaltiger Geisterkampf durch alle Zeiten bis an der Welt Ende. Nicht allein mit Fleisch und Blut haben wir zu kämpfen, wiewohl die Elemente des historischen Ablaufes immer im Konkreten verankert sind und sich dem Leibhaftigen verbunden zeigen; zu kämpfen haben wir darin mit den Geistern in der Welt:

„Denn Gott hat ein gewaltiges Ringen gegen die Ruchlosigkeit der bösen Geister ins Leben gerufen, indem die Vernunft des Menschen der Vernunft dieser Geister entgegentritt und sie vernichtet. Und dieser Kampf wird andauern bis zum Jüngsten Tage, wo ihre Schande sie über alle Maßen besudelt und wo der Sieger Mensch den Lohn des Lebens empfangen wird" (910 D).

Wenn auch über den Ausgang des Streites im ganzen kein Zweifel sein kann –; bis zum Ende der Tage wird Geist gegen Geist, Meinung gegen Meinung, Haltung gegen Haltung stehen, wird der Mensch in den Widerspruch gestellt werden und sich frei zu entscheiden haben. „Der Herr des Alls läßt die Dämonen in ihrem Übermut gewähren – hatte Tatian[154] geschrieben –; Er läßt sie gewähren, bis die Welt ein Ende nimmt und aufgelöst wird und der Richter erscheint."

Denn darin gleichen sich nach der Lehre der Kirchenväter der Mensch auf der einen Seite und auf der anderen Seite die Engel und die Dämonen, daß sie das Merkmal der Freiheit in sich tragen, daß sie, wenngleich verschieden eingestuft, als Geister angesprochen sind und im Geiste Rede und Antwort zu stehen haben.

Eine Unruhe geht durch das Heilsgeschehen, wie auch durch alle profane Weltgeschichte. Sind doch unter Engelsnamen wie „Exusia", „Archai" und „Archontes" nicht zuletzt auch die politischen Mächte gemeint[155]. Von hier aus fällt ein neues Licht auf die Geschichte der Welt, auf die Geschichte der Kulturen und der Sitten des Menschen, zumal auf den Staat, der immerfort entstellt und bedroht wird durch die Dämonie. Geradezu apokalyptischen Charakter aber trägt die Fortführung der Politik mit radikalen Mitteln, der Krieg, und hier in besonderer Weise wohl der moderne Krieg[156].

Gott aber – so Hildegard von Bingen – behält in Seiner Obacht alle, die den Feind besiegten, die Glieder der Gläubigen wie auch die Zahl der Engelscharen, „da Er den Ort und die Zahl der gefallenen Geister durch den Menschen ergänzt, durch jenen Menschen, den der Teufel aus Neid im Paradies verführt hatte" (929 D).

I.

RICHTENGEL DER ENDZEIT

„Und der wahnwitzige Menschenmörder, der Sohn des Verderbens, wird in kürzester Zeit kommen, wenn der Tag gewichen und die Sonne untergegangen ist, das heißt, wenn die letzte Zeit versinkt und die Welt ihren Halt verliert. So höret dieses Zeugnis, meine Getreuen, höret es, und nehmet es zu eurem Schutze willig in euer Erkennen auf, damit nicht ohne euer Wissen plötzlich der Irrtum dieses Verderben komme und euch in den Ruin des Unglaubens und der Verderbnis stürze. Waffnet euch und haltet euch, durch diese neuen Schutzwehren gemahnt, zum Entscheidungskampfe bereit" (Sciv. III, 11).

Diesem letzten Tage, der kommt, werden verschiedene charakteristische Epochen der Weltgeschichte vorangehen. Zunächst ein Zeitraum der Gerechtigkeit und Ordnung, in dem alle Waffen schweigen und alle Technik nur noch der Kultur der Erde dient. „Und wie dann die Wolken milden und rechten Segen zur Frucht des rechten Keimens senden werden, so wird auch der Heilige Geist den Tau Seiner Gnade mit Weissagung, Weisheit und Heiligkeit auf das Volk ausgießen, so daß dieses dann aussieht, als sei es in eine andere Lebensweise rechtmäßigen Wandels umgekehrt worden." Es wird eine Epoche wahren Sommers in der Welt aufblühen, das Zeitalter eines guten Wandels (1022 B).

„Die Prophetengabe wird dann offen verkünden, die Weisheit wird angenehm und kräftig sein, und alle Gläubigen werden sich darin wie in einem Spiegel betragen. Die wahren Engel werden alsdann dem Menschen vertraulich anhangen, da sie bei ihnen den neuen und heiligmäßigen Lebenswandel spüren, wohingegen sie jetzt oftmals vor ihnen zurückschaudern wegen ihrer stinkenden Laster. Es werden sich dann die Gerechten freuen, da sie nach dem Land der Verheißung hinstreben und die Hoffnung des ewigen Lohnes erwarten. Und doch werden sie nicht vollends froh werden, weil sie sehen, daß noch das künftige Gericht bevorsteht. All das werden sie gleich Pilgern tun, die zum Vaterhaus eilen, aber die volle Freude noch nicht genießen können, solange sie noch auf dem Pilgerpfad sind" (1022 D).

„Eine Periode voller Unruhe und Bedrängnisse wird dieser friedvollen und gerechten Epoche folgen. Ausgelassen werden die Menschen, prahlerisch und voller Sucht nach Vergnügungen und leeren Zerstreuungen. Aus dem Überfluß werden derartige Gefahren erwachsen, wie man sie in alten Zeiten nicht gekannt hat. Den Tagen der Ruhe und Sattheit werden Tage voller Bedrängnis folgen. Vor ständigen Drangsalen werden die Menschen nach dem Tod verlangen und klagen: Wozu sind wir eigentlich geboren? Und sie werden wünschen, daß die Berge über sie fallen. Denn die früheren Tage boten doch bisweilen eine Wiederbelebung und Möglichkeit zur Erneuerung; diese Zeiten aber, voll Leid und Unrecht, werden vom Bösen nicht ablassen, sondern in ihnen wird sich Qual auf Qual und Ungerechtigkeit auf Ungerechtigkeit häufen. Zu jeder Stunde wird Menschenmord und Betrug für nichts geachtet. So wie Tiere zum Essen geschlachtet werden, werden auch Menschen in jenen Tagen durch den Terror ihrer Gegner getötet werden. Fremde Völker werden über die Christenheit hereinfallen und ihre Landschaften und Städte verwüsten" (1023 D-1024 A).

Ein drittes Zeitalter wird folgen: voller Stürme und Nebel und Wildheit. Mitten im dunkeln Sturm aus dem Norden aber werden sich Zeichen erheben, die die Menschen ihre Wildheit ablegen lassen und sie in höchstes Staunen versetzen. „Denn die heilige Gottheit wird Zeichen und Wunder im christlichen Volke wirken, wie Sie es zur Zeit des Moses in der Wolkensäule tat und wie damals, da der Erzengel Michael zur Verteidigung der Christen gegen die Heiden gekämpft hat. Unter seinem Schutz werden die gläubigen Kinder Gottes dahinschreiten und über ihre Feinde hineinbrechen; sie werden Sieger über sie werden und einen Teil töten, den anderen aus ihren Grenzen verjagen" (1025–1026 A).

In jenen Tagen wird gleichwohl das Reich des alten Abendlandes absinken und zerbröckeln. Das ehrwürdige römische Imperium wird in viele Herrschaften und Staatengruppen zerfallen und nie wieder zu einer Einheit hergestellt werden können (1026 D).

Eine Zeit wird schließlich folgen, in der die Menschen abermals zu Gerechtigkeit und Zucht finden. Es wird noch einmal wirkliche Weise und wahrhafte Weissagungen geben. Die Geheimnisse der Propheten und der alten Schriften werden erschlossen. Töchter und Söhne dieses letzten Weltalters werden prophezeien, wie es vor langer Zeit vorausgesagt ist. Die Geister der Luft werden uns nicht mehr blenden können. Jene neuen Menschen werden im gleichen Geiste prophezeien, in dem die Propheten einstens die Geheimnisse Gottes verkündigt haben. Zugleich wird sich das Nahen des Antichrist bemerkbar machen. Verbrechen und Laster werden offenkundig, die man früher nie gesehen (1027 C). – Die Zeit ist reif!

„In jener Zeit wird ein unreines Weib einen unreinen Sohn empfangen. Die alte Schlange aber, die den Adam überwunden hat, wird ihn mit seiner ganzen Schar derartig infizieren, daß nichts Gutes in ihn eingehen, noch bei ihm bleiben kann. Aufgezogen wird er an abgelegenen und wechselnden Orten, damit die Menschen ihn nicht erkennen. In allen teuflischen Künsten gebildet, wird er bis zu seinem Mannesalter verborgen gehalten" (1028 C). Es werden sich zu dieser Zeit Zeichen an der Sonne, am Mord, an den Sternen und Wassern und den übrigen Elementen und Geschöpfen des Universums kundtun. Eine große Trübsal wird die Menschen befallen, so daß sie das Sterben für nichts erachten. Der alte Feind glaubt nämlich nunmehr, durch einen einzigen Menschen, den Antichristen, das noch vollenden zu können, was er mit der Überlistung des Adam zwar in Szene gesetzt hatte, was aber immer wieder unter Katastrophen scheitern mußte.

Was der Antichrist seinem Zeitalter jetzt vorsetzen wird, ist in keiner Weise eine sensationelle Verführung, vielmehr bietet es sich an als das biedere Muster einer blanken naturalistischen Dogmatik, die in ihrer Natürlichkeit dem Menschen eher zusagen als ihn abstoßen müßte. „Er behauptet nämlich, es sei in keiner Weise eine Sünde, wenn Fleisch sich am Fleisch erwärmt, wie es sich ja auch der Mensch ganz natürlich am Feuer behaglich sein läßt. Er wird dem Menschen klarmachen, daß alle Gebote der Keuschheit keine wissenschaftliche Grundlage haben. Denn der Mensch sei ja nun einmal in seiner Natur hier kalt, dort warm veranlagt, so daß es bei solcher Hitze und Kälte zu einem natürlichen gegenseitigen Ausgleich kommen müsse. Und weiter wird er zu den Gläubigen sagen: Euer Moralkodex der Enthaltsamkeit ist doch völlig gegen die Natur aufgestellt; denn wie wollte ein Mann nicht warm sein, in dessen Adern doch ein Feuer pulst, das den ganzen Leib des Mannes in Glut versetzt; wie könnte solch einer gegen seine Natur sich kalt verhalten? Und aus welchem Grund könnte es ein Mensch vergessen, daß nun mal ein Fleisch am anderen sich erhitzt? Jener Mensch aber, den ihr euren Meister nennt, der hat euch, indem er euch diese Dinge so anschauen hieß, ein Gesetz gegeben, das über das Maß des Natürlichen hinaus geht. Ich aber sage euch: Ihr existiert nun einmal in dieser eurer Veranlagung, als ein kalter und warmer Pol, und so ergötzt euch ruhig miteinander und macht euch klar, daß dieser Mensch da euch unbillige Gebote aufgetragen hat. Ihr seht es ja: Wie sehr er auch gepredigt hat, daß Menschen sich nicht gegenseitig in Liebesglut umarmen sollten: sie fröhnen doch immer wieder ihrer Natur in fleischlicher Lust. Gebt also acht darauf, daß ihr euch fürderhin nicht von seiner unerträglichen Lehre verführen laßt. Denn in mir ist das da, was ihr tun könnt und was nicht. Euer Lehrer hat euch nicht die rechten Vorschriften gegeben. Er wollte euch haben wie Geist, der nicht mit Fleisch bedeckt ist, der ja auch nicht wirkt, wenn des Menschen Leib nicht auf natürliche Weise geschaffen wird, der doch durch Feuer eingegossen und ausgeformt wird; und würden sie so ihre Kinder nicht auf die Welt bringen, würden sie gar keine Möglichkeiten zum Wirken haben. Daraus allein schon könnt ihr ersehen, was ihr sein sollt. Jener, der euch zuerst belehrte, hat euch betrogen und euch in nichts geholfen. Ich aber präge es euch ein, daß ihr zunächst einmal euch selbst erkennt und wißt, was ihr von Natur seid. Denn ich habe euch erschaffen, und ich bin total in allen Dingen drin. Jener aber schrieb alle seine Werke einen anderen zu und sprach nichts von sich, weil er aus sich nichts konnte. Ich aber, ich spreche von mir selbst, und aus mir selbst vermag ich alles" (1030 B-1031 B).

Soweit die Worte des Antichrist, der die Menschen zu einer naturalistischen Doktrin triebhaften Sichauslebens überreden möchte. Damit vertritt er das Prinzip des Luzifer, und wie er möchte der Antichrist durch einseitige Überspitzung eines gutgeschaffenen Vermögens zum Zuge kommen. Er will den Jordan sozusagen durch seinen Mund fließen lassen, damit künftighin die Taufe, deren Symbol der Jordan ja ist, nicht mehr genannt werde, wie er ja auch selber durch die Taufe verworfen wurde. Und doch wird dieser Verworfene seine Seele und sein Leben nicht vom Teufel, sondern von Gott haben. Selbst der Teufel hat ja seine Existenz vom höchsten Schöpfer empfangen. „Denn Gott allein ist Leben. Aller Lebenshauch und jedes, das lebt, wird durch Ihn bewegt. Ist Er allein doch der Anfang ohne Anfang" (1032 D).

Ja, der Antichrist hat sogar seinen eigenen Schutzengel, wie Thomas von Aquin meint, einen „angelus custos", der

223

ihn zwar nicht zum Guten kehren kann, der den Antichrist aber doch von äußersten Exzessen abhalten wird.

In einer Schlußvision des „Scivias" wird über die natürliche Herkunft des Antichrist und seine Vorbedeutung für das Gericht noch ausführlicher berichtet: „Wenn die Zeit kommt, in der der verruchte Betrüger unter Schrecken erscheinen soll, so ist die Mutter, die den Gaukler zur Welt bringen wird, von Kindheit an an einem einsamen Ort der Verworfenheit unter den gottlosesten Menschen aufgewachsen. Schon als Mädchen ist sie durch teuflische Ränke voll von Lastern. Ohne Wissen ihrer Eltern wird sie dort weilen, und auch die Umwohner werden sie nicht kennen. Denn auf Eingebung des Teufels ist sie dorthin gekommen, der sie betrügerisch – als ob er ein heiliger Engel wäre – nach seinem Willen heranbildet. Sie trennt sich also von den Menschen, damit sie um so leichter verborgen bleiben könne. Darauf wird sie sich heimlich in den ruchlosesten Ränken der Unzucht mit einigen wenigen Männern einlassen und mit solcher Glut schändlichen Begehrens sich mit ihnen beflecken, als ob ein heiliger Engel sie dieses gottlose Treiben zu vollführen heiße. Und so empfängt sie in der glühendsten Brunst der Unzucht den Sohn des Verderbens, ohne zu wissen, welcher Mann sein Vater ist" (716 D-717 A).

Noch ein letztes Mal wird der Teufel versuchen, die Rolle des Engels zu spielen; von einer jungfräulichen Empfängnis wird er künden und die Mutter des gottlosen Gauners als heilig verehren lassen. Er wird sich als der Heiland der Welt aufspielen. Er wird Siechtum von den Menschen nehmen, das er selbst zuvor ihnen geschickt hat. Und so werden die Menschen der letzten Tage in vieler Hinsicht durch diabolische Künste getäuscht werden. Am Jüngsten Tag aber folgt das Gericht.

Vom Osten her flammt Blitzesleuchten und in einer Wolke wird der Menschensohn daherfahren, gleichen Antlitzes, wie

Er in der Welt gewesen war, mit offenen Wunden. Die Chöre der Engel begleiten Ihn. Er wird thronen über dem welterschütternden Sturm der Reinigung des Kosmos. Engel siegeln die Menschen und scheiden sie; die Nichtbesiegelten verharren bei der Masse der Teufel im Norden. Dann ist der Sturm zu Ende. Die Zeit ist aus!

„Und es ward ganz still. Da erstrahlten alsbald die Auserwählten lichter als der Glanz der Sonne. Mit dem Sohne Gottes und den seligen Scharen der Engel zogen sie in großer Freude in den Himmel ein. Die Verdammten aber fuhren mit dem Teufel und seinen Engeln unter lautem Heulen in den höllischen Abgrund. So nahm der Himmel die Auserwählten auf, und die Hölle verschlang die Verworfenen.

Alsogleich erhoben sich so hohe Freude und jubelnde Lobgesänge im Himmel und so tiefe Trauer und lautes Wehgeschrei im See des Abgrundes, daß menschliche Fassungskraft es nicht auszusprechen vermag.

Und alsbald leuchteten alle Weltelemente in klarster Heiterkeit, als wenn ihnen eine schwarze Haut abgezogen worden wäre. Das Feuer kannte keine Brunst mehr, die Luft keine Verdickung, das Wasser keine hitzige Wallung, die Erde keine Gebrechlichkeit. Sonne, Mond und Sterne funkelten in voller Leuchtkraft und Schönheit wie der herrlichste Schmuck am Himmel. Und sie standen still, ohne kreisende Bewegung, so daß sie keine Scheide mehr bildeten zwischen Tag und Nacht. Es war nicht mehr Nacht. Es war Tag. Das Ende war gekommen" (726 A).

Mit den gereinigten Elemente des Kosmos tritt auch die verklärte Seele in das himmlische Jerusalem ein, in die Stadt der Engel, die da funkelt und flutet im Licht. Ähnlich den Bildern der Apokalypse schaut Hildegard den neuen Himmel und die neue Erde. Der erste Himmel und die erste Erde sind vergangen. Und das Meer ist nicht mehr (Offb 21, 1). Das Dämonische ist aus Natur wie Geschichte verschwunden. Die giftigen Wasser der Urflut sind gesund geworden (Ez 47, 8); gesund geworden sind sie durch die Wasser des Lebensstromes (Offb 22, 1). Heilgeworden sind alle Gliederungen der Geschichte, hell ward jede menschliche Seele.

Wie beim Tode des einzelnen Menschen gute und böse Engel die scheidende Seele geleiten, Zeugen all der Werke, die im Leibe vollbracht oder verwirkt worden sind, so warten auch am Jüngsten Tage die Engel des Gerichtes auf jeden einzelnen von uns. „Die Engel erwarten das Ende, um die Seele nach der Auflösung mit sich zu führen; sie harren auf das Urteil des gerechten Richters, das Er über diese Seele bei der Trennung vom Leibe fällen wird, und sie führen die Seele, sobald sie vom Körper befreit ist, an den Ort, dem sie nach ihren Verdiensten vom himmlischen Richter zugewiesen wird" (Sciv. I, 4).

„Hat die Seele dann am Jüngsten Tag ihr geliebtes Kleid, das Gewand des Leibes zurückbekommen, so wird sie mit den Engeln die Herrlichkeit Gottes von Angesicht vollkommen erschauen. Was danach geschehen wird, davon werden aufs neue die Engel in ihren Lobgesängen entflammt, so, wie sie auch am ersten Schöpfungstage durch den Sieg ihres Streites erleuchtet wurden. Denn nach dem Jüngsten Tag erst werden sie im Lobpreis Gottes vollendet. Sie werden ihr Loblied auf die neuen Wundertaten Gottes, auf den Menschen (opus Dei, quod homo est) anstimmen. Von nun an werden sie die Zither schlagen, Klang herrlichster Freuden, und nicht mehr müde werden, nicht nachlassen mehr, sie werden nimmer dabei ein Ende finden. Und wie sie verlangen, Gottes Angesicht ohne Unterlaß immerdar zu schauen, so werden sie auch nimmer aufhören, zu staunen über die Werke Gottes im Menschen. So ist ja der Mensch ein Wesen mit Leib und Seele, existent als das Werk Gottes mit aller Kreatur" (888 C).

Der große Kulturauftrag des Menschen, sein „opus cum creatura", Werk an der Welt, ist ausgeführt. Der ganze Kosmos ist mit dem Menschen zum Erstaunen der Engel heimgeführt und hell geworden[157]. Die Einheit der Schöpfung, die

Hildegard so leidenschaftlich verfochten hat, wird bis zum Ende gehalten: daß nicht zwei Handwerker an einem Werkstück schaffen können: daß nicht zwei Herzen in einer Brust leben können! Daß nur Einer das Leben ist, von dem alles lebt!

Gott ist am Werk gewesen – aber nichts davon hat der Teufel im Grunde verstanden. Nur seinen blinden Haß konnte er an der Schöpfung auslassen. Damit allerdings hat er nicht aufgehört, bis die Vollzahl erfüllt ward: jene heile Menschheit in der Ordnung der Engel (996 C). „Tag wird es dann sein ohne Wandel, denn der Beherrscher aller Dinge wird dann mit der Klarheit Seiner Gottheit, die nie durch eine Änderung verdüstert wird, alle erleuchten, die in der Welt durch Seine Gnade der Finsternis entronnen sind" (Sciv. II, 12).

DER MENSCH – DIE VOLLZAHL DER SCHÖPFUNG

„O Herr aller Welt in Deinem Zorn sind die Geister der Engel aufgestanden. Wie Sturzfluten gossen sie ihre Kräfte aus, Deine Feinde zu ertränken. Und wiederum erhob sich das Heer der Geister zur Höhe in brausender Kraft und ließ Gott die Stimme unerschöpflichen Lobpreises entgegenschallen. Wie Ströme lebendigen Wassers sind der Engel Schlachtordnungen. Der Sturm des Geistes Gottes bewegt sie zum Ruhm eigenen Preises, da diese Stimmen den Kampf gegen den schwarzen Drachen aufgenommen.

Michael war es, der im Aufschrei der Scharen nach Gottes geheimem Ratschluß jene Schlange durchbohrte, da sie die Herrlichkeit Gottes erkennen wollte. Mit Gottes Macht stürzte er sie in den Sumpf der Hölle, die ohne den Widerstand eines Grundes ist. Und mit ihr fielen ihre Anhänger, die dem Teufel wie einem Meister beigestimmt hatten. Er aber ward stärker bestraft als jene, da er auf niemanden anders denn auf sich selbst blicken wollte, während jene auf ihn gehört hatten.

Nach dem Sturz des alten Feindes stimmten die himmlischen Chöre Gottes Lob an, da ihr Widersacher gefallen. Für ihn konnte fürderhin im Himmel kein Platz mehr sein. Da erst erkannten sie die Wundertaten Gottes in noch größerem Glanze, als sie diese vorher eingeschätzt hatten. Sie erkannten auch, daß weiterhin keine solche Schlacht mehr im Himmel toben könnte, daß niemand weiteres aus dem Himmel fallen würde.

Im Spiegel der lauteren Gottheit aber sahen sie auch, daß

die Zahl der gefallenen Geister mit gebrechlichen Gefäßen aufgefüllt werden sollte. Im Jubel darob, daß sie die Zahl der Gefallenen derart wiederhergestellt wußten, vergaßen sie den Fall selber, als wäre er nie gewesen" (960 B/C).

Die Seligkeit der Engel kann durch die verlorenen Geister nicht getrübt werden, da Gottes Güte eine noch größere Beseligung ersonnen: durch die zerbrechlichen Gefäße leibhaftiger Geister sollte die himmlische Schlachtordnung ersetzt und in Kraft und Schönheit überboten werden. Der Mensch soll eintreten in die erste Schöpfung im Licht. Vergessen ist der Mißklang in der himmlischen Harmonie: „und wie es mehr gute als gefallene Engel gegeben, so wird es auch, dank des Leidens Christi, mehr gerechte und erlöste Seelen geben, als es je böse Geister in der Welt gab" (Fragm. II, 10).

Um dieser Vollzahl der Schöpfung willen tobt die gigantische Geisterschlacht durch alle Geschichte. Und Michael ist der Vorstreiter für diese volle und endgültige Zahl der Geschöpfe. Entschieden aber wurde der Kampf von Anbeginn an durch Gottes Zorngewalt, durch den „zelus Dei", den der Herr als ein „vir Deus" in der Machtfülle Seines Wirkens erweckt hatte, was bei Hildegard zu bedeuten hat: „Ein brennendes Feuer in der engelhaften Ordnung, das den Feind gänzlich niederwarf. Ein Rufen ist laut geworden unter der Engelschar, der Aufschrei: Wer ist wie Gott!" (P. 18).

Mi-cha-el, Wer wie Gott, Quis ut Deus –; damit wird das Bild des Erzengels in eine andere Dimension getragen, als wir es aus der Tradition gewohnt sind, wo Michael als der Fürst Israels auftritt oder als der Engel des deutschen Volkes, aus dem dann bezeichnenderweise der „deutsche Michel" wurde, anders auch, als die Kunst ihn uns vorstellt, als den Seelenwäger und Seelenrichter, den Psychopompos und Princeps animarum, anders noch, als es uns das Bild vom Drachenkämpfer vermitteln kann. In Hildegards Vision tritt Michael als das brennende Feuer in der engelhaften Ordnung auf.

„Und ich sah, wie eine Krone mit zwei Kreisen, einem unteren und einem oberen, überall voll von Engeln war. In der Mitte dieser Engelskrone aber stand der Erzengel Michael wie ein Turm. Jene beiden Kreise lehnten sich wie zwei Wände an ihn an. Auf seiner Brust glänzte die Gestalt des Menschensohnes, und darum stand geschrieben: Das Zepter der Macht wird der Herr von Sion aus senden: herrsche inmitten deiner Feinde (Ps 109,2). Michael selbst streckte den rechten Arm aus, und ich hörte ihn zum Volke reden: Solange ich den Glanz der Heiligkeit an euch sehe, will ich für euch kämpfen gegen die schwarzen Geschosse, die ich von den gottlosen Tyrannen gegen eure Wohnstätten blitzen sehe" (366 D-367 A).

Michael und Luzifer sind die Exponenten des bis zum letzten Tage lodernden Kampfes geworden, wie dies in einer Illatio zum hl. Michael nach dem mozararbischen Ritus besonders klar gesagt ist: „Weil Gott sich einer nie abnehmenden Lichtfülle erfreut, nannte er die Engel Lichtsöhne. Den ersten unter ihnen stattete er mit besonderem Lichtglanze aus. Da er stürzte, trat an seine Stelle Michael, in Demut, nicht in Stolz. So findet die herrliche Demut einen erhabenen Platz im Glanze des Himmels."

Der stolze Teufel aber hat das Gesetz der Demut nie begreifen können. „Der Teufel hat das ganze Geheimnis der Wunderwerke Gottes nicht begriffen, wie ja auch die Gottheit in der Menschheit etwas sehr Verborgenes ist. Hätte er nämlich den Sinn des Ganzen gekannt, er hätte es niemals unternommen, den Menschen zu täuschen" (242 C).

Vom Sinn dieses Ganzen wird noch einmal zu reden sein, um die große eschatologische Dynamik zu erfassen, die durch alle Geschichte hindurch auf die Vollzahl der Geschöpfe hintreibt. Indem Hildegard das Ende der Welt mit ihrem Umgang verknüpft, rekapituliert sie noch einmal die Geschichte des Heiles.

„Durch Sein Wort hat Gott alle Geschöpfe ans Licht gebracht. Sein Wort zog im Menschen Fleisch an, um die Zahl der Geschöpfe aufzufüllen. Alsdann herrscht Gott im Himmel in Seiner Macht, voller Kraft, und Er hält Sein Auge auf die Gestirne gerichtet, die durch Ihn entflammt wurden: Er schaut auf die gesamte Schöpfung." Und so sitzt auch der Mensch auf seinem Herrschersitz, auf seiner Erde, im Erkennen Gottes und in der Verehrung der Dreifaltigkeit. „Dieses Verehren ist der Schmuck der neuen Engelchöre, durch welche die Satanschar vertrieben ward und stürzte. Der Mensch aber ist der zehnte Chor, den Gott in sich selbst im Urstand der Schöpfung der verlorenen Engel wiederhergestellt hat. Denn Gott wollte Mensch werden. Sein Menschtum ist die Burg, in der jene wandeln, die der zehnte Chor sind" (886 A/C).

Um die Vollzahl der Kreatur als einer vollendeten Schöpfung in den Blick zu bekommen, müssen wir noch einmal die entscheidenden Phasen wiederholen.

„Als Gott sprach: Es werde Licht! da erstanden vernunftbegabte Wesen, die Engel, und zwar sowohl die, die mit Ihm in der Wahrheit feststanden als auch jene, die in die äußersten Finsternisse, alles Lichtes entblößt, stürzten. – Damals ließ Gott ein anderes Leben sich erheben, das mit einem Leibe gewandet war. Das ist der Mensch! Ihm schenkte Er den Ort und Ruhm des verlorenen Engels, auf daß dieser nun Gott zum Ruhme vollende, was jener nicht wollte" (747 C).

Der Mensch tritt an die Stelle jenes Engels, den Gott in leuchtender Klarheit geschaffen hat, „auf daß er die Geheimnisse der Gottheit künden könnte. Der Engel erhob sich ja in seinem Dünkel gegen Gott, und er versagte im Lobpreis des Herrn, weshalb er seiner Herrlichkeit entblößt wurde. Gott aber schuf den Menschen, auf daß jenes, was niedriger war, das überwinde, was höherer Ordnung gewesen. Im Menschen nämlich vollendet Gott alle Seine Werke" (P. 229).

Indem dieser Mensch die Stelle der Engel einnimmt, verkörpert er auch eine angelische Aufgabe innerhalb der Schöpfung. „Denn das klare, strahlende Licht, das der Teufel infolge Stolz und Anmaßung in sich auslöschte, als in ihn und seinen Anhang der Todeskeim fiel (Luzifer leuchtete nämlich in reinerem Licht als die übrigen Engel), kehrte zu Gott, dem Vater zurück. – Gott barg das Licht in Seinem Geheimnisse, denn diese strahlende Herrlichkeit sollte nicht ins Leere gehen. Für ein anderes geschaffenes Licht wollte Gott sie hinterlegen. Das Lichtkleid derer, die auf Gottes Wink körperlos, ohne die Hülle des Fleisches ins Dasein getreten waren, des Teufels und seines Anhanges, bewahrte Gott dem Lehm, den Er zum Menschen bilden wollte. Doch hüllte Er das Licht in die niedrige Menschennatur, damit sich nicht auch der Mensch zu einem zweiten Gott aufwerfe. Hatte doch der Lichtgeschaffene, von Strahlenglanz Umkleidete, der nicht mit gebrechlicher elender Fleischeshülle bedeckt war, nicht bestehen können ob seiner Selbstüberhebung. Denn es gibt nur Einen Gott ohne Anfang und ohne Ende in Ewigkeit. So gab Ich den Glanz, der von dem ersten Engel wich, dem Menschen, Adam und seinem Geschlechte, damit er nach dem Untergang des stolzen Teufels Mich preise durch die gehorsame Erfüllung Meiner Gebote" (Sciv. III, 1). Im Gehorsam nämlich und durch die Ausübung der Tugendkräfte sollte der Mensch in seiner irdischen Hinfälligkeit sich den Lobgesängen der Engel zugesellen, und so sollte er ihre Reihen ergänzen:

„Auf dem Gipfel der Seligkeit soll der Mensch in den Preisgesang der himmlischen Geister, die ständig in brennender Hingabe Gott verherrlichen, einstimmen und so in seiner Beseligung das zur Erfüllung bringen, was der gestürzte Engel in seiner Anmaßung zunichte gemacht hatte. Der Mensch ist also der vollwertige Zehner, der all dies durch die Kraft Gottes vollbringt. Er bringt zum Hundertfachen Frucht und wird ohne Ende mit Seele und Leib frohlocken in der himmlischen Wohnung" (Sciv. II, 2).

Der Mensch ist aber nicht nur berufen, die Engel zu vertreten, er wird sie auch verteidigen, indem er aktiv an ihren

Kämpfen teilnimmt: „Denn der Mensch ist das Werk der Rechten des allmächtigen Gottes, das diese eigenhändig ausgeführt hat. Er wird den Chor der gefallenen Engel ausfüllen, und deshalb steht er auch in der Verteidigung der guten Engel. Das aber sind die beiden Ordnungen – Engel und Mensch – an denen Gott Seine große Freude hat: am Lobpreisen der Engel (laus) und am heiligen Tun des Menschen (opus)" (972 D). Dabei ist der Engel in seiner Existenz vor Gott beständig, der Mensch aber unbeständig, weshalb auch Menschenwerk so oft versagt. Der beständigen Lobordnung steht in der Schöpfung das fragile Menschenwesen gegenüber: der Mensch im „opus", der Handlanger in seiner Unzulänglichkeit, dem gleichwohl das Schicksal aller Welt in die Hände gelegt worden ist.

Damit ist das Wesen des Menschen fundamental auf die Entscheidung ausgerichtet und so zentral in den Mittelpunkt der Heilsgeschichte gerückt, wie es stärker nicht gedacht werden kann. Diese Entscheidung in der Welt: das ist des Menschen „opus", seine Aufgabe, seine Existenz. In seiner Entscheidungsmöglichkeit für Gut oder Böse ist der ganze Mensch, mit seinen fünf leiblichen Sinnen und seiner ganzen geistigen Ausstattung nach, so zu einer ehrenvollen Einheit geordnet, wie auch die Ordnungen der Engel zum Lobpreis Gottes eingesetzt sind, da sie Seiner Anschauung dienen (347 D).

Ja oder Nein will diese wirkende Existenz, Anerkennung oder Verachtung. Sie kann nur bestehen oder versagen, nur den Engel nachahmen oder den Teufel. „Denn die Mich verachten, ahmen den verderbten Engel nach, der Gott schauen konnte, aber nicht mit dem Blick demütiger Anerkennung auf Ihn schauen wollte. Darum entfiel er plötzlich der himmlischen Herrlichkeit und stürzte in den Tod, denn er hatte Gott in gleicher Ehre gleich sein wollen. So verschmähen diese Mich, weil sie das böse Werk vollbringen, wie es die unerlaubten Begierden des Fleisches in ihren Lüsten erfordern"

(Sciv. II, 8). Die Gott aber so verachten, stürzen in die Schwachheit des eigenen Seins und damit in das Böse.

Noch einmal: dieses Verachten, die Respektlosigkeit und Gleichgültigkeit, das überhebliche Wesen, der Hochmut, geistige Einstellungen also – diese sind das Wesen der Sünde und machen den Frevel aus und bedingen das Übel, und in keiner Weise das Fleisch oder die Begierde aus diesem Fleisch oder gar die Leiblichkeit unseres belasteten und gemischten Wesens. Mit seinem Intellekt sündigte der Urmensch und nicht mit seinen Paarungsorganen. Im Geistigen wurzelt die Erbsünde!

Dem letzten Gericht verfallen werden die unausrottbar scheinenden Irrtümer der Menschen, auch so viele Christen und Eiferer: daß der Geist gut sei, der Leib aber böse, daß die Welt schlecht sei und die Seele wertvoll, daß die Natur des Teufels sei. Verurteilt werden die Lehren so vieler Väter: daß die Menschwerdung Christi Folge erst des fleischlichen Sündenfalles sei, daß damit das Fleisch und seine Lust, die Welt und ihre Last Produkt teuflischen Abfalls sein müßten.

Hildegard weiß, daß Satan nicht die Fähigkeit hat, einen Menschen durch die Seele eines anderen Menschen zu betrügen, daß er sich bei seinem Betrug nur der Gestalt irgendeiner anderen Kreatur bedienen kann (1045 A). Der Schlund dieser alten Schlange aber wird mit den „Perlen der Materie des Wortes Gottes" erstickt. Solche Perlen sind zum Beispiel die zehntausend Jungfrauen, deren Blut die Elemente der Natur in Aufregung gesetzt und die Engel zum Entzücken gebracht hat. Denn der Mensch vermag über die geistigen Kräfte zurückzuwirken im Weltall und die Elemente in Bewegung zu versetzen wie ein Mann, der ein Netz in seiner Hand hält und dieses bewegt (CC. 19, 1). Und nur so vermag der Teufel über den Lebenswandel des Menschen auf die Elemente des Kosmos einzuwirken, nie aber über die Dinge der Welt, etwa über die Technik, nie über die Leiblichkeit selbst.

„In seiner Leiblichkeit trägt der Mensch die ganze Welt, da

er in sich alles Irdische überwindet. Darum wird er auch das Banner der himmlischen Harmonie im Sieg der Himmel genannt. Hat er doch den Teufel mit den Sorgen um das Weltliche zertreten. Und so beweisen die Werke des Heiligen Geistes die Kräfte der Weltelemente im Menschen" (P. 230). Mit allen Elementen dieser Welt wird der Mensch in die verklärte Schöpfung heimgeführt, und nur als ein ganzer Mensch kann er die Vollzahl der Kreaturen erfüllen. Das aber ist eben das Geheimnis, das nur in der Inkarnation ausgedeutet werden kann. Alle Angelologie ist nur anthropologisch zu verstehen, alle Anthropologie aber ist christologisch ausgerichtet. Der Gottmensch selber befreite den Menschen, auf daß durch seine Erlösung der freistehende Engelchor wieder aufgefüllt werde (242 C).

„Denn als der Sohn Gottes auf Erden aus der Mutter geboren wurde, erschien Er im Himmel im Vater, so daß die Engel erzitterten und frohlockend honigfließende Lobgesänge anstimmten". Der Eingeborene hat lichteste Beseeligung entsandt: Er hat die Welt erlöst. Mit Seinem Tode besiegte Er die Hölle und gab das Erbe Adams zurück. „Da tönten die himmlischen Pauken und Zithern und jeglicher Klang von Musik in unbeschreiblicher Harmonie und Schönheit; denn der Mensch, der im Verderben gelegen, ward aufgerichtet in Seligkeit. Den auferstandenen Sohn aber stellt der Vater mit enthüllten Wunden den himmlischen Chören dar: Dieser ist mein geliebter Sohn! – Darob erwachte bei den Engeln eine unermeßliche Freude, die alles menschliche Begreifen übersteigt. Denn nun ist die böse Vergangenheit, in der Gott nicht mehr erkannt wurde, niedergerungen. Die menschliche Vernunft, die durch den Einfluß des Teufels darniederlag, ist zur Erkenntnis Gottes erhoben. Durch höchste Beseligung ist dem Menschen der Weg der Wahrheit eröffnet, und er ist vom Tod zum Leben zurückgeführt." (Sciv. II, 1).

Der Logos hat gehandelt. Verbum opus dictavit! Das Wort ist in der Welt und führt sie zur Vollendung. Wort ward

Fleisch in der Welt. „Nachdem Er das Werk der Sündenreinigung vollbracht hat, sitzt Er zur Rechten der Majestät in der Höhe, so hoch über die Engel erhoben, als der Name, den Er erbte, den ihrigen überragt" (Hebr 1, 3–4). Sichtbarlich im gütigsten Vaterherzen Gottes erscheinen die Glieder Christi, damit kein Engel noch sonst ein Geschöpf den Menschen geringschätze.

„Kein Mensch hätte das vollenden können, was nicht einmal die Engel begreifen konnten, da ja vor ihnen die Ewigkeit gleichmäßig schwingend und vollendet dalag und keines Dinges bedurfte, sie, die immerfort in sich erfüllt ruht" (986 B). Würde aber das Wort dieses Gewand nicht angezogen haben: der Mensch würde nicht gerettet worden sein, wie auch der verlorene Engel nicht zu retten ist (969 B).

Der Mensch ist somit das Werk, das Gott wirkt. Gott hat diesen Menschen mit Scharen von Engeln umgeben, die vor Staunen nicht voll begreifen können, daß solchergestalt der Mensch geschaffen ist. Sie wundern sich, die Engel, daß Gott aus dem sterblichen Adam Sein Gewand genommen hat, Sein Kleid, mit dem Er in himmlischer Herrlichkeit vor den Engeln erstrahlt (973 A/B).

Der Mensch – das ist die volle, die goldene Zahl, der zehnte Chor. „Der Mensch ist der zehnte Chor, den Gott bei sich in der ersten Bildung der gefallenen Engel wiederherstellte, da Er Mensch werden wollte. Seine Menschheit ist der Turm, in dem jene wandeln, die im zehnten Chore weilen" (886 C). Mit seinem verklärten Leibe wird der Mensch die Lücke schließen, die mit dem herausgefallenen Engel in der Schöpfung klaffte: so wird er es nun sein, der die goldene Vollzahl, den „numerus aureus" der göttlichen Heilsplanung erfüllt.

Vom Wesen des Engels und von seinem Schicksal ist nichts zu verstehen, wenn nicht das Mysterium von Schuld und Erlösung des Menschen hinzugenommen wird. Aber auch Geschick und Sinn des Menschenlebens blieben unverständlich ohne die Rolle, die der Engel in unserer Existenz spielt: beide liegen ewig im Plan und dienen endgültiger Erfüllung. Nur um dieser Vollzahl willen ist der Mensch von Hildegard als der zehnte Engelchor beschrieben worden.

Auch der Gedanke von einem „chorus decimus" ist in der Tradition, zumal der Frühscholastik, oft abgehandelt worden. In Hildegards Zeitraum hat sich vor allem Bonaventura liebevoll damit beschäftigt, während Thomas von Aquin den zehnten Chor ablehnt. Bonaventura meinte, ein zehnter Chor seliger Menschen unterstreiche noch den Tiefsinn von der Ordnung der neun Chöre als einer dreifaltigen Wiederspiegelung der allerheiligsten Dreifaltigkeit.[158] Jedes Lebewesen sehne sich nach der Gemeinschaft mit seinesgleichen. „So verlangt auch der Engel naturhaft nach der Gemeinschaft mit Wesen seiner Art. Und diese Sehnsucht bleibt beim Engel nicht unerfüllt. Es waltet in ihnen eine herzliche Neigung zu Gesellschaft und Freundschaft."[159]

Dagegen ist Thomas von Aquin der Ansicht, daß die Kirche der Zukunft zwar aus Engeln und aus Menschen zusammengesetzt sei, daß diese aber nur eine einzige Hierarchie bildeten. „Es ist nicht wahrscheinlich, daß die dreimal dreifache Anzahl der Engelchöre, welche die himmlische Gesamthierarchie begründen, zerstört werde durch einen zehnten Chor der Menschen. Sonst könnte die Zahl der Chöre nicht mehr die Spur der ungeschaffenen Dreiheit aufleuchten lassen."[160] Immerhin spricht auch Thomas von einer Ergänzung des Engelverlustes durch die Menschen, von einem „supplementum ruinae angelicae"[161]. Dabei werden die Seligen die in allen neun Chören freistehenden Plätze besetzen; „sogar der von Luzifer verlassene Thron kann das angemessene Erbe irgend einer heiligen Menschenseele werden"[162].

Engel und Mensch bilden die eine Kirche, weil beide das gleiche eine Haupt haben: Christus. „Christus bildet nicht nur Seiner göttlichen, sondern auch Seiner menschlichen Natur nach das Haupt der Engel; denn Er erleuchtet sie Seiner menschlichen Natur nach. Darum heißt es auch: Er selbst sei das Haupt aller Fürstentümer und Gewalten. Jedoch die Menschheit Christi verhält sich in zwei Punkten anders zu den Engeln als zu den Menschen. Einmal hinsichtlich der Übereinstimmung der Natur, durch die Er zur selben Spezies gehört wie die Menschen, aber nicht wie die Engel. Sodann hinsichtlich des Ziels der Menschwerdung, dies ist in erster Linie wegen der Befreiung der Menschen von der Sünde geschehen; und so ist die Menschheit Christi auf das Überfließenlassen auf die Menschen als auf ihr beabsichtigtes Ziel hingeordnet; das Überfließenlassen auf die Engel aber ist nicht Ziel, sondern Folge der Menschwerdung."[163]

Weil die Erlösung um des Menschen willen geschehen ist, steht der Mensch im Zentrum der Heilsgeschichte, damit aber auf geheimnisvolle Weise mitten in der Welt der Engel. Das weiß kein Wesen besser als der Engel selbst, weshalb Hildegard von ihrem Lobpreis singt: „Die Morgenröte des Heils glüht vor Glückseligkeit, weil die Gottesstadt ihre Söhne mit Freuden bewahrt. Darob brechen die Engel in Lobpreis aus und rufen: Wir haben aus euren Werken Weinlese in der Kelter gehalten, und wir halten euch darum in unserer Gemeinschaft, die Luzifer floh wie eine Schlange, die sich in ihrer Höhle verkriecht" (P. 363).

Die Engel sind durch Christi Menschwerdung und die Heilsentscheidungen der seligen Menschen gleichsam hinausgewachsen über ihre ursprüngliche Lichtexistenz, sie sind um des Menschen willen gereift zur letzten Fülle. „Reine Vernunft ist der Engel in seinem Rühmen, während der Mensch die Gabe der Vernunft durch beides hat, durch sein Rühmen und sein Wirken. Und so vermochten die Engel auf dem Felde bei Bethlehem im lebendigen Menschen Gott mehr zu erkennen als vorher, und sie sangen: Ehre sei Gott in der Höhe, da Gott so ruhmreich ist in den Höhen mit allen Engeln" (P. 248).

Seit der Inkarnation ist der Engel gleichsam in die Substanz des Menschen eingelagert, keineswegs von seinem kreatürlichen Ursprung her, um so einleuchtender aber aus der eschatologischen Sicht, in der der Mensch zum zehnten Chore in der Welt der Engel erhöht wurde. Dies weiß Hildegard von Bingen in schlichten Worten, in einem äußerst konzentrierten Bilde zu zeigen:

„Gott schuf den Menschen mit Leib und Seele: Leib, indem Er alle Kreatur im Menschen zeichnete und darin ein Gleichbild des engelhaften Geistes ordnete: die Seele." In dieser Einheit liegt Himmlisches und Irdisches vereint, ist der Mann wie die Seele, die Frau wie der Leib, und beide eins! „Und es segnete sie Jener, auf den die Engel schauen im Erkennen und Lobpreisen, und Er befahl ihnen, sich zu mehren und zu wachsen." So sollte der Mensch die Vollzahl der Geister erfüllen und Gemeinschaft mit ihnen haben beim himmlischen Lamme. „O wie groß ist die Freude, daß Gott sich gewürdigt hat, Mensch zu werden: in den Engeln göttlich wesend, im Menschen aber als Mensch!" (945 C-946 B).

III.

DAS REICH VON ENGEL UND MENSCH

„Im Urbeginn grünten alle Geschöpfe voller Lebenskraft, in der mittleren Zeit kamen die Blüten zur Reife, dann aber schwand die Lebensgrüne dahin. Als dies der Menschensohn, der ‚vir praeliator', gesehen, sprach Er zum Vater: Wohl weiß Ich um diesen Zeitpunkt, aber noch ist die goldene Zahl nicht voll. Du aber, Mein väterlicher Spiegel, schau hierher: Am eigenen Leibe habe Ich die Mühsal erduldet, und auch Meine Lieblinge schwanden dahin. So sei eingedenk, daß die Fülle der ursprünglichen Schöpfung nicht vermindert werden sollte und daß Du damals im Herzen beschlossen hattest, daß Dein Auge nicht ablassen wollte, bis Du Meinen Leib anschauen würdest voll besetzt mit Edelsteinen" (P. 465).

Der Aufbau des geheimnisvollen Leibes in der dahineilenden Zeit wird mit der goldenen Zahl vollendet; der verklärte Mensch wird alsdann eintreten in ein lebendiges Gespräch mit dem Engel. „Ihr seid hingetreten zum Berg Sions und zur Stadt des lebendigen Gottes, dem himmlischen Jersualem, zu den Tausenden von Engeln, zur festlichen Versammlung und Gemeinde der Erstgeborenen, die im Himmel eingeschrieben sind, zu Gott, dem Richter aller, zu den Geistern der vollendeten Gerechten" (Hebr 12, 22–23).

Die Zahl der verlorenen Geister ist ohne Wissen des Satans mit den seligen Menschen aufgefüllt worden (230 D). Der Mensch als das sterbliche und hinfällige Wesen ist in das Reich der Engel aufgenommen worden und wird in vertrautem Umgang Anteil haben an ihrer Gemeinschaft. In Ewigkeit wird er nunmehr das erfahren, was keimhaft in allem

Schutz des Engels schon mit der hiesigen Erfahrung gegeben war: die „conversatio angelica". Christus mußte ihn den Engeln zugesellen, meint auch Thomas, nachdem der Mensch durch Ihn aus der Gewalt der Dämonen befreit worden war. Lebt doch in uns allen nicht allein die Lust, die wir mit den Tieren, sondern auch die Lust, die wir mit den Engeln gemein haben. Daher sagte Dionysius: „Die Seligen vervielfachen sich in der Teilhabe an der Lust der Engel."[164]

Der erlöste Mensch wird in seiner seligen Reife als Mensch einstimmen in das „carmen angelicum", jenen Ursprung, der in der ursprünglichen Schöpfung schon angeklungen war, der in aller Mißstimmung der Zeiten nie ganz verklungen ist und der uns wieder mit den Engeln in Übereinstimmung bringen wird.

„Gott hat ja den Menschen licht geschaffen, ganz und gar leuchtend, so daß er das Licht des reinsten Äthers sah und den Gesang der Engel (carmen angelicum) kannte. Er hatte ihn mit solcher Herrlichkeit gewandet, daß er in großem Glanze leuchtete. Das alles verlor der Mensch mit der Übertretung der göttlichen Satzung, weshalb auch die Elemente mit ihm ins Verkehrte umgewandelt wurden. Gleichwohl behielten sie einen Schimmer des Glanzes in sich, weil die Sünde des Menschen jene nicht ganz verkehren konnte. Deshalb versteht der Mensch Gott, und er führt Ihn in das Innerste seines Herzens zurück, wohl bewußt, daß er keinem anderen, als Gott, der alle Welt erschuf, seine Existenz verdankt" (P. 173).

Sehen wir das nicht alle Tage und die Jahre unseres Lebens mit wachsender Frömmigkeit, daß der Kosmos im Grund noch im alten Glanze schimmert, daß noch ein Tönen in ihm klingt aus dem engelhaften Carmen? Im Innern seines Herzens gedenkt der Mensch der Herrlichkeit, die schön und fruchtbar mitten im Leben noch leuchtet!

Nichts ist im Grunde verloren von jenem Lied der Engel in der Welt. Alles Tugendstreben des Menschen und alles edle Sehnen sind beredte Zeugen für die Urstimmung. „Denn der

Mensch, der in diesem irdischen Leben noch ein anderes Leben pflegt, dessen Leben wird für das eines Engels gehalten, weil der Sturm dieser Welt ihn nicht rührt, noch er durch die Schrecken der teuflischen Verführung hingestreckt wird. Wie aber Abraham sein Vaterland verließ, um Gottes Geheiß zu gehorchen, so verläßt der Mensch die fleischlichen Wünsche und gehorcht in Beten und Almosen und anderen guten Werken dem Gebote Gottes. Er hat darauf zu achten, daß er in diesem Leben beständig bleibe und nicht durch den Teufel verführt werde, der den ersten Menschen so getäuscht und ihn der Glorie beraubt hat" (328 D). Möge Gott dieses Ringen und die innere Kultur mit dem Siege krönen, auf daß wir von den Engeln gelobt werden und sich die Heiligen unser freuen können, damit wir dereinst die ewigen Freuden in der Gemeinschaft der Engel erhalten! (329 A).

Das neue Leben beseligender Freuden kann Hildegard nicht gestalthaft schildern, aber sie holt aus ihrer Schau doch einige himmlische Züge aus menschlichen Tugendkräften, aus angelischen „Virtutes" heraus, engelhaften Tugenden, die das Leben des pilgernden Menschen begleiten. Da ist zunächst die Scham (verecundia), von der Hrabanus Maurus sagt: die Gewänder der Engel müßten aus dieser Scheu gewebt sein. Die Scham deckt sich zu mit den Flügeln der Cherubim. Sie will nichts als lernen von den Geheimnissen der Gottheit, die Gott kundtut mit Seinem Wollen und in Seinen Geboten. Sie will ganz lebendig in den himmlischen Dingen existieren (P. 12).

Auch die Barmherzigkeit ist himmlischer Art und Motiv jeder Engelsbotschaft. Barmherzigkeit war ja schon im „Fiat", als die Schöpfung entstand, die irdische wie die himmlische; und jede stand den Menschen zu Diensten (P. 13).

Aus angelischer Stimmung stammt das sehnsuchtsvolle Aufseufzen (gemitus), jener leidenschaftliche Grundzug des Menschen, der sich nach den himmlischen Harmonien ausstreckt, um in der Gesellschaft engelhafter und geistiger Freuden zu leben (P. 15).

Auch die Herzenszerknirschung, die „compunctio cordis", weiß sich unter Engels Schutz; sie weiß, daß die Engel mit ihrem tönenden Organ ihr antworten und Gott loben (P. 153).

Der Glaube spricht: „In Treuen lobe ich Gott mit den Engeln, da ich alles will, was Gottes ist. Mit dem Cherubim schreibe ich alle Gebote auf, die er erläßt, wie er sie in Gott sieht. Und so richte auch ich, der Glaube, durch die Propheten und Weisen und Gelehrten alle Dinge. Alle Herrschaftsbereiche der Welt erstrahlen gerechterweise in mir, der ich Spiegel Gottes bin, da ich erstrahle in allen Vorschriften Gottes" (P. 111).

Besonders innig mit Engeln vertraut ist die Kraft des Gehorsams, die als die „Blüte aller Heiligkeit" gepriesen wird. Der Gehorsam steht, wie schon die Tugend des Glaubens gezeigt hat und wie alle Botschafterdienste der Engel kundtun, in einer ausgesprochenen Haltung des Antwortens. Diese Botmäßigkeit bekennt von sich: „Als Gott in Seinem Wort das All erschuf, indem Er das Fiat sprach, und es ward so –, da war ich das Auge. Auf Gottes Geheiß wurde ich wach, und so ist alles geschaffen worden. Da aber der erste Engel zu leben begann, widersetzte er sich schon Gott. – Ich aber, der Gehorsam, bin Sonne, Mond und Sterne, bin das Quillen der Wasser, bin die Wurzel im Wirken Gottes allgesamt, wie die Seele dies im Körper ist. – Im Geheiß Seines Wortes tönte ich nämlich wie eine Zither, da ich Sein Gebot bin" (P. 110).

Der Gehorsam trägt deshalb auch ein eigenes Gewand, und das ist das Kleid der Liebe. In der angelischen Ordnung erspäht er immerfort das Angesicht Gottes. Dieses persönliche Kleid des Gehorsams aber, das ist nichts anderes als die liebende Umarmung der Menschheit des Herrn (165 D). Alle Freuden des Himmels wird deshalb auch der Gehorsam empfangen und wirklich „flos totius sanctitatis" werden. „Ohne Überdruß singen die Gehorsamen immerdar neue Lieder. Im engelgleichen Dienern, in gänzlicher Neigung des Geistes und des Körpers, der Stimme wie des rechten Tuns, ahmen sie rühmend der Engel Gotteslob nach" (P.233).

Eine Tugend verbindet diese gewaltigen Kräfte, diese mächtigen Virtutes, und das ist die Ehrfurcht, eine Haltung, die sich durch die christliche Tradition bis in unsere Tage zieht, von Augustinus über Hildegard und Bonaventura bis hin in die Wanderjahre eines Wilhelm Meister. Die Engel aber dürfen geradezu als die Hüter der vierfachen Ehrfurcht angesehen werden. Ehrfurcht vor dem Oben tragen sie aus ihrem lichten und jubelnden Stehen vor Gott. Ehrfurcht vor dem Neben ist ihnen aus dem Wissen um die Entscheidung gegen den Dämon geblieben. Ehrfurcht vor dem Unten empfingen sie aus dem Verbundensein mit dem Menschen durch das Geheimnis der Inkarnation. Und die Ehrfurcht vor sich selbst bestätigt ihnen jeder Dienst als Botschafter des Heiles.

Haben die Engel doch alle Mysterien der Gnade geschaut. Ist ihnen doch das große „sacramentum pietatis" (1 Tim 3, 16) erschienen, das auch Thomas von Aquin zitiert. Die Engel erkennen das Geheimnis der Gnade von Anfang an. So weiß es auch Augustinus: „Dieses Geheimnis war von Ewigkeit her in Gott verborgen, so jedoch, daß es den Fürstentümern und Mächten unter den himmlischen Wesen zur Kenntnis gelangte."[165] In Analogie zu diesem „mysterium pietatis" besitzt auch der Mensch seine ehrfürchtige Haltung selbst vor dem Niedrigeren der Schöpfung, das uns so dunkel erscheint, das zum Erstaunen auch der Engel die Materie des Wortes Gottes werden sollte. Wie die Engel sich in die Tiefen und Flächen des Alls versenken, weil alles eben Ordnung Gottes ist und zum Sinn des Ganzen führt, so wird sich auch der Mensch mit aller Intensität und in aller Ehrfurcht in die Welt vertiefen und sie durchdringen (penetrare) müssen. Vielleicht ist dieser ganze unbändige Trieb zur materiellen Erkenntnis der Welt und zu ihrer technischen Bewältigung nichts anderes als ein großer Gegenzug von geistigen Gewalten aus der

Welt der Engel? Woher sonst käme uns die Leidenschaft, zu suchen, zu forschen, zu wissen?

Alles auf der Welt scheint auf dem Wege zu einem Gespräch mit den Engeln zu sein. Die Schöpfung ist noch nicht zu Ende und wartet auf den Endprozeß der Verklärung. „Gott ist da wie ein Schmied, der mit dem Blasebalg das Feuer anfacht und der darin sein Werkstück nach allen Seiten umwendet, damit sein Werk ganz und gar vollendet werde. – So wird auch der Mensch nach Vollendung seines Werkes das reinste Licht sehen und den Gesang der Engel hören, die Adam sah und vernahm, bevor er mit der Übertretung des Gebotes dem Tod verfiel" (P. 174).

Die Engel erstaunen dabei über des Menschen schöpferische und beherrschende Kraft. „Denn die himmlische Harmonie singt Gott Ruhmeslieder über den Menschen, der solches tut, da der Mensch aus Staub Seinen Gott so liebt, daß er um Gottes willen sich selbst so gänzlich verachtet." Drum soll der Mensch standhaft bleiben, auf daß er nach solchem Kampfe weilen möge in dieser Harmonie des Himmels (P. 333). Im himmlischen Jerusalem wird er seinen Lobpreis mit dem Engelsgesang ertönen lassen ohne Ende (P. 416). Alle Heiligen werden aufgenommen werden in die Welt der Engel, wozu die Seherin einige Beispiele aufzählt. Die Engel werden mit dem Blut der Unschuldigen lobsingen und in Preisungen ausbrechen (P. 449). Sankt Disibodus, auf dessen Berg die Heilige wirkte, wird ein herrliches Licht sein, das im himmlischen Jerusalem auf ewig errichtet ward. Die himmlischen Bürger, die Engel, werden sich freuen über solche Nachfolge ihrer Existenzform (P. 453). Der heilige Eucharius hat sich im Cherubim ein Siegel bereitet (P. 454). Und vom heiligen Rupertus heißt es, daß er in der himmlischen Harmonie leuchtet, indem er einstimmt in das Gotteslob der angelischen Schar (P. 447). Heilige und Engel sind Bürger der gleichen himmlischen Stadt Gottes; sie singen das gleiche „carmen angelicum"[166].

Vom „carmen angelicum" her fällt noch einmal ein flammender Lichtstrahl in die Welt des Engels. Seine Sorge und seine Botschaft wollen nichts als Versöhnung und Verklärung der Schöpfung. Seine Freude ist, daß der verlorene Sohn heimgefunden hat und nach seiner Pilgerschaft eine neue Bleibe fand, daß er Freund der Engel wurde (P. 445). Der verlorene Denar ist nun endlich wiedergefunden worden, zurückgerufen in den „Vorhof der Stimme des Lobpreises" (380 C). Alles „opus" der Menschenwelt ist zur „vox laudis" der Engelwelt geworden, zu reinem Lobpreis. „Eine nicht geringere Gemeinschaft hat der Mensch mit den Stimmen des Engellobes, als auch diese sie aus ihrer eigenen Geistnatur heraus besaßen" (220 A). Im „opus" ist der Mensch „vox laudis" und damit „totus spiritalis" geworden, ganz Geist!

Wissen wir heute noch oder schon von diesem hohen Geister-Gespräch, von dieser engelhaften Stimmung inmitten der Welt? „Wir träumen von Reisen ins Weltall – schreibt Novalis –: Ist denn das Weltall nicht in uns? Die Tiefen unseres Geistes kennen wir nicht."

Und doch sind es nicht die Tiefen des Geistes gewesen, die uns Hildegard von Bingen mit ihrer Welt der Engel zeigen wollte. Nicht nur ein hymnischer Hochgesang ist es, der durch das „angelicum carmen" klingen soll, sondern es geht in aller Klarheit und beseligenden Gewißheit um die fundamentalen Tatsachen der Heilsgeschichte: daß der Mensch als Geschöpf existiert und sich in seiner Geschichte werktätig zu entscheiden hat, daß dieses „opus cum creatura" sich in heiliger Gemeinschaft vollzieht, die in der „vita angelica" gekrönt wird, im vertrauten Umgang mit den Engeln.

Auf seine Natur, seine Geschichte, auf die Gemeinschaft ist der Mensch angelegt, und in jedem dieser Prinzipien seines Wesens spielen die Engel eine dienende Rolle. Kein gestürzter Engel ist der Mensch und kein hochentwickeltes Tier. Er ist das Werk Gottes mit Leib und mit Geist. Gott, der gewaltige Künstler, der „Deus faber" und „summus fabricator", hat

Hand an dieses „opus" gelegt, und Er bleibt immerfort am Werke, da Er mit dem Menschen die Schöpfung zu Ende führen will. Als Künstler kann sich Gott auch der dämonischen Mächte und all ihrer Verführungskünste bedienen. „auch mit der Kraft des Satans springt Gott noch künstlerisch um, wie ein Schmied, der alles Nutzlose in seiner Werkstätte in einen anderen Zustand versetzt und der seine Hand mit Zorngewalt ausstreckt, so wie Gott es damals tat, als Er den Satan in seiner ersten Leidenschaft in den Abgrund stürzte" (257 D). Von daher lodert und glüht das Gotteswerk im Feuer der Geisterschlacht.

Nicht der Mensch, insofern er Geist ist, verdient sich den Respekt der Engel, vielmehr unsere hinfällige und leibhaftige Organisation, unsere gebrechliche und unzulängliche Existenz im Leibe, mit dem wir unser Werk an der Welt tun und unser Heil wirken. Das unbegreiflich große Geheimnis der Inkarnation rückt unser Leben in die Mitte der Welt der Engel. Nur von diesem Geheimnis der Inkarnation aus sind die Engel zu verstehen, über die die Seherin auf menschliche Weise, wenn auch von Gott instruiert, gesprochen hat.

Wie alles im Weltbild der heiligen Hildegard von Bingen – die Elemente des Kosmos oder die Sakramente der Kirche, die Tugendkräfte der Seele wie die Glieder des Organismus, die Stände der Gesellschaft und die der Kirche –, so findet auch die Welt der Engel eine ausgesprochen anthropologische Sinngebung. Um das intime Gespräch von Mensch und Engel ist es Hildegard gegangen, damit aber auch um den Menschen als „opus Dei", der an Leib und Seele im göttlichen Geheimnis wurzelt und nur in diesem Gottbezug existieren kann. Und wie alle Anthropologie und alle Angelologie notwendig gottbezogen ist, so ist auch alles Wissen über das Wesen Gottes und alles Wissen über die Welt der Engel auf den Menschen bezogen.

Nur aus dieser Sicht kann die Seherin die kühne Antwort geben, die mitten in ihrer „Heilkunde" (CC 65, 16–23) steht:

„So sind Gott und Mensch eine Einheit, wie Seele und Leib eine Einheit bilden. Denn Gott hat den Menschen zu Seinem Bilde und Gleichnis gemacht. Wie aber ein jedes Ding seinen Schatten hat, so ist auch der Mensch der Schatten Gottes. Der Schatten ist das Zeichen eines Gebildes, und so ist auch der Mensch ein Hinweis auf den allmächtigen Gott in allen Seinen Wunderwerken. Er selbst ist nur Schatten, weil er einen Anfang hat. Gott aber hat weder Ursprung noch Ende. Daher ist die ganze himmlische Harmonie ein Spiegel der Gottheit. Der Mensch aber ist Spiegel all der wunderbaren Werke Gottes."

DIE STUNDE DER ENGEL

„Die entmenschten Zeiten wecken den schlafenden Engel",
schreibt Saint-Exupéry in seiner „Citadelle". Aber weckt unsere Zeit die Engel, jene großen Zeichen und Zeugen, die Boten und Vermittler und Verwalter und Wirtschafter? Aber
schlafen die Engel, diese Wächter, zum Wachen geschaffen,
diese Schützer und Planer und Lenker und Pfleger? Schlafen
nicht vielmehr die entmenschten Menschen selber? Und –
werden sie wach?

Was will all diese Bewegung um die Engel in der neueren
Zeit bedeuten? Was besagt diese „Invasion von Geistern",
diese „Epoche des Teufels", die „Wirklichkeit des Dämonischen" –: ist jetzt „die Stunde der Engel"?

Ist es wirklich zu einer Wiederbelebung des Engelbildes in
der Religion, in der Kunst, in der Literatur, in der Erforschung
der Geschichte wie der Erforschung der menschlichen Seele
gekommen? Oder ist uns nicht vielmehr immer noch die
Welt der Engel eine „terra incognita" geblieben? Und wie sollten wir auch eintreten können in diese unbekannte Welt?

Und doch ist die Welt der Engel nicht zu leugnen. Die En-
zyklika Pius' XII. „Humani generis" (1948) hat sich eindeutig
gegen die Versuche moderner Theologen gewandt, die Engel
aus der Heiligen Schrift eliminieren zu wollen. Sie stützt sich
damit auf das Vatikanische Konzil (1870), das erklärte, Gott
habe in Seiner allmächtigen Kraft zu Anfang der Zeit in gleicher Weise beide Ordnungen der Schöpfung aus dem Nichts
geschaffen, die geistige und die körperliche, was heiße die Engelwelt und die irdische Welt. Damit aber ist die große christ-

liche Tradition erhalten geblieben, die bereits auf der IV. Lateransynode des Jahres 1215 dokumentiert worden war. „Gott gründete im Anfang der Zeit aus dem Nichts zugleich beide Reiche, das geistige und das körperliche, das der Engel und das der Welt, und darauf das des Menschen, der – aus Körper und Geist zusammengesetzt – gewissermaßen beiden Reichen angehört."

Es wäre eine halbe Erklärung, wenn man die überraschende Erneuerung des Engelbildes nur als eine psychologische Reaktion auf eine seelenlose Naturwissenschaft oder unnatürliche Seelenwissenschaft oder gar auf den Horror vor der Atomforschung und all dem Unheimlichen einer technischen Welt auffassen wollte. Gewiß werden uns in dieser wissenschaftlichen Welt ohne Weltbild Phänomene vor Augen gestellt, die wir schlechterdings nicht zu interpretieren vermögen. Was ist das denn wirklich – das Licht? Was sind Wellen? Was geschieht im Atom? Was erklären wir denn mit unseren statischen Bildern und blassen Formeln, mit denen wir das eigentlich dynamische Geschehen chiffrieren müssen oder kompensieren wollen? Was sind diese „Welträtsel", die Rätsel der Natur? Und was treibt die Geschichte? Was ist hier geschehen, und wie wird hier Geschichtet? Und was ist der Sinn auf solchem Wege? Was bedeuten Struktur und Genese? Was Geist einer Epoche?

Mehr noch als das Unbehagen vor diesen Phänomenen ist es die denkerische Kraft und Selbstbesinnung der neueren Zeit selber, die im Aufgreifen existentieller Fragen immer wieder auch auf die Erscheinungen der Engel stößt. Engel werden als Mächte erlebt, die sich aller Bezirke des Kosmos und aller Schichten des Seelischen „bemächtigen" können, die das Universum im Innern wie die Innigkeit des Kosmischen gleicherweise interpretieren sollen, die an Heil und Unheil der Welt beteiligt sind, ja, vielleicht das große und durchgängige Medium sind für das Unheil selber oder das Heile. Das ist die Welt der Engel, wie sie heute wieder gesehen und neu erlebt wird.

250

„Es gibt kein adliges und erhöhtes Leben ohne das Wissen um die Teufel und Dämonen und ohne den beständigen Kampf gegen sie", sagt der Meister Josef Knecht im „Glasperlenspiel" unter Berufung auf den Benediktinerpater Jakobus[167]. Mehr noch: es gibt ohne das Wissen um die Engel im Grunde auch keine Probleme, es gibt keine wirklich ernstzunehmende Fragwürdigkeit und keine Preiswürdigkeit!

Bei diesem Erleben gilt es allerdings scharf zu differenzieren und mit feinem Takt zu unterscheiden: Die Welt der Engel ist nicht unsere Welt und nur bedingt in analoger Weise auszudeuten. Engel erklären weder die Naturgesetze noch lassen sie die Mechanismen der Seele verständlicher werden: Sie dienen nur im Lobpreis, während wir Menschen gerade in der Entscheidungstat des „opus" stehen. Es gibt nur einen Berührungspunkt, in dem beide Welten sich auf das innigste treffen, in dem man die Welt des Himmels und die der Erde begreifen kann, und das ist Christus, das Haupt der Engel, der Logos der Welt, der Heiland der Seele. Durch den Logos sind Himmel und Erde geschaffen, auf diesen Logos geht alle Bewegung des Universums zu, auch die Welt der Engel. Es ist nur eine Heilsgeschichte, in der die Engel dienen und in der der Mensch zu seinem Heile wirkt. Alles Fleisch wird über den Menschen und mit dem Engel das Heil Gottes schauen.

Die Wiederentdeckung der Engel in der Neuzeit und damit eine moderne wissenschaftliche Angelologie ist nicht viel älter als hundert Jahre. Zu ihren Vorkämpfern und Begründern gehört John Henry Newman. Am Michaels-Feste des Jahres 1831 hielt Newman eine erregende Predigt, in der er sich zu einem Hymnus auf die Welt der Engel hinreißen ließ: „Jeder Luftzug und Lichtstrahl, jede Wärmewelle und jeder schöne Anblick ist wie der Saum ihres Gewandes, das Wehen jener, die Gott schauen."[168]

Aber das Zeitalter um 1830, das die Entdeckung der Welt und des Menschen vollenden wollte, das sich im Siegeszug der naturwissenschaftlichen Entdeckung wußte und die sozialen Revolutionen, die so eigentümlich damit verquickt waren, zu ahnen begann, diese Zeit konnte eine solche Auffassung nicht begreifen. Sie starrte gebannt in die Fernrohre und Mikroskope, obwohl gerade ein Geist wie Goethe damals nicht müde wurde, vor der verlängerten technischen Optik und dem verlängerten Lärm der Apparate zu warnen. Folgende Jahrzehnte brachten eine Sturzflut an neuen Erkenntnissen: Gesetze von Wellen und Atomen, Gesetze von der Erhaltung der Energie, Wärmegesetz und Gesetzmäßigkeiten einer Elektrophysiologie. Die Worte jener Predigt des englischen Kardinals hatten keinen Boden gefunden, jene beschwörenden und ergreifenden Worte:

„Was würde wohl ein Mensch denken, der eine Blume, eine Pflanze, einen Stein oder Lichtstrahl untersucht und diese Dinge nach ihrer Existenzform tief unter ihm stehend betrachtet und der sich dann plötzlich einem mächtigen Wesen gegenübersähe, das unter den sichtbaren Dingen, welche er eben untersuchte, verborgen war und denselben als Werkzeug Gottes Schönheit, Anmut und Vollkommenheit gab, ohne daß seine weise Hand wahrzunehmen war, ja, dessen Gewand und Schmuck sie waren, die er zergliedern wollte."[169] Eine neue Ehrfurcht keimt mitten in der analysierenden Forschung des 19. Jahrhunderts, im anscheinend bedenkenlosen Umgang mit dem Material der Kreatur, mit Pflanzen und Tieren, mit dem Stoff, mit dem Instrument, eine Ehrfurcht auch vor dem, was unter uns ist, wie sie Goethe noch kannte, kaum bewußt wohl, auf welche alte Überlieferung er hier fußte, eine Tradition, die auf Augustinus zurückging, sich breit entfaltete im Weltbild des Bonaventura, die in den Auffassungen Hildegards von der Natur steht, eine Ehrfurcht, die gerade in den Jahrhunderten der Entdeckung der Welt und des Menschen und in der Aufklärung verschüttet und verspottet wurde.

Aber noch ein weiterer Gesichtspunkt der Engellehre wird von Newman ans Licht gehoben. In einer Predigt über die

Priester des Neuen Bundes sagt er: „Nicht Engel, sondern Menschen hat Er gesandt, um die Menschen mit Gott zu versöhnen. Eure Brüder hat Er zu euch gesandt, um euch zu predigen, nicht Wesen mit unbekannter Natur und fremdem Blut, sondern Menschen mit Fleisch und Bein wie ihr ... Söhne aus Adams Geschlecht, Söhne eurer Natur, eins mit euch der Natur nach, verschieden einzig nach den Gnadengaben; Menschen, die wie ihr Versuchungen ausgesetzt sind, denselben Versuchungen, denselben Kämpfen nach innen und außen, denen dieselben Todfeinde – Welt, Fleisch und Teufel – entgegenstehen, in deren Blut dasselbe menschliche, dasselbe widerspenstige Herz pocht, nur durch die Macht der göttlichen Gnade ungewandelt und geleitet. So ist es; wir sind nicht Engel vom Himmel, die zu euch sprechen, sondern Menschen."[170]

Im „Traum des Gerontius" ist davon die Rede, wie man über die Engel im Herzen der Schönheit weilen kann, einer Schönheit, die Sein Antlitz ist. Neben diesen hymnischen Erhebungen aber steht die nüchterne Aussage über die Engel: „Sie sind nicht nur Diener, sondern auch die Vollstrecker der sichtbaren Weltordnungen. Ich betrachte sie als die wirklichen Ursachen der Bewegung des Lichtes, des Lebens und jener elementaren Prinzipien des physischen Universums, die, wenn sie in ihren Entwicklungen unseren Sinnen zugänglich werden, uns den Begriff von Ursache und Wirkung und von dem, was man Naturgesetze nennt, geben."[171]

Eine neue und vielbeachtete theologische Engel-Interpreation geht von Heinrich Schlier aus, der seine Marburger Antrittsverlesung über „Mächte und Gewalten im Neuen Testament" gehalten hat[172]. Hier wird von neuem eine mehr anthropologische Frage aufgeworfen, ob es denn diese Mächte – nicht allein in der christliche Tradition, sondern auch in der Welt unserer Erfahrung – wirklich gibt.

Im Grunde ist das auch die Fragestellung, die in der mittelalterlichen Symbolsprache einer Hildegard zum Ausdruck gekommen war. Die deutsche Romantik hatte vergeblich versucht, diesen Symbolismus zu neuem Leben zu erwecken, wobei es nicht ohne Verzerrungen und Übersteigerungen abgegangen ist. So spricht Franz von Baader geradezu von einer „wechselseitigen Integrierung von Mensch und Engel". Wie der Mensch auf den Engel als Gehilfen angewiesen sei, so dieser auch auf jenen: „Wir müssen unsere Befreier befreien."[173] Der Mensch erst macht die volle Seligkeit und das Heil der Engel aus. Selbst der Schutzengel, obwohl nicht gefallen, entbehrt durch unser Unheil seiner vollen Seligkeit[174]. Und so wäre der Mensch wirklich das geheimnisvolle „Schlußgeschöpf" aller Welt. So Baader in seinen „Erläuterungen zu sämtlichen Schriften St. Martins". Und in seinen „Privatvorlesungen über Jakob Böhmes Lehre" geht Baader so weit, daß er dem Menschen die Gewalt der Schlüssel über die ganze Schöpfung anvertraut[175]. Durch den Menschen gehen der gute Geist wie der böse Dämon in die Welt; der Genius begleitet den Menschen, nimmt den Kampf auf; freut sich mit dem Menschen, leidet mit ihm[176].

Aus noch älteren Quellen – und ohne daß seine Anregungen kritisch aufgenommen werden konnten – schöpft Koepgen in seinem kühnen Werk über die „Gnosis des Christentums". Auch er sieht im Menschen die alte engelhafte Seinsordnung mit der neuen heilen Lebensordnung sich vereinigen. Die engelhafte Ruhmesordnung und die menschliche Werkordnung werden durch die Erlösung in der Menschwerdung zu einer gottmenschlichen Liebesordnung. In ewiger Statik und ständiger Gegenwart stehen die Engel in Ordnung und Rühmen vor Gottes Thron und verströmen Lobpreis; überall herrscht hier Distanz, Maß und Grenze. „Die göttliche Glorie, nicht die Liebe, ist das Ziel des Hymnus."[177] So schauen die Engel vor dem Thron lobpreisend Gottes Antlitz und singen den Hymnus, während der Mensch in der Wandlung und Schicksalhaftigkeit seines Werkes existiert. Das Gebet des Engels ist „Funktion", die Erlösung im Opus ist „Aktion". Der Mensch will mehr als den Lobpreis: „er will mit Gott vereint sein als Ich, das dem Du gegenübersteht"[178].

Die Liebe ist also das Kriterium, auf das auch alle Engel hingeordnet sind. Aber für die Engel ist diese Liebe mehr ein zuständliches Sein, ohne jedes Mehr oder Weniger, während für die Menschen die Liebe ein Akt ist. „Gott hat seine Glorie den Engeln, seine Liebe aber den Menschen offenbart."[179] Und so gehört der Mensch als Geschöpf in die volle Schöpfungsordnung hinein: Er konstituiert sich auch mit Engeln und Dämonen; „denn was uns der Engel über sich lehrt, das lehrt uns auch etwas über uns selbst", wie Peterson dies formuliert hat; alles Gotteslob mit den Engeln ist ein Zusichselberkommen!

Insofern lehrt uns auch das Reich – nicht die Welt – der Dämonen etwas über uns selbst. Denn: „Von allen Beunruhigungen, die das Christentum in die Welt brachte, ist wohl die größte, daß es die Existenz Satans behauptet."[180] Kein Dämon hat den Moses versucht und in direkter Weise auch keiner die Eva; im Neuen Testament aber versucht Satan in Person den Gottmenschen Jesus. Und so steht dem kosmischen Christus auch der Teufel als eine kosmische Größe gegenüber, als Teufelswesen, nicht als blasses, ideologisches Gespenst; als Existenz eines ewigen Hasses in der vergänglichen Welt und keineswegs als gleichberechtigtes und gleichwirksames Gegenprinzip. Denn über den Haß hat von Ewigkeit her schon die Liebe gesiegt, die neue Ordnung, die Menschen und Engel vereint. Gott hat sich dem Menschen zugeneigt und wird Kind: ein Mensch! Gott liebt den Menschen, nicht die Engel.

Wesentlich nüchterner und nur auf wenige und strenge Dimensionen eingeschränkt ist die moderne evangelische Engellehre. An der Existenz der Engel und der Wirklichkeit des Satans wird grundsätzlich festgehalten; vor allem nach dem Kriege mit seinen unheimlichen Erfahrungen, da wir nicht mit Menschen, sondern mit den Geistern zu kämpfen hatten, ist die existentielle Auseinandersetzung mit Engel und Dämonen wieder eingeleitet worden. Der Macht-Charakter des Dämonischen wird dargestellt, mehr aber noch das Dämonische in der Macht selber, genauer, in der Form der Machtausübung; die „Kategorien des Dämonischen" werden herausgearbeitet; die „personale Macht des Bösen" wird untersucht. So etwa bei Helmut Thielicke in seinem Traktat „Über die Wirklichkeit des Dämonischen"[181].

Paul Althaus hat die gleiche „Wirklichkeit des Satans und der Seinen" betont, die von der übermenschlichen Schöpfung Gottes zeuge. „Und sollten den bösen Mächten im Kampfe um den Menschen nicht gottgesandte übermenschliche Kämpfer gegenüberstehen?".[182] Der Betonung des Diabolischen gegenüber bleiben die positiven Aussagen auffällig blaß und zeugen eher von einer Verlegenheit. So glaubt Althaus bekräftigen zu müssen, daß die Engel „keine Konkurrenz für den Gedanken an den Heiligen Geist" bedeuten müßten[183]. Vom Negativen wird herausgearbeitet, wie Gottes Schöpfung eben nicht in unserer Welt aufgehe, es also noch ein „Droben" geben müsse, eine höhere Welt. „Der Himmel ist uns unerreichbar, aber er ist uns nicht fern. Die Engel Gottes sind im Himmel und zugleich als seine Boten bei uns."[184]

Nüchtern und ebenso behutsam, dabei von einer erfrischenden Kritik und überraschendem Humor, aber auch mit kühnen Aussagen hat Karl Barth in seine Dogmatik[185] die ganze Welt der Engel wieder einmal vor Augen geführt. Wir dürfen etwas näher darauf eingehen, weil hier die Verwandtschaften und Unterscheidungen zur mittelalterlichen Welt deutlich herausspringen.

Barth nennt die Engel die Botschafter Gottes vom Himmel zu uns Menschen auf Erden. Er will diese Botschaft und dieses Botschaftertum ganz erfahren und so über das „matte Geräusch" der protestanischen Engellehre, über die „Angelologie des Achselzuckens" hinauskommen. Er weiß, daß sich „eine engellose Frömmigkeit und Theologie" im Grunde immer als eine gottlose Theologie erweisen wird[186], daß wir durch die Engel aber wie in einem Spiegel die Geheimnisse Gottes erschauen können, daß uns durch ihren Dienst dies Geheimnis nahe gebracht wird. Dabei braucht nicht einmal von einer spezifischen und künstlich gezüchteten Erfahrung der Engel die Rede zu sein; was wir erfahren und erfahren sollen, ist die Gnade Gottes in der „operatio Dei". Wo aber Gott am Werk ist, da ist er auch begleitet und bezeugt von den Engeln.

So sind die Engel die großen Zeugen der Heilsgeschichte: Urtypen der Propheten und der Apostel, Zeugnis voller Lob über die Barmherzigkeit im Gottes Werk; sie sind Botschafter dieser Barmherzigkeit, aber nicht als „neutrale Briefträger", sondern als leidenschaftliche Botengänger Jesu Christi. „Wo Jesus Christus durch seinen Geist gegenwärtig, lebendig und mächtig ist, da geschieht auch der Dienst der Engel": im Kosmos, in der Heilsgeschichte, im Alten Bunde, in der Ecclesia[187].

Himmel und Erde sind als Gleichnis der Welt aufzufassen, als lebendiges Symbol und nicht als eine bloße Chiffre für Unverständliches. „Man verschließe sich dem Geschehen zwischen Himmel und Erde, so hat man sich auch dem Christusgeschehen verschlossen. Und was dann übrig bleibt, ist ein bißchen Moral oder Mystik, ein bißchen Psychologie oder Existenzphilosophie."[188] Es ist ein Reich, in dem Gott wunderbar herrscht – das ist der Himmel! Und darin die Engel, von deren Natur und Wesen wir nichts wissen, aber doch von ihrer Zugehörigkeit zu einer Ordnung, von einer Bewegung auf den Menschen zu, vom Sinn ihrer Existenz in Christus! Das ist die Welt der Engel –: kein abstraktes Kollektiv und kein neuplatonistisch erstarrtes Ausfließen, kein himmlischer Hofstaat, vielmehr eine Welt konkret wirkender Wesen, dienend dem Reiche Gottes. Insofern kann alle „Hierarchie" nur diese Dienstordnung meinen, nie aber eine künstlich objektivierte Rangordnung. Dienst der Engel aber ist unaufhörlich ihr Zeugesein (laus), immerfort nur die adäquate und gebührende Antwort, Entsprechung, Kundgebung für die „operatio Dei" (opus). Die Kreatur lobt Gott im Engel!

„Gott wartet auf das Lob seiner Kreatur, so gewiß er in seinem Wort und Werk nicht allein bleiben, sondern, indem er redet und handelt, mit seiner Kreatur zusammen und gerade so, gerade in diesem Bunde mit ihr Gott sein will."[189] Anstimmen kann die Kreatur freilich nicht dieses Gotteslob, wie der Engel es vermag; sie kann nur einstimmen. Wo Gott so gelobt wird: da ist Gottesdienst, da hat Gott seine Zeugen im Himmel wie auf Erden.[190] Diese Welt der Engel ist keine magische Zwischenwelt, die unter eigenen Gesetzen, einer eigenen Geschichte, eigenen Merkwürdigkeiten stehen dürfte. Da ist nichts zu finden von den lieben „Engelein", von jenem „Meer von Süßlichkeit, mit dem die Engel – ausgerechnet seit Beginn der Neuzeit im 16. Jahrhundert – umgeben worden sind."[191]

Eine solche Engellehre – auch im modernen und nüchternen dogmatischen Sinne von Karl Barth – hat ihre besondere Wahrheit: keine scholastischen Beweise und scharfsinnigen Argumente, sondern Bekenntnis, Geist, Kerygma, Offenbarung. Diese Welt der Engel ist „kein Element einer allgemeinen Weltanschauung, Geschichtsphilosophie oder Lebensphilosophie", sie ist vielmehr Teilnahme an der Bundesgeschichte und Hoffnung auf die neue Schöpfung. Durch den Heiligen Geist und den Engeldienst werden wir Teilnehmer dieser Heilsgeschichte, Zeitgenossen der Patriarchen, Hausgenossen der Propheten, Mitbürger der Apostel. „Wo immer Gottes Reich ist, da ist auch Gottes strenges und heilsames Geheimnis ... da sind auch die Engel am Werk."[192] Von diesen Engeln aber ist das zu sagen, womit Jakobus (1, 17) seine Brüder getröstet hat: „Lauter gute Gabe und lauter vollkommenes Geschenk kommt von oben herab: von dem Vater der Lichter, bei dem keine Veränderung ist und kein Schatten infolge von Wechsel."

Auch die moderne katholische Dogmatik zeichnet sich durch Zurückhaltung in der Systematik und durch Behutsamkeit in den dogmatischen Aussagen aus. Systematische

Traktate sind zwar zu allen Jahrhunderten, beruhend auf den beiden Traditionssäulen, die von Dionysius Areopagita und von Gregor dem Großen ausgingen, aufgestellt worden, aber sie werden nicht mehr in Geist und Stimmung scholastischer Texte vertreten, sie sind nicht mehr als philosophische Auseinandersetzung gedacht, als „der konkrete Ort für die metaphysische Durchdenkung der Idee eines endlichen, nicht materiellen, geistigen Seienden, der forma subsistens, substantia separata"[193]. Was aber ist diese neue Engellehre, was bleibt an Substanz, wenn man die Diktion und die Resultate eines Thomas von Aquin herausläßt?

„Wie kommt es – fragt ein Theologe unserer Tage – daß diese Gebirge an Kraft für uns so tief unter den Horizont des Glaubens gesunken sind?"[194]. Die Ursache davon wird vor allem in der Kunst gesehen, die aus Lichtwesen voll Herrlichkeit schelmische Puppen gemacht hat, harmlos und kindisch; sie wird gesehen in der aufkommenden Naturwissenschaft, die überall autonome Gesetze und Kräfte am Werke fand und die somit die seit dem hohen Mittelalter einsetzende Säkularisierung der Welt und Autonomisierung des Menschen abschließen konnte; man sieht die Ursache dieses Engelverlustes viel zu wenig in der Theologie selber, die wohl in erster Linie versagt hat.

Karl Rahner hat darauf aufmerksam gemacht, daß eine ausdrückliche Reflexion einer theologischen Wissenschaftstheoretik auf die Angelologie bis heute völlig fehle.[195] Rahner rügt vor allem die so einfach verfahrende Übertragung der Daten der theologischen Anthropologie auf die Engel, während die Welt der Engel doch nur von der Christologie und damit der Inkarnation her „ihr letztes Maß und ihre umfassende Begründung" erfahren könne. Wenn Christus aber als das Haupt der Engel anerkannt ist, dann sind die Engel „in ihrem Wesen personale Mitwelt des geäußerten und entäußerten Wortes des Vaters, das in *einer* Person geäußertes und gehörtes Wort ist." Damit aber ist eine anthropologische Relevanz der Engellehre entdeckt, wie sie tiefer nicht gedacht werden kann, wie wir sie seit Hildegard von Bingen nicht mehr gefunden haben: denn damit ist die Einheit von Engel und Mensch in der Heilsgeschichte des eingeborenen Logos bezeugt. Dann ist auch der Engel als Geistwesen mit der menschlichen Seele wesensverwandt, obwohl er keineswegs diese Geistseele ist; dann ist es auch möglich, die allgemeinen Attribute des Geistigen auf ihn anzuwenden.[196]

Winklhofer sieht in seinen Traktaten über die Engel und über den Teufel eine Renaissance kommen. Geschichtserfahrung und Welterkenntnis haben uns die Brüche und Lücken im Weltgefüge aufgewiesen. Dadurch ist wieder Raum gegeben für Engel und Dämonen. „Die Stunde der Engel" ist gekommen.[197] Dabei darf nicht übersehen werden, daß die Engel im modernen Weltbild keineswegs als Lückenbüßer und Kompensatoren für fehlende Welterkenntnis eingesetzt werden können; „so können wir weder die Welt durch sie noch sie durch die Welt erklären, aber beides doch ein wenig"[198].

Ist es schon die Stunde der Engel?

Haben wir schon einen Horizont, aufgeräumt von Wirrwarr der Entwicklungen, abgeklärt innerhalb der Fortschritte und Ausweitungen, einen Horizont von Natur und Geschichte und Gesellschaft, in deren Form die Engel prägend stehen: Natur als Schöpfung Gottes, Geschichte als Heilwalten Christi, Gemeinschaft als neue Lebensform der verklärten Schöpfung? Haben wir einen solchen Horizont, der das Feld umreißt, in dem laut werden könnte, was uns die Seherin Hildegard aus ihrer alten Welt des tiefen Mittelalters sagen wollte? Ist der Horizont frei für diese Sicht? Wissen wir – in der „Stunde der Engel" – um welche Fragen es geht? „Denn wo im Menschen die Frage nicht ist, da ist auch nicht die Antwort des Heiligen Geistes."

ANHANG

ANMERKUNGEN

(Ausführliche Angabe der angeführten Titel im Literaturverzeichnis)

[1] Diez del Corral (1959) 283.

[2] l. c. 283.

[3] Barth III. 483.

[4] Hase (1869) 490.

[5] Böhm (1955) 43.

[6] l. c. 37.

[7] Hase (1869) 491.

[8] Die „Kieler Nachrichten" vom 10. September 1961 karikieren NATO-Soldaten als „Die Schutzengel des Friedensengels".

[9] Barth III, 426.

[10] PL 197, 1038 C: „Unde nullus hominum tam audax sit, ut verbis huius scripturae aliquid augendo apponat, vel minuendo auferat, ne de libro vitae et de omni beatitudine quae sub sole est deleatur, nisi propter excribationem literarum aut dictionum, quae per inspirationem spiritus sancti simpliciter prolata sunt, fiat."

[11] Or. 28, 31.

[12] S. Th. I 108, 3 c.

[13] Enchiridion 15; BKV 8, 446–48.

[14] Strauß (1840) 670.

[15] Bultmann (1951) I, 18.

[16] l. c. I, 17.

[17] Strauß (1841) II, 17.

[18] nach Hase (1869) 485.

[19] l. c. 470.

[20] l. c. 491.

[21] l. c. 487.

[22] l. c. 486.

[23] l. c. 489.

[24] l. c. 479.

[25] Encyclopédie méthodique IX; 2; Paris 1816.

[26] Oetinger, Irdische und Himmlische Philosophie I, 202; nach Rosenberg, Der Christ und die Erde (1953) 220.

[27] nach Eckermann, 15. März 1831.

[28] Planck (1957) 314.

[29] nach Hase (1869) 484.

[30] Vgl. aus der Biblioteca National zu Madrid etwa: Cod 33 San Beato de Liebana (s. XI); Cod. San Beato de la Valladolid (s. X); Cod. San Beato Academia de la Historia; Cod. 1047 BN Madrid. – Hier sind die Engel wirklich da – ganz Auge und Hand – groß, männlich, schrecklich, nahe, stürzend in das Menschliche: und wie ist der Mensch bestürzt! Sie tragen Gewalten des Seins voraus, gebunden in dunkel Geheimes und doch voll Lichtkraft und Schönheit. Hier erst erfährt der Mensch seinen Stand, bekommt die rechte Einstellung. Was er auch sieht und wie er die Welt anschaut – es wird ihm bedeutet vom Engel!

[31] nach Leitz (1948) 80.

[32] Luther, WA 37, 152.

[33] nach Leitz (1948) 44.

[34] Paracelsus, Liber de nymphis; Ed. Sudhoff XIV, 116.

[35] l. c. VIII, 298.

[36] Fünf Bücher von den unsichtbaren Krankheiten; ed. R. Koch, Stuttgart (1923) 105 f.

[37] Ed. Sudhoff III, 350 f.

[38] l. c. XIII, 334.

[39] l. c. XIV, 583.

[40] l. c. XIV, 593.

[41] l. c. XIV, 586.

[42] l. c. XIV, 593.

[43] Althaus (1948) 68.

[44] l. c. 68.

[45] Everling (1888) 121.

[46] Cyrillus, Catech. myst. V, 6.

[47] l. c. XI, 12.

[48] nach Peterson, Himmlische und irdische Liturgie (1934) 39.

[49] Ignatius Martyr, Ad Trall. 5.

[50] Athenagoras, Bittschrift für die Christen, cap. 24.

[51] Origines, Contra Celsum VIII, 31.

[52] Origines, Hom. 14 sup. Nem. 22.

[53] Ed. Bonwetsch (1922) 73f.

[54] Augustinus, Serm. 20, de script.

[55] 3 De Trinit. cap. 8.

[56] Ambrosius, 1 De Virginibus, cap. 8.

[57] Augustinus, De Civ. Dei, 12, 9.

[58] Gregor, Hom. in Ev. II, 34, 7.

[59] l. c. II, 34, 10.

[60] Ed. PL 122.

[61] Petrus, Expositio; nach einer Handschrift im Clm 7983; Ed. Alonso (1957).

[62] Petrus, Sententiarum liber II, dist. 9, 3.

[63] Brevier vom 28. Oktober.

[64] Rupert, De Trinit. in Gen. lib. I; PL 167, 207 D: „Patres intellexerunt naturam angelicam, lucis nomine significatam. Eorum sensum rationabilem magis approbanus et sequimur, angelicam creaturam recte lucem esse appellatam, lucem intellectualem, lucem, inquam, non solum quia vim discernendi habentem, verum etiam quia veri et incircumscripti luminis gratia refulgentem."

[65] Offb 4, 6–8.

[66] Ed. Bonwetsch (1922) 20, 3–21, 1.

[67] l. c. VII, 2–4.

[68] l. c. 33, 7.

[69] Babylonischer Talmud, Traktat Sanhedrin, fol. 38 b; nach Dibelius (1909) 237.

[70] S. Th. I 1, 5 ad 1: „Minimum quod potest haberi de cognitione rerum altissimarum desiderabilius est quam certissima cognitio, quae habet de minimis rebus."

[71] S. Th. I 103 a 6 c.

[72] Schlössinger, Das Verhältnis der Engelwelt zur sichtbaren Schöpfung (1912) 81.

[73] Schlössinger, Die Stellung der Engel in der Schöpfung (1911) 485.

[74] De veritate q 24 a 10 corp.; ed. Stein II, 269 f.

[75] l. c. q 22 a 9 ad 4; I, 195.

[76] Avicenna, Metaphysik X, 1.

[77] Summa contra Gentiles 2, 46.

[78] S. Th. I 50, 1.

[79] analog dem arabischen Begriff: tahalluq li'lahi.

[80] Petrus Hispanus, De Angelica Hierarchia 03, 9; „Unde sacra scriptura quasi magistra prudentissima per descriptionem rerum materialium, que nobis cognite sunt, sub quodam sublucenti speculo ostendit nobis virtutes substantiarum intellectualium, ut scilicet que nobis ignota sunt, per cognita fiant nota."

[81] l. c. 89, 6–8.

[82] l. c. 109, 9–14.

[83] l. c. 120, 2: „Potest etiam et alius sensus anagogicus in descriptione rotarum intelligi, dicente Ezechiele rotas istas volubiles, audiente me, ubi greca lingua sonat: revolutiones et revelationes."

[84] l. c. 121, 18: 2... tandem ut occultum quod nostram superat scientiam per silentium veneremur."

[85] Vgl. Kühn (1947) 232.

[86] In einer Regula Magistri, 148 (PL 88, 1009), lesen wir, daß der betende Mönch angehalten werden müsse, sich behutsam zu schneuzen oder nur hinter sich auszuspucken, „wegen der Engel, die vor ihm stehen"! Vgl. Regula Benedicti, cap. 7: „Der Mensch denke daran: daß Gott immerdar vom Himmel auf ihn schaut, sein Tun und Lassen allerorten klar vor Gott steht und Gott jederzeit von den Engeln gemeldet wird."

[87] Guardini, Der Engel in Dantes göttlicher Komödie (1937) 95.

[88] Guardini, Die Schildgenossen 17 (1938) 303.

[89] Sciv. III, 13; cf. P. 444.

[90] PL 113, 68.

[91] Agustinus, Conf. X.

[92] Ed. Sudhoff XIV, 115.

[93] Heidegger, Sein und Zeit, 133.

[94] Die Div. Nom. 4.

[95] S. Th. I 58, 3 ad 1.

[96] Bonaventura, Sent. II dist. 9 q 7. Vgl. die dialektische Behandlung bei Petrus Hispanus, De Angelica Hierarchia 52, 6: „In primis regnat divina bonitas. In secundis divina sapientia. In tertiis divina equitas vel potestas. Primos autem afficit amor erga divinam bonitatem experiendam. Secundos afficit splendor erga divinam sapientiam contemplandam. Tertios afficit zelus et rigor erga divinam iustitiam exercendam. Ad seraphin ergo pertinet per amorem Deo uniri inseparabiliter, ad cherubin Deum contemplari ineffabiliter, ad thronos vero pertinet Deum ulcisci viriliter." Oder noch straffer: „Ordo seraphicus recipit influentiam dilectionis. Ordo cherubin recipit influentiam cognitionis, Ordo thronorum recipit influentiam executionis zeli divini." Demtentsprechend auch die Funktionen der beiden anderen Kreise: Potestates, Dominationes, Virtutes = „docere regimina et facera miracula, arcere daemonia et quae sunt supra naturam" (l. c. 49). – „Principartus, Archangeli et Angeli = docere reverentiam, revelare secreta et minora Dei consilia insinuare" (l. c. 50).

[97] Schmelzeis (1870) 83.

[98] Übers. Martin Buber.

[99] Augustinus, De Civ. Dei 14, 3; PL 41, 406.

[100] S. Th. I 63, 3.

[101] S. Th. I 74, 2.

[102] Isaias 6, 5.

[103] Hiob 38, 4.

[104] PL 70, 1042.

[105] PL 76, 559.

[106] Guardini, Landschaft der Ewigkeit (1958).

[107] Guardini, Der Engel in Dantes göttlicher Komödie (1937).

[108] S. Th. I, 57, 1.

[109] De veritate, q 5 a 8 corp.; ed. Stein I, 139 f.

[110] Vgl. F. Meier, Vom Wesen der islamischen Mystik. Basel (1943).

[111] Eriugena, De Div. Nat. 4, 9; PL 122, 780 B.

[112] De veritate, q 18 a 5 ad 3; ed. Stein II, 104.

[113] S. Th. I, 51, 2.

[114] l. c.: „ut familiariter cum hominibus conversando, demonstrent intelligibilem societatem, quam homines exspectant cum eis habendam in futura vita."

[115] S. Th. I 51, 2 ad 1.

[116] Vgl. Stuhlfauth (1897) 95.

[117] Gregor, In Ezech. II, 4.

[118] S. Th. I 113 ad 1.

[119] De veritate, 29 a 7 ad 5; ed. Stein II, 441.

[120] Thomas, Kommentar zum Sentenzenbuch des Petrus Lombardus 2, d. 11, 1, 1: „et haec executio divinae providentiae per angelos de hominibus vocatur custodia angelorum."

[121] Barth III, 608.

[122] Petrus Hispanus, De Angelica Hierarchia 84, 17: „Tutamentum tibi in eis est, quia totum quod in ipsis est, virtuosum est."

[123] De veritate, q 5 a 7 ad 2; Stein I, 138.

[124] S Th. I 114, 3 ad 3: „ad omnia bona nostra cooperantur angeli."

[125] Barth III, 609.

[126] Im Alten Testament das Buch Tobias. – Vgl. Ps 33, 8 und Ps 90, 11. – Im Neuen Testament besonders Mt 18, 10 und Hebr 1, 14, fraglich schon in der Textinterpretation von Act 12, 16. – die Zeugen der Patristik sind nicht alle zuverlässig; so der „Hirte des Hermas", Origines, Tertullian, die sog. Paulus-Apokalypse u. a. – Vgl. hierzu Brinktrine (1956) 173–180; Petersdorff (1956) 193, Anm. 849.

[127] Die Schadensdämonen sollen nur Nachäffungen der Schutzengel sein, sie sollen sich in Hilfsdämonen und Spezialisten für alle nur möglichen Laster differenziert haben und so noch heute wirken als Tanz-Teufel, Mode-Teufel, Spiel-Teufel usf.

[128] Petersdorf (1956) greift das Problem unter Benutzung zahlreicher Literatur vom modernen theologischen Standpunkt aus an, obwohl man sich mit vielen Ansichten und Formulierungen kaum verstehen kann; so, wenn er über einen „Exorzismus aus der Entfernung" schreibt: „Wo steigen die geistigen Raketen der Exorzismen in den Äther, um ferngelenkt in die Lager der Gottlosen einzuschlagen? Das wäre eine Aufgabe für die „Partisanen Gottes" in allen katholischen Ländern. Wir besitzen Gott sein Dank die geistigen Waffen. Wenden wir sie an ..." (263).

[129] Vgl. an Literatur über die Verhältnisse im Mittelalter: Franz Joseph Dölger: Der Exorzismus im altchristlichen Taufritual. Paderborn

1909. – Adolph Franz: Die kirchlichen Benediktionen im Mittelalter. Freiburg 1909. – Theobald Bischofsberger: De benedictionibus et exorcismis ecclesiae catholicae libri duo. Monachii 1858. – Joannes Trithemius: De Daemonibus libri XII. Oppenheim 1515. – D. Leistle: Die Besessenheit mit besonderer Berücksichtigung der Lehre der hl. Väter. Dillingen 1887.

[130] Missale Romanum X, 1.

[131] Vgl. Koch (1935) 160 ff.

[132] Klemens, „Stromateis"; vgl. PG 8, 259.

[133] Klemens, Teppiche VII 2, 5.

[134] l. c. VI 17, 157.

[135] l. c. VI 16, 142.

[136] vgl. Hase (1869) 470.

[137] Dionysius, Hierarchie der Kirche, cap. 2, 3.

[138] De veritate, q 18 a 7 ad 5; ed Stein II, 114.

[139] Explanatio Symboli Sancti Athanasii ad congregationem sororum suarum; PL 197, 1065 B-1082 A.

[140] De baptismo, cap. 4.

[141] Petrus Hispanus, De Angelica Hierarchia 86, 16.

[142] Hilarius, Tract. Ps 119; PL 9, 655 B.

[143] Gregor, PL 77, 425.

[144] Strabus, PL 114, 944.

[145] Rupertus, PL 170, 27. – Rupert von Deutz spricht an anderer Stelle vom Teufel als von einem Feind des Zusammenklangs: „omni voce disonus, omni symphoniae contrarius" (PL 189, 66) und nennt ihn „subilator, non cantor" und „totius sacrae musicae corruptor"!

[146] Honorius Augustodunensis, PL 172, 556: „Hoc sacrificium concentus angelorum David et Salomon sunt imitati .. " – cf. „sacrificium angelorum, quod est laus". – cf. „Hic hymnus partim ab angelis, partim ab hominibus concinitur, quia per Christum immolatum humanum genus angelis conjugitur" (Pl 172, 557).

[147] Ambrosius, Lukaskommentar 1, 28.

[148] Chrysostomus, VI, 4

[149] Hammerstein (1962) 61. – Gegen das Verniedlichen der Engel zu Kindern, Putten, Zwergen und Elfen eiferte sich bereits der Franziskanermönch Berthold von Regensburg (gest. 1272): „Die Engel sind alter! Und da man sie malt, da malt man sie anders, danne als kint, daz da fünf jar alt ist."

[150] Johannes Mandakuni, in BKV 58, 227.–

[151] Tertullianus, Ad uxorem II, 8.

[152] Bessarion, PG 65, 141 D.

[153] Augustinus, Enarratio in Ps 150.

[154] Tatianus, Oratio ad Graecos, cap. 12.

[155] Vgl. Künneth (1954) 41: „Hinter den geschichtlich-politischen Gewalten, die ihr Amt darin haben, der Ordnung der Welt durch Bändigung chaotischer Zerstörung, der Erhaltung und dem Schutz zu dienen, steht der in der Wirklichkeit der Engelmächte sich konkretisierende Ordnungswille Gottes."

[156] Vgl. Künneth (1954) 336: „Die in einem totalen Krieg provozierte Vernichtungstendenz auf der ganzen Linie der kriegerischen Maßnahmen enthüllt eindeutig die dämonischen Züge und damit den apokalyptischen Zeichencharakter."

[157] Hierbei muß ausdrücklich betont werden, daß Hildegard von keiner Wiederherstellung des Urstandes gesprochen hat, wie er als Apokatastasis-Idee in vielen gnostischen Lehren angenommen wurde. Diese Irrlehre war in der Mitte des 12. Jahrhunderts besonders in den Rheinlanden durch die Katharer verbreitet worden; Hildegard hat sich wiederholt mit dieser Lehre der Katharer, der Reinen, auseinandersetzen müssen. – Nach der Engellehre der Katharer hat Gott vor aller Zeit ein Volk von Geistern gebildet, und zwar aus einem von Ewigkeit her existierenden Stoff. Drei Grundsubstanzen sind demnach in der Welt anzunehmen: ein himmlischer Körper, die menschliche Seele, der Geist. Christus wird nach dieser Lehre als Engel aufgefaßt (Vgl. Barbel, Christos Angelos, 1941). Auch Maria, Josef und Johannes waren nur in irdische Leiber verhüllte Engel. Wie nun Gott einen Hofstaat der Engel im Himmel schuf, so gestaltete Satan die Erde; er ist der reine Demiurg. Satan hat der Eva fleischlich beigewohnt, und sie gebar den Kain. Jene Engel, die im Himmel gesündigt hatten, sind zur Erde gestürzt und dort von neuem zum Heil berufen. Jener Fall war die einzige Sünde, der gegenüber alles irdische Vergehen lediglich Befleckung ist, die einer Reinigung bedarf. Sinn aller Geschichte ist, über die sich reinigenden Seelen, die absolute Wiederherstellung der Welt, die Apokatastasis. Die Geschichte führt die in die Leiber gebannten Engel wieder zurück; nach einem Prozeß der irdischen Läuterung gelangen sie wieder in ihre frühere angelische Existenz.
Darüber hinaus gaben die Katharer konkrete Vorstellungen über die Engel und ihre gestürzten Vettern, die Teufel, bekannt. 144000 Engel sind mit Christus auf die Erde gekommen. Den sieben Engelreichen entsprechend sieben Teufel, die in Erde, Wasser, Luft und Himmel sowie im Abgrund herrschen. Ihr Fürst ist ein Erzdämon, der als „deus extraneus", als ein von außen hinzutretender Gott, bezeichnet wird. Sein Sohn hieß Luzifer.
Gegen diesen gnostischen Dualismus und leibfeindlichen Spiritualismus hat sich Hildegard des öfteren in aller Schärfe gewandt. In einer „Visio contra catharos" heißt es, daß die vier Elemente keineswegs durch Teufel repräsentiert werden. Der Teufel bedient sich nur der

Weltmaterie und gleicht sich der Natur an. Aus den Verführten baut er Türme in seinem Ohr und macht sie zu Krebsen, die vorwärts und rückwärts schwanken, indem sie die ersten Prinzipien der Welt leugnen: daß nämlich Gott alles erschaffen habe. Schlechter als die Juden seien solche Menschen, die die feurige Gestalt nicht sehen wollen, die in der heiligen Gottheit aufgeleuchtet ist als Mensch (nach Cod. lat, München 22253 [Windberg 53] fol. 87 r-89 r; vgl. auch den Text bei P. 350).

158 Bonaventura, Sent. II, q 7.

159 Sent. II, dist. 3, a 2, q 1.

160 S. Th. I 108, 8.

161 S. Th. I 63, 9 ad 3.

162 Vonier (1932) 129.

163 De veritate, q 29 a 4 ad 5; Stein II, 434f.

164 S. Th. II 31, 4 ad 3.

165 Augustinus, 5 de Gen. ad lit. 19; PL 34, 335.

166 Auch Nikolaus von Kues hat in ähnlicher Weise die aus Gott, den Engeln und den durch Christus mit Gott geeinten Menschen konstituierte Kirche entworfen (De concord. cath. I, 5).

167 Hermann Hesse, Glasperlenspiel, Zürich (1943), 449.

168 J. H. Newman, Werke I, 44.

169 Apologia, 50f.

170 Newman, Werke VI, 181. – In der „Apologia pro vita sua" (London 1934), 50f., werden auch gnostische Gedankengänge vorgetragen: Es gibt eine Welt der Dämonen, die zwischen Engeln und Teufeln leben, „boshaft, eigensinnig, edel oder listig, wohlwollend oder übelgesinnt, je nach den Umständen. Sie geben den Geschlechtern, Rassen, Nationen, Klassen der Menschen eine Art Inspiration oder Einsicht. Daher die Handlungsweise der politischen Gemeinschaften und Verbände, die von derjenigen der Individuen so verschieden ist. Daher der Charakter und Instinkt der Staaten und Regierungen, der religiösen Gemeinschaften und Verbindungen. Ich dachte, daß diese Verbände ihr Leben von gewissen unsichtbaren Gewalten haben. Meine Bevorzugung des Persönlichen vor dem Abstrakten muß mich naturgemäß zu dieser Ansicht führen."

171 Newman, Werke I, 44.

172 Zuerst gedruckt in den „Theologischen Blättern" 9 (1930), 289–297, später in „Geist und Leben" (1958) erweitert, zuletzt vertreten in den „Quaestiones disputatae" (1958).

173 Franz von Baader, Werke XII, 241.

174 l. c. XII, 246.

175 l. c. XIV, 43.

176 l. c. XIII, 129.

[177] Koepgen (1939) 177.

[178] l. c. 203.

[179] l. c. 89.

[180] l. c. 184.

[181] Thielicke (1946).

[182] Atlhaus (1948) 69.

[183] l. c. 69.

[184] l. c. 70.

[185] Barth (1950).

[186] l. c. III, 558.

[187] l. c. III, 605.

[188] l. c. III, 491.

[189] l. c. III, 539.

[190] l. c. III, 557: da sei wirkliche Musik; „mit dem wüsten Freudenge-schrei der 9. Symphonie von Beethoven will sie offenbar nicht ver-wechselt sein!"

[191] l. c. III, 576.

[192] l. c. III, 605.

[193] Lexikon für Theologie und Kirche I, 535.

[194] Winklhofer, Die Welt der Engel (1958), 42.

[195] Lexikon für Theologie und Kirche, I, 536.

[196] l. c. III, 870.

[197] Winklhofer, Die Welt der Engel (1958) 44.

[198] l. c. 10. Vgl. auch die zahlreichen Anregungen bei Rosenberg, Michael (1956) und seinen Hinweis, daß die Voraussetzungen einer künftigen Engelkunde die Hl. Schrift sein müsse, die uns Einsicht gewähre in die „dem begrifflichen Denken entzogenen Tiefenschichten des Gesamt-lebens" (l. c. 25).

Bei den Texten aus „Scivias" wurde, mit geringfügigen Abweichungen, die Übersetzung von Maura Böckeler, Wisse die Wege, Salzburg 1955, be-nutzt. Die übrigen Texte sind nach den im Literaturverzeichnis A zuge-führten Ausgaben übersetzt worden.

ABKÜRZUNGSVERZEICHNIS

BKV	=	Bibliothek der Kirchenväter. Hrsg. O. Bardenhewer. Kempten und München.
CC	=	Causae et curae. Ed. P. Kaiser, Leipzig 1903.
Clm	=	Codex latinus monacensis (Handschrift der Staatsbibl. München).
Ed.	=	Editio (Ausgabe); ed. = edidit (herausgegeben von).
Fragm.	=	Hildegard-Fragment aus dem Cod. Berolin. Lat. Qu. 674 Ed. H. Schipperges in Sudhoffs Archiv 40 (1956) 41–77.
P.	=	Liber Vitae Meritorum. Ed Pitra (1882).
PL	=	Patrologia Latina (Patrologiae cursus completus, Series latina; ed J.-P. Migne).
Sciv.	=	Scivias. PL 197, 383–738.
S. Th.	=	Summa Theologica des Thomas von Aquin (nach der Deutschen Thomas-Ausgabe).

Die arabischen Ziffern mit folgendem römischen Buchstaben verweisen auf die Abschnitte der Migne-Ausgabe (Patrologia Latina 197).

LITERATURVERZEICHNIS

A. HILDEGARD-QUELLEN:

Scivias. Migne, Patrologia latina 197, 383–738.
Liber Vitae Meritorum. J. B. Pitra, Analecta sacra 8 (1882) 1–244.
Liber Divinorum Operum. PL 197, 739–1038.
Liber simplicis mediciane (Physica). PL 197, 1117–1352.
Liber compositae medicinae (Causae et curae). Ed. Kaiser (1903).
Liber expositionis quorundam evangeliarum. Pitra (1882) 245–327.
Symphonia harmoniae coelestium revelationum (Carmina). Pitra (1882)
    441–467.
Ordo Virtutum. Pitra (1882) 457–465.
Regulae S. Benedici explanatio. PL 197, 1053–1066.
Explanatio Symboli S. Athanasii. PL 197, 1065–1082.
Vita S. Ruperti. PL 197, 1081–1094.
Vita S. Disibodi, PL 197, 1095–1116.
Liber Epistolarum. PL 197, 145–382.
Novae epistolae. Pitra (1882) 328–440; 518–582.
Fragmenta. Cod. Berolin. Lat. Qu. 674. Ed. Schipperges, Sudhoffs Arch.
    Gesch. Med. 40 (1956) 41–77.
Schmelzeis, J. P.: Die neun Chöre der seligen Geister. Aus dem Scivitas
    der heiligen Hildegardis. Regensburg 1870.

B. DEUTSCHE HILDEGARD-AUSGABEN:

- Wisse die Wege. Der heiligen Hildegard von Bingen Wisse die Wege.
  Scivias. Nach dem Urtext des Wiesbadener kleinen Hildegardis-Kodex
  ins Deutsche übertragen und bearbeitet von Maura Böckeler, Salzburg;
  Otto Müller, 6. Auflage 1976.
- Heilkunde. Das Buch von dem Grund und Wesen und der Heilung der
  Krankheiten. Nach den Quellen übersetzt und erläutert von Heinrich
  Schipperges. Salzburg: Otto Müller 1957. 3. Aufl. 1976.

- Naturkunde. Das Buch von dem inneren Wesen der verschiedenen Naturen in der Schöpfung. Nach den Quellen übersetzt und erläutert von Peter Riethe. Salzburg: Otto Müller, 2. Auflage 1974.
- Welt und Mensch. Das Buch „De operatione Dei". Aus dem Genter Kodex übersetzt und erläutert von Heinrich Schipperges. Salzburg: Otto Müller 1965.
- Briefwechsel. Nach den ältesten Handschriften übersetzt und nach den Quellen erläutert von Adelgundis Führkötter. Salzburg: Otto Müller 1965.
- Lieder. Nach den Handschriften herausgegeben von Pudentiana Barth. M. Immaculata Ritscher und Joseph Schmidt-Görg, Salzburg: Otto Müller 1969.
- Der Mensch in der Verantwortung. Das Buch der Lebensverdienste (Liber Vitae Meritorum). Nach den Quellen übersetzt und erläutert von Heinrich Schipperges. Salzburg: Otto Müller 1972.
- Das Buch von den Steinen. Nach den Quellen übersetzt und erläutert von Peter Riethe. Salzburg: Otto Müller 1979.

C. SEKUNDÄR-LITERATUR

Albertus, Michael: Specimen Medicinae Theologicae. Halle 1726.

Althaus, Paul: Die christliche Wahrheit. Lehrbuch der Dogmatik. II. Bd. Gütersloh (1948), 66–70.

Amman, E.: L'ange du baptême dans Tertullian. Rech. Sc. Rel. 1921.

Andres, Friedrich: Die Engellehre der griechischen Apologeten des zweiten Jahrhunderts und ihr Verhältnis zur griechisch-römischen Dämonologie. Paderborn 1914.

- Die Engel- und Dämonenlehre des Klemens von Alexandrien. Freiburg i. Br. 1926.

Angela (Sr.): Im Lichtkranz der Engel. München o. J.

Bacht, Heinrich: Zum Gespräch der Konfessionen über die Engel. Geist und Leben. 31 (1958) 383–388.

Bächthold-Stäubli: Handwörterbuch des deutschen Aberglaubens. Bd. II, 823–839. Berlin und Leipzig (1929/30).

Baeumker, Clemens: Witelo, ein Philosoph und Naturforscher des XIII. Jahrhunderts. Beitr. Gesch. Philos. MA 3. Münster 1908.

Barbel, Joseph: Christos Angelos. Die Anschauung von Christus als Bote und Engel in der gelehrten und volkstümlichen Literatur des christlichen Altertums. Zugleich ein Beitrag zur Geschichte des Ursprungs und der Fortdauer des Arianismus. Bonn 1941.

Barth, Karl: Die kirchliche Dogmatik, Bd. III/3, 1950.

Bernhart, Joseph: Der Engel des deutschen Volkes. München 1934.
– Chaos und Dämonie, Bonn 1948.
Bietenhard, Hans: Die himmlische Welt im Urchristentum und Spätjudentum, Tübingen 1951.
Bogler, Theodor: Die Engel in der Welt von heute. Maria Laach 1957.
Böhm, Anton: Epoche des Teufels. Ein Versuch. Stuttgart 1955.
Bonwetsch, G. Nathanael: Die Bücher der Geheimnisse Henochs. Das sogenannte slavische Henochbuch. Leipzig 1922.
Botte, B.: L'ange du sacrifice e l'épiclèse de la messe romaine. Recherches de théologie ancienne et médiévale 1 (1929) 285–308.
Bremond, Henry: Falsche und echte Mystik (Jeanne des Anges und Maria de la Incarnation). Regensburg (1955)
Brinktrine, Johannes: Die Lehre von der Schöpfung. Paderborn 1956.
Bultmann, Rudolf: Kerygma und Mythos. Theologische Forschung 1. Hrsg. H. W. Bartsch (1951).
Buschor, Ernst: Die Musen des Jenseits. München 1944.
Carelli, E.: Gli Angeli. Bologna 1925.
Casmann, Otho: Angelographia seu Commentationum Disceptationumque Physicarum Prodromus problematicus. Francofurti 1597.
Claudel, Paul: Der seidene Schuh. Salzburg (1939).
Collins, J.: The Tomistic Philosophy of the Angels. Washington, 1947.
Corté, N.: Unser Widersacher, der Teufel. Aschaffenburg 1957.
Creutz, Rudolf: St. Michael der Erzengel. Seine Verehrung in Geschichte, Legende und Kunst. Köln 1927.
Daniélou, Jean: Les Anges et leur mission d'après les Pères de l'Eglise. Collection irénikon 5 (1953).
Dibelius, Martin: Die Geisterwelt im Glauben des Paulus. Göttingen 1909.
Diez del Corral, Luis: Der Raub der Europa. Eine historische Deutung unserer Zeit. München (1959).
Dionysius Areopagita: Die Hierarchie der Engel und der Kirche. Einführung von Hugo Ball. München-Planegg 1955.
Dionysius von Lützenburg: Leben Antichristi oder: Ausführliche gründliche und historische Beschreibung von den zukünftigen Dingen der Welt. Wien und Brünn 1716.
Dölger, Franz Joseph: Der Exorzismus im altchristlichen Taufritual. Paderborn 1909.
Döllinger, Ignaz von: Beiträge zur Sektengeschichte des Mittelalters. I u. II. München 1890.
Dorner, Gertrud: Mein Engel und ich. Rottenburg (1960).
Dorneus, G.: De Tenebris contra Naturam et Vita brevi (1602).
Dillmann, H.: Engel und Menschen bei der Meßfeier. Divus Thomas (1949).

Everling, Otto: Die paulinische Angelologie und Dämonologie. Göttingen 1888.

Gengs, E. F.: Von den Beschäftigungen der heiligen Engel. Schwabach 1767.

Grabmann, Martin: Die mittelalterlichen lateinischen Übersetzungen des Pseudo-Dionysius-Areopagita. Mittelalterliches Geistesleben I. München 1926.

Gross, Heinrich: Der Engel im Alten Testament. Arch. f. Liturgiewissensch. 6 (1959) 28 f.

Grotz, Joseph: Zeitgemäße Anlagen in der katholischen Engellehre. Geist und Leben 31 (1958) 388–391.

Guardini, Romano: Der Engel in Dantes göttlicher Komödie. Leipzig 1937.

– Der Engel. Die Schildgenossen 17 (1938) 295–307.

– Landschaft der Ewigkeit. Dante-Studien II. München (1958).

Hammerstein, Reinhold: Die Musik der Engel. Untersuchungen zur Musikanschauung des Mittelalters. Berlin und München (1962).

Hase, Karl August: Gnosis oder protestantisch-evangelische Glaubenslehre, 2. Aufl. Leipzig 1869.

Hebensperger, Johann Nepomuk: Gedanken zu einer Metaphysik des Dämonischen. Donauwörth (1948).

Hegemann, Hans Werner: Der Engel in der deutschen Kunst. 2. Aufl. München (1950).

Hophan, Otto: Die Engel. Luzern 1956.

Kiaulehn, Walther: Die eisernen Engel. Eine Geschichte der Maschinen von der Antike bis zur Goethe-Zeit. Berlin 1935.

Kleineidam, E.: Das Problem der hylomorphen Zusammensetzung der geistigen Substanzen im 13. Jahrhundert. Breslau 1930.

Klemens von Alexandria: Die Teppiche (Stromateis). Übers. Franz Overbeck. Basel 1936.

Koch, Karl: Hildegard von Bingen und ihre Schwestern. Leipzig 1935.

Koepgen, Georg: Die Gnosis des Christentums. Salzburg 1939.

Kühn, Heinz: Das Reich des lebendigen Lichtes. Die Engel in Lehre und Leben der Christenheit. Berlin (1947).

Künneth, Walter: Politik zwischen Dämon und Gott. Eine christliche Ethik der Politischen. Berlin 1954.

Kurz, Leopold: Gregor des Großen Lehre von den Engeln. Rottenburg 1938.

Landsberger, F.: The Origin of the Winger Angels in Jewish Art. Hebrew Univers. College Annual 20, p. 238–254.

Leitz, Hermann: Die Engel. Ihr Wesen und Werk. Siegen und Leipzig (1948).

Lépicier, A. M.: Tractatus de angelis. Paris 1908.

Liebeschütz, Hans: Das allegorische Weltbild der heiligen Hildegard von Bingen. Leipzig 1930.

Lueken, W. Michael: Eine Darstellung und Vergleichung der jüdischen und der morgenländischen Tradition vom Erzengel Michael. Göttingen 1898.

Lugt, F.: Man and Angel. Gazette des Beaux-Arts 25 (1944) 265–282; 321–346.

Mendelsohn, H.: Die Engel in der bildenden Kunst. Berlin 1907.

Mensching, Gustav: Die Lichtsymbolik in der Religionsgeschichte. Studium Generale 10 (1957) 422–432.

Michl, Johann: Die Engelvorstellungen in der Apokalypse des heiligen Johannes. München 1937.

Newman, John Henry: Ausgewählte Werke: Bd. I u. VI. Hrsg. M. Laros. Mainz 1922/1924

– Der Antichrist nach der Lehre der Väter. München 1951.

– Der Traum des Gerontius. Freiburg (1952).

Osstuna, Francisco de: Flagellum Diaboli oder dess Teufels Gaisst, darin gehandelt wird: Von der macht und der gewalt des bösen Feindts usw. Übers. Aegidius Albertinus. München 1602.

Oswald, J. H.: Angelologie, d. i. die Lehre von den guten und bösen Engeln. Paderborn 1889.

Papini, Giovanni: Der Teufel. Anmerkung für eine zukünftige Teufelslehre. Stuttgart 1955.

Pauly-Wissowa: Realenzyklopädie der klassischen Altertumswissenschaften. (Art. Daimon). Suppl. III. Stuttgart 1918.

Pelz, Karl: Die Engellehre des hl. Augustinus. Münster 1913.

Pesch, Chr.: Die heiligen Schutzengel. Freiburg 1925.

Petersdorff, Egon von: Daemonologie. München 1956.

Peterson, Erik: Der Lobgesang der Engel und der mystische Lobpreis. Zwischen den Zeiten (1925) 141 ff.

– Himmlische und irdische Liturgie. Benedikt. Mschr. 26 (1934) 39–47.

– Das Buch von den Engeln. Stellung und Bedeutung der heiligen Engel im Kultus. Leipzig 1935.

Petrus Hispanus: Expositio In Librum De Angelica Hierarchia. Ed. P. Manuel Alonso, in: Exposiçao sobre os livros do Beato Dionisio Areopagita. Lisboa (1957) 1–121.

Planck, Oskar: Unsere Verbindung mit der oberen Welt. In: Die Katholizität der Kirche. Hrsg. Asmussen und Stählin. Stuttgart (1957) 309–374.

Premm, M.: Katholische Glaubenskunde. I. Bd. Wien 1956.

Pulver, M.: Die Lichterfahrung im Johannes-Evangelium, im Corpus Hermeticum, in der Gnosis und in der Ostkirche, Eranos-Jb. 1943.

Quodlibetum Angelo-Historicum. Augsburg 1697.

Rahner, Karl: Angelologie. In: Lexikon für Theologie und Kirche (1957) I, 533–538.

Recheis, A.: Engel, Tod und Seelenreise. Temi e Testi 4. Roma 1958.

Reisner, Erwin: Der Dämon und sein Bild. Berlin 1947.

Rickert, Arnold: Von den Engeln und Sankt Michael. Kassel 1948.

Rilke, Rainer Maria: Duineser Elegien. Leipzig 1940.

Rodewyk, Adolf: Der Teufel ernst genommen. Berlin (1954).

– Sie stehen ganz im Licht. Von den heiligen Engeln. Berlin (1959)

Rosenberg, Alfons: Der Christ und die Erde. Oberlin und der Aufbruch zur Gemeinschaft der Liebe. Olten und Freiburg i. Br. (1953).

– Michael und der Drache. Urgestalten von Licht und Finsternis. Olten (1956).

– Begegnung mit Engeln. In: Dokumente religiöser Erfahrung. München-Planegg 1956.

Schick, Erich: Boten des Unsichtbaren. Berlin 1940.

– Die Botschaft der Engel im Neuen Testament. Stuttgart 1940.

– Der Dienst der Engel. Basel 1948.

Schipperges, Heinrich: Das Schöne in der Welt Hildegards von Bingen. Jahrbuch für Ästhetik 4 (1958/59) 90–94.

– Das Menschenbild Hildegards von Bingen. Leipzig (1961).

Schlier, Heinrich: Mächte und Gewalten nach dem Neuen Testament. Geist und Leben 31 (1958) 173–183.

– Mächte und Gewalten im Neuen Testament, Quaestiones Disputatae 3. Freiburg 1958.

– Engel nach dem Neuen Testament. Arch. für Literaturwissensch. 6 (1959) 47 f.

Schlössinger, Wilhelm: Die Erkenntnis der Engel. Jb. Philos. spekul. Theol. 22 (1907/08) 325 ff., 492 ff. – 23 (1908/09) 45 ff., 198 ff.; 273 ff.

– Das angelische Wollen. Ib. 24 (1910) 152–244.

– Die Stellung der Engel in der Schöpfung. Ib. 25 (1911) 461–485.–27 (1912) 81–117.

– Das Verhältnis der Engelwelt zur sichtbaren Schöpfung. Ib. 27 (1912) 158–208.

Schmaus, Michael: Katholische Dogmatik. Bd. II, 1: Die Engel, München 1954.

– Engel und Dämonen. Auszug aus Kath. Dogmatik. Credo-Reihe 16. Wiesbaden 1955.

Schmelzeis, J. Ph.: Das Leben und Wirken der Heiligen Hildegardis nach den Quellen dargestellt. Freiburg/Bg. 1879.

Schmidt, Karl Ludwig: Die Natur- und Geisteskräfte im paulinischen Erkennen und Glauben. Eranos-Jb. 14 (1946) 87–143.

– Luzifer als gefallene Engelsmacht. Theol. Zschr. 7 (1951) 161–179.

Schreyer, Lothar: Bildnis der Engel. Ein Schaubuch und Lesebuch. Freiburg i. Br. 1939.

Schulte, Raphael: Die Messe als Opfer der Kirche. Die Lehre frühmittelalterlicher Autoren über das eucharistische Opfer. Münster (1959).

Schwab, Günther: Der Tanz mit dem Teufel. Ein abenteuerliches Interview. Hannover 1958.

Semmelroth, Otto: glauben wir noch an den Teufel? Geist und Leben 33 (1960) 348–359.

Stiefvater, E. W.: Was ist Hierarchie? Medizin heute 7 (1958) 1–5.

Stier, F.: Gott und sein Engel im Alten Testament. München 1934.

Strauß, David Friedrich: Die christliche Glaubenslehre in geschichtlicher Entwicklung und im Kampfe mit der modernen Naturwissenschaft, Tübingen 1840/1.

Stuhlfauth, Georg: Die Engel in der altchristlichen Kunst. Archäol. Stud. christl. Altertum u. MA 3 (1897) 1–246.

Suárez, Francisco: Commentariorum ac Disputationum in primam partem Divi Thomae Pars II. De Deo Effectore Creaturarum omnium. Quarum primus De Angelis. Moguntiae 1621.

– De opere sex dierum. De anima. Moguntiae 1622.

Thielicke, Helmut: Über die Wirklichkeit des Dämonischen. Universitas 1 (1946) Heft 1 u. 2.

Thomas von Aquin: Summa Theologica. Die Deutsche Thomas-Ausgabe. Hrsg. M. M. Christmann. Bd. 4: Schöpfung und Engelwelt (1936).

– Ib. Bd. 8: Erhaltung und Regierung der Welt (1951).

– Untersuchungen über die Wahrheit. I. u. II. Übers. Edith Stein. Louvain-Freiburg 1952/55.

Thomas-Brevier: Lateinisch-deutsch. Hrsg. Josef Pieper. München (1956).

Tillich, Paul: Das Dämonische. Ein Beitrag zur Sinndeutung der Geschichte. Tübingen 1926.

Turmel, J.: Histoire de l'angélologie. Revue d'hist. et de lit. relig. Paris 1898.

Urrutia, U.: El Diablo. Su naturaleza, su poder y su intervención en el mundo. Mexiko 1950.

Ursprung, Otto: Die Gesänge der hl. Hildegard. Zschr. Musikwiss. 5 (1922) 333–338.

Vloten, Gerolf von: Dämonen, Geister und Zauber bei den alten Arabern. Wiener Zschr. Kunde Morgenl. 7 (1893). – 8 (1894).

Vonier, Ansgar: Die Engel. Regensburg (1932).

Widmer, Bertha: Heilsordnung und Zeitgeschehen in der Mystik Hildegards von Bingen. Basel und Stuttgart 1955.

Wiegand, F.: Der Erzengel Michael. Diss. Leipzig 1886.

Winklhofer, Alois: Die Kirche als System der Vermittlungen. Geist und Leben 24 (1951).

- Der Priester und die Welt der Engel. Trierer Theol. Zschr. 66 (1957)
- Die Welt der Engel. Ettal (1958).
- Traktat über den Teufel. Frankfurt (1961)

Wulff, Oskar: Cherubim, Throne und Seraphim. Ikonographie der ersten Engelshierarchie. Altenberg 1894.

Zbinden, E.: Djinn des Islam und der altorientatlische Geisterglaube. Bern 1953.

Ziegler, Matthäus: Engel und Dämon im Lichte der Bibel. Zürich (1957).

Literaturnachtrag zur Taschenbuchausgabe

Chávez Alverez, Fabio: „Die brennende Vernunft". Studien zur Semantik der „rationalitas" bei Hildegard von Bingen. Stuttgart-Bad Cannstatt 1991.

Dronke, Peter: Women writers in the Middle Ages. Cambridge 1984.

Eltz, Monika zu: Hildegard, Freiburg, Basel, Wien 1963.

Führkötter, Adelgundis: Hildegard von Bingen. In: Die großen Deutschen. Bd. 5 (Ergänzungsband), Berlin 1957, S. 39–47.

- Hildegard von Bingen, Salzburg 2. Auflage 1979

Hattemer, Margarete: Gesichte und Erkrankung der Hildegard von Bingen. Ein pathographischer Versuch. Hippokrates 3 (1930/31) 123–149.

Lautenschläger, Gabriele: Hildegard von Bingen. Die theologische Grundlegung ihrer Ethik und Spiritualität. Stuttgart-Bad Cannstatt 1993.

Lauter, Werner: Hildegard-Bibliographie. Wegweiser zur Hildegard-Literatur. Alzey 1970.

Maurmann, Barbara: Die Himmelsrichtungen im Weltbild des Mittelalters. Hildegard von Bingen, Honorius Augustodunensis und andere Autoren. München 1976.

Newman, Barbara: Hildegard von Bingen – Schwester der Weisheit. Freiburg 1995.

Ohly, Friedrich: Vom geistigen Sinn des Wortes im Mittelalter. Darmstadt 1966.

- Schriften zur mittelalterlichen Bedeutungsforschung. Darmstadt 1977.

Prümm, Karl: Gnosis an der Wurzel des Christentums? Grundlagenkritik der Entmythologisierung. Salzburg 1972.

Schipperges, Heinrich: Schlüsselbegriffe um „Heil" und „Heiligkeit" bei Hildegard von Bingen. Arzt und Christ 19 (1973) 1–15.

- Hildegard von Bingen. Ein Zeichen für unsere Zeit. Frankfurt 1981.

- Hildegard von Bingen: Ärztin – Mystikerin – Dichterin. Schweiz. Rundschau Med. (PRAXIS) 80 (1991) 1438–1445.

– Die Engel im Weltbild Hildegards von Bingen. In: Verbum et Signum, Bd. 2 (Hrsg. H. Fromm, W. Harms, U. Ruberg); München 1975, S. 99–118.
– Kosmische Grunderfahrungen mittelalterlicher Heilkunde. In: Religiöse Grunderfahrungen. Quellen und Gestalten (Hrsg. W. Strolz), Freiburg, Basel, Wien 1977, S. 112–141.
– Hrsg.: Hildegard von Bingen. Mystische Texte der Gotteserfahrung. Olten, Freiburg i. Br. 1978.

Wolff, Uwe: Das Große Buch der Engel. Freiburg 1994.

Hildegard von Bingen bei Herder

Hildegard von Bingen
Der Mensch in der Verantwortung
Das Buch der Lebensverdienste – Liber vitae Meritorum
Band 4291
Das erstaunlich moderne Werk der Hildegard von Bingen plädiert für einen verantwortungsvollen Umgang des Menschen mit der Schöpfung.

Hildegard von Bingen
Heilkraft der Natur – Physica
Rezepte und Ratschläge für ein gesundes Leben
Band 4159
Naturlehre und Heilwissen der heiligen Hildegard: der Klassiker der sanften Medizin. Mit praktischem Register und Querverweisen.

Hildegard von Bingen
Scivias – Wisse die Wege
Eine Schau von Gott und Mensch in Schöpfung und Zeit
Band 4115
Das Hauptwerk Hildegards: die faszinierenden, überraschend aktuellen Visionen einer der modernsten Frauen des Mittelalters.

Hildegard von Bingen
Heilwissen
Von den Ursachen und der Behandlung von Krankheiten
Übersetzt und herausgegeben von Manfred Pawlik
Band 4050
Ein Klassiker der sanften Medizin, heute aktueller denn je: alle Ratschläge der genialen heilkundigen Frau in einem Band.

HERDER / SPEKTRUM

Christian Feldmann
Hildegard von Bingen
Nonne und Genie
Band 4435

Feldmanns genau recherchierte, populär beschreibende Hildegard-Biographie zeigt , wie modern diese bemerkenswerte Frau gedacht hat –
und das im 12. Jahrhundert! Eine große, kluge, universal begabte Frau,
ein immer neu faszinierendes Leben.

Irmgard Müller
Die pflanzlichen Heilmittel bei Hildegard von Bingen
Heilwissen aus der Klostermedizin
Band 4193

Praktische Anwendungen, gestützt auf profundes Wissen um die thera-peutischen Eigenschaften der Pflanzen. Mit zahlreichen Abbildungen.

Aus der Reihe: Frauen – Kultur – Geschichte

Barbara Newman
Hildegard von Bingen
Schwester der Weisheit
378 Seiten, Paperback
ISBN 3-451-23675-3

Sie war eine Nonne und ein Genie. Die vielseitig talentierte
Abtissin aus dem 12. Jahrhundert wird heute von verschiedenen
Interessengruppen wiederentdeckt. Theologisch fundiert
verknüpft die Autorin ihr Interesse an der Figur Hildegards und
ihren zahlreichen Begabungen mit der Frage nach dem Weib-lichen als einer Erscheinung des Göttlichen in der Menschheits-geschichte. Ein Standardwerk der Hildegard-Forschung.

Verlag Herder Freiburg · Basel · Wien

Kultur und Geschichte

Lutz Röhrich
Lexikon der sprichwörtlichen Redensarten
Band 4400
„Ich habe selten ein solches Buch gelesen, das mir von Anfang an soviel Spaß gemacht hat und aus dem ich zugleich soviel gelernt habe." (Südwestfunk)

Régine Pernoud
Frauen zur Zeit der Kreuzzüge
Band 4375
Wie lebten die Prinzessinnen, Sklavinnen, einfache Frauen zur Zeit der Kreuzzüge? Spuren zu den Frauen aus dem Mittelalter.

Herder Lexikon Griechische und römische Mythologie
Götter, Helden, Ereignisse, Schauplätze
Band 4343
Wer sich für den Kosmos der antiken Welt, für seine Mythen und Sagen interessiert, wird hier überschaubar und griffig bedient

Ingrid Ahrendt-Schulte
Weise Frauen – böse Weiber
Die Geschichte der Hexen in der frühen Neuzeit
Band 4336
Wie wurden Hexen „gemacht"? Die Historikerin hinterfragt alte und neue Mythen.

Barbara Gretenkord/Barbara Mainzer/Brigitte Stehlik
Mutter Erde – Vater Regen
Indianische Mythen und Legenden aus Lateinamerika
Band 4332
Zeugnisse einer bedrohten Kultur, Bilder von kosmischer Weisheit. Ein packender Streifzug durch die indianische Mythenwelt.

HERDER / SPEKTRUM

Werner Ekschmitt
Berg Athos
Geschichte, Leben und Kultur der griechischen Mönchsrepublik
Band 4321

Für alle begeisterten Griechenlandfahrer eine Einführung in die geheimnisvolle Welt der Mönche von Berg Athos.

Peter Heine
Kulturknigge für Nichtmuslime
Ein Ratgeber für alle Bereiche des Alltags
Band 4307

Ein Ratgeber, der mit praktischen Tips und vielen Hintergrundinformationen hilft, die fremde Mentalität zu verstehen und uns den Umgang mit ihr erleichtert.

Ernst Werner/Martin Erbstößer
Kleriker, Mönche, Ketzer
Das religiöse Leben im Hochmittelalter
Band 4284

Menschen auf der Suche nach einem verborgenen Gott. Das dichte Porträt einer Existenzsuche im Mittelalter – erstellt von zwei international renommierten Historikern und Mediavisten.

Waltraud Woeller/Matthias Woeller
Es war einmal ...
Illustrierte Geschichte des Märchens
Band 4267

Alles, was man vom Märchen wissen muß: Wesen und Geschichte, Archetypen und kulturelle Besonderheiten. Der Grundstock für jede Märchensammlung.

Herder Lexikon Germanische und keltische Mythologie
Mit rund 1400 Stichwörtern sowie über 90 Abbildungen und Tabellen
Band 4250

Unverzichtbar zur Orientierung am Götterhimmel. Mit Artikeln zur Dichtung und zahlreichen Abbildungen.

HERDER / SPEKTRUM

Georg Bydlinski/Käthe Recheis
Die Erde ist eine Trommel
Weisheit der indianischen Ureinwohner Nordamerikas
Band 4245

Lieder, Reden, Gebete, Gedichte und autobiographische Texte zeigen eindrucksvoll den traditionellen Reichtum indianischer Kultur.

Urte Bejick
Die Katharerinnen
Häresieverdächtige Frauen im mittelalterlichen Südfrankreich
Band 4211

Es waren Frauen, die die letzten Prediger der Katharer nach der Verfolgung durch die Inquisition versteckten oder anzeigten.

Helena Norberg-Hodge
Leben in Ladakh
Mit einem Vorwort des Dalai Lama
Band 4204

Mehr als ein Reisebericht. – Die Erfahrungen einer Frau, die im Grenz- land Tibets eine alte Kultur neu entdeckt und für dieses Engagement den alternativen Nobelpreis erhalten hat.

Hans Sedlmayr
Die Entstehung der Kathedrale
Band 4181

„Ein Buch von gleicher materialer Weite und gleicher Tiefe wird nicht wieder geschrieben werden können" (Das Münster). Mit zahlreichen schwarzweißen Abbildungen.

Mircea Eliade
Schmiede und Alchemisten
Mythos und Magie der Machbarkeit
Band 4175

Verblüffende Zusammenhänge zwischen der Arbeit der Schmiede, dem Werk der Zauberpriester und der Krise der modernen Welt.

HERDER / SPEKTRUM

Johannes Hirschberger
Kleine Philosophiegeschichte
Band 4168
Der Klassiker: eine prägnante Darstellung der Philosophie von der Antike bis zur Gegenwart. Umfassend, fesselnd, höchst informativ.

Hugo Rahner
Griechische Mythen in christlicher Deutung
Band 4152
Aufregend neue Entdeckungen mit uralten, geheimnisvollen Mythen. Ein Schlüssel zum Verständnis unserer Kultur.

Hans-Peter Hasenfratz
Die religiöse Welt der Germanen
Ritual, Magie, Kult, Mythus
Band 4145
Zurück zu den Ursprüngen unserer Geschichte: plastische, spannende Informationen über eine Welt voller Zauber und Magie.

Thomas Görnitz
Carl Friedrich von Weizsäcker
Ein Denker an der Schwelle zum neuen Jahrtausend
Band 4125
Die fesselnd geschriebene Hommage an einen eindrucksvollen Menschen und prophetischen Kritiker unserer Zeit.

Mircea Eliade
Schamanen, Götter und Mysterien
Die Welt der alten Griechen
Band 4108
An der Wiege Europas stehen die religiösen Vorstellungen der Griechen. Mit zahlreichen Quellentexten.

HERDER / SPEKTRUM

Lebenskraft Religion

HERDER / SPEKTRUM